Der Begriff der Enteignung nach der Rechtsprechung
der internationalen Schiedsgerichte
zum internationalen Investitionsschutzrecht

Europäische Hochschulschriften
Publications Universitaires Européennes
European University Studies

Reihe II
Rechtswissenschaft

Série II Series II
Droit
Law

Bd./Vol. 5052

PETER LANG
Frankfurt am Main · Berlin · Bern · Bruxelles · New York · Oxford · Wien

Cornelia Meifort

Der Begriff der Enteignung nach der Rechtsprechung der internationalen Schiedsgerichte zum internationalen Investitionsschutzrecht

PETER LANG
Internationaler Verlag der Wissenschaften

Bibliografische Information der Deutschen Nationalbibliothek
Die Deutsche Nationalbibliothek verzeichnet diese Publikation in der Deutschen Nationalbibliografie; detaillierte bibliografische Daten sind im Internet über http://dnb.d-nb.de abrufbar.

Zugl.: Hamburg, Bucerius Law School, Diss., 2009

Gedruckt auf alterungsbeständigem,
säurefreiem Papier.

H 360
ISSN 0531-7312
ISBN 978-3-631-60850-0

Meinen Eltern

Vorwort

Die vorliegende Arbeit wurde im Frühjahrstrimester 2009 von der Bucerius Law School – Hochschule für Rechtswissenschaft – als Dissertation angenommen. Die mündliche Doktorprüfung fand am 12. Mai 2009 statt.

Ich möchte mich herzlich bei meiner Doktormutter, Frau Prof. Dr. Doris König, für die gute Betreuung dieser Arbeit und die Erstellung des Erstgutachtens bedanken. Herrn Prof. Dr. Jörn Axel Kämmerer danke ich für die zügige Erstellung des Zweitgutachtens.

Ganz herzlich möchte ich mich außerdem bei meinem Mann, Herrn Arlo Meifort, Frau Paulina Starski und meinem Bruder, Herrn Johannes Meifort bedanken. Sie haben mit wertvollen Korrekturarbeiten und inhaltlichen Anregungen besonders zum Gelingen dieser Arbeit beigetragen. Meinem Mann und meinem Bruder danke ich außerdem für ihre andauernde großartige Unterstützung und ihren immer wertvollen Rat.

Mein ganz besonderer Dank gilt meinen Eltern, Herrn Dr. Claus Meifort und Frau Eva Thomsen-Meifort, die meinen Lebensweg stets begleitet und mich in jeglicher Hinsicht außerordentlich und unbeschreiblich unterstützt und gefördert haben. Sie haben mich auch bei der Entstehung dieser Arbeit maßgeblich unterstützt. Ihnen ist diese Arbeit gewidmet.

Hamburg, im März 2010 — Cornelia Meifort

Inhaltsverzeichnis

Einleitung

„Predictability is one of the most important objectives of any legal system. It would be useful if it were absolutely clear in advance whether particular events fall within the definition of an „indirect" expropriation. It would enhance the sentiment of respect for legitimate expectations if it were perfectly obvious why, in the context of a particular decision, an arbitral tribunal found that a governmental action or inaction crossed the line that defines acts amounting to an indirect expropriation."[1]

Parisi führt hierzu aus: „Under international law, the expropriation of an investment is a source of much debate and uncertainty."[2] Die Bestimmung der Tatbestandsvoraussetzungen der Enteignung im internationalen Investitionsschutzrecht, insbesondere in Hinblick auf die Abgrenzung zur Inhaltsbestimmung („regulation"), wird von *Lowe* beschrieben als: „one of the most controversial and fast-developing areas in international law".[3]

Funktionierende internationale Wirtschaftsbeziehungen setzen voraus, dass fremdes Eigentum und ausländische Investitionen geschützt werden.[4] Deswegen spielte der Schutz von Auslandsinvestitionen im Wirtschaftsvölkerrecht und im allgemeinen Völkerrecht schon immer eine wichtige und wesentliche Rolle.[5]

Eine globalisierte, zunehmend vernetzte Welt bedeutet, dass Unternehmen ihre wirtschaftlichen Aktivitäten nicht auf ihr Heimatland beschränken, sondern immer mehr auch im Ausland aktiv werden.[6] Eine wichtige Form der wirtschaftlichen Betätigung im Ausland sind Auslandsinvestitionen. Flossen zu Beginn der achtziger Jahre jährlich im Durchschnitt 49,7 Milliarden US Dollar an Investitionen in andere Länder,[7] waren dies im Jahr 2005 916,3 Milliarden US-Dollar.[8] Diese Zahlen verdeutlichen nicht nur das enorme Wachstum der Auslandsinvestitionen,

1 *Generation Ukraine, Inc. v. Ukraine*, ICSID Case No. ARB/00/9, Award v. 16. September 2003, Rn. 20.29 (S. 90).
2 *Parisi,* 19 Emory Int'l L.Rev. 2005, S. 383.
3 *Lowe,* 55 Current Legal Problems 2002, S. 447.
4 *Dolzer,* in Graf Vitzthum (Hrsg.), Völkerrecht, S. 518.
5 *Dolzer,* in Graf Vitzthum (Hrsg.), Völkerrecht, S. 518.
6 *Cheng,* 20 Am.U.Int'l L.Rev. 2005, S. 465, 466.
7 UNCTAD World Investment Report 1991 – The Triad on Foreign Direct Investment (www.unctad.org), S. 11.
8 UNCTAD World Investment Report 2006 – FDI from Developing and Transitional Economies: Implications for Development – Overview, S. 2.

sondern auch ihre wirtschaftliche Relevanz – sowohl für die Gaststaaten, in denen die Investition getätigt wird, als auch für die Investoren.

Parallel zu dem schnellen Wachstum der Auslandsinvestitionen hat auch das internationale Investitionsrecht in den letzten 20 Jahren eine rasante Entwicklung durchlaufen.[9] Mit der stark angestiegenen Zahl von Auslandsinvestitionen stieg die Zahl der diese schützenden bilateralen Investitionsschutzabkommen weltweit von 166 in den siebziger Jahren auf über 2500 heute.[10] Mit der zunehmenden Betätigung von ausländischen Investoren in anderen Staaten ging ebenfalls ein starker Anstieg der vor internationalen Schiedsgerichten ausgetragenen Investitionsstreitigkeiten zwischen einem privaten Investor und einem Gaststaat einher. Waren es zwischen 1965 – dem Jahr, in dem das International Centre for Settlement of Investment Disputes (ICSID) errichtet wurde – und 1995 durchschnittlich ein Schiedsverfahren pro Jahr vor dem ICSID, wurden seit 1995 jährlich bis zu 30 Schiedsverfahren vor dem ICSID durchgeführt.[11] Diese Zahlen verdeutlichen die Bedeutung des internationalen Investitionsschutzrechts sowohl für die internationalen Wirtschaftsbeziehungen als auch für das Völkerrecht.

Gegenstand dieser Arbeit ist, die sich aus der Rechtsprechung der internationalen Schiedsgerichte ergebenden Tatbestandsvoraussetzungen der Enteignung zu ermitteln, zu strukturieren und zu analysieren. Hierbei geht es um den Tatbestand der Enteignung, also um die Frage, welche staatlichen Maßnahmen nach der Rechtsprechung der internationalen Schiedsgerichte überhaupt eine Enteignung darstellen und welche Anforderungen an diese Maßnahmen gestellt werden. Durch die Analyse der Rechtsprechung der internationalen Schiedsgerichte soll eine strukturierte Darstellung der Tatbestandsvoraussetzungen einer Enteignung erarbeitet werden. Ziel ist, hierdurch einheitliche und vorhersehbare Kriterien zur Bestimmung des Tatbestandes der direkten und der indirekten Enteignung, bei der letzteren insbesondere zur Abgrenzung von Inhaltsbestimmungen („regulations") aufzustellen. Da direkte Enteignungen heute eher die Ausnahme darstellen und auch die Schiedsverfahren ganz überwiegend indirekte Enteignungen betreffen,[12]

---

9 *Cheng,* 20 Am.U.Int'l L.Rev. 2005, S. 465, 466; *Robbins,* 13 Int'l&Comp.L.Rev. 2006, S. 403; *Vandevelde,* 41 Harv.Int.'l L.J. 2000, S. 469.

10 *Dolzer,* in Graf Vitzthum (Hrsg.), Völkerrecht, S. 500; UNCTAD, International Investment Agreements: Key Issues, Volume 1,2004, S. 9; s.a. *Gill/Gearing/Birt,* 21 J.Int'l Arb. 2004, S. 397.

11 *Bishop/Crawford/Reisman,* Foreign Investment Disputes – Cases, Materials and Commentary, S. 1; s.a.*Gaillard,* Revue de l'arbitrage 2003, S. 853, 855; *Gill/Gearing/Birt,* 21 J.Int'l Arb. 2004, S. 397.

12 *Baughen,* 18 J. Envtl. L. 2006, S. 207, 209; *Karl,* 17 ICSID Review 2002, S. 293, 305; *Hóber,* 14 Am. Rev. Int'l Arb. 2003, S. 377, 381; *Paulsson/Douglas,* in: Horn, Arbitrating Foreign Investment Disputes, S. 145, 151; *Bergmann,* Die völkerrechtliche Entschädigung im Falle der Enteignung vertragsrechtlciher Positionen, S. 23.

liegt der Schwerpunkt der Arbeit bei der Bestimmung der Tatbestandsvoraussetzungen der indirekten Enteignung.

Im Rahmen dieser Arbeit soll die Rechtsprechung des *Iran-U.S. Claims Tribunal*, der ICSID-Schiedsgerichte und der nach den UNCITRAL-Regeln gebildeten *ad hoc*-Schiedsgerichte betrachtet werden. Zwar sind die Schiedsgerichte nicht an die Urteile bzw. die Rechtsprechung der früheren Schiedsgerichte gebunden. Dennoch orientieren sich die Schiedsgerichte oft an früheren Urteilen – sowohl an Urteilen des *Iran-U.S. Claims Tribunal* als auch an solchen von neueren Schiedsgerichten.[13] Insofern muss zwar einerseits Vorsicht gewahrt werden vor zu pauschaler Verallgemeinerung eines einzelnen Urteils.[14] Andererseits muss es – bei aller Behutsamkeit – dann zulässig sein, die Ergebnisse zu verallgemeinern und die ermittelten Tatbestandsvoraussetzungen der Enteignung abstrakt zu benennen, wenn die Rechtsprechung der Schiedsgerichte wiederholt übereinstimmt.

Die Tatbestandsvoraussetzungen der Enteignung im internationalen Investitionsschutzrecht zu ermitteln ist deswegen so relevant, weil einerseits erhebliche wirtschaftliche Interessen des ausländischen Investors und des Gaststaates sowie dessen souveräne Regelungskompetenz betroffen sind. Andererseits wächst in den letzten Jahren die Rechtsprechung der internationalen Schiedsgerichte zu dieser Frage kontinuierlich; diese wurde jedoch noch nicht in dem in dieser Arbeit angestrebten Umfang analysiert und strukturiert (zum Stand der Forschung sogleich). Insofern soll diese Arbeit einen Beitrag zur Systematisierung der Schiedsurteile und zur Erarbeitung einer einheitlichen Prüfungsstruktur der Tatbestandsvoraussetzungen liefern, wodurch letztendlich die Vorhersehbarkeit der Schiedsurteile und die Rechtssicherheit im Bereich des internationalen Investitionsschutzrechts erhöht wird.

Die Einordnung des internationalen Investitionsschutzrechts in das Völkerrecht ist nicht ganz eindeutig und hängt davon ab, welcher der unterschiedlichen Aspekte des Investitionsschutzrechts betont wird. Zum Teil wird es im Rahmen des Individualrechtsschutzes,[15] zum Teil im Rahmen der Staatenverantwortlichkeit,[16] von anderen Autoren wiederum im Rahmen des internationalen Wirtschafts-

---

13 Z.B. *Fireman's Fund Insurance Company v. The United Mexican States,* ICSID Case No. ARB(AF)/02/01, Award v. 17. Juli 2006, Rn. 173 ff.; 205 f.; *CME Czech Republic B.V. v. The Czech Republic,* UNCITRAL Arbitration, Partial Award v. 13.09.2001, Rn. 604 ff.; *Enron Corporation Ponderosa Assets, L.P. v. Argentine Republic,* ICSID Case No. ARB/01/3, Award v. 22. 05. 2007, *Rn.* 245; s.a. *Fowles,* 36 Cumb.L.Rev. 2005-2006, S. 83, 101.

14 *Paulsson/Douglas,* in: Horn, Arbitrating Foreign Investment Disputes, S. 145, 147.

15 *Brownlie,* Public International Law, Part IX.

16 *Shaw,* International Law, S. 694 ff.

rechts[17] behandelt. Diese unterschiedliche Einordnung verdeutlicht, dass das Investitionsschutzrecht mehrere Aspekte berührt, namentlich den völkerrechtlichen Individualrechtsschutz, die völkerrechtliche Staatenverantwortlichkeit und das internationale Wirtschaftsrecht. Durch die Zuordnung zu einem Bereich des Völkerrechts wird jeweils eine Komponente des internationalen Investitionsschutzrechts hervorgehoben.

Zum Stand der Forschung lassen sich folgende Feststellungen treffen:

Zunächst existieren einige „klassische“ Werke zu Enteignungen im Völkerrecht, die zwischen 1941 und 1985 erschienen sind.[18]

Die Aufsätze, die vor dem Jahr 1966 geschrieben wurden, können sich noch nicht mit der Rechtsprechung der ICSID-Schiedsgerichte bzw. der UNCITRAL-Schiedsgerichte befassen, da die ICSID-Konvention erst seit Oktober 1966 in Kraft ist und die UNCITRAL-Regeln erst seit 1976 bestehen. *Dolzers* Arbeit betrachtet das Anfang/Mitte der achtziger Jahre geltende völkerrechtliche Eigentumsschutzrecht umfassend. Allerdings geht er hierbei nicht auf Schiedsurteile der internationalen Schiedsgerichte ein (die in der heutigen Form bzw. dem heutigen Ausmaß noch nicht existierten), sondern betrachtet Fälle vor dem *Ständigen Internationalen Gerichtshof* und dem IGH und geht zum Enteignungsbegriff schwerpunktmäßig auf den Eigentumsschutz auf europäischer Ebene nach der EMRK sowie nach den nationalen Rechtsordnungen ein. Abschließend bildet er zum Enteignungsbegriff Fallgruppen nach der Art der Eigentumsbeeinträchtigung.

Der Ansatz in der vorliegenden Arbeit ist ein anderer: hier sollen die aktuellen Schiedsurteile der internationalen Schiedsgerichte untersucht und abstrakte Tatbestandsvoraussetzungen entwickelt, also keine Fallgruppen gebildet werden.

Weiter existieren Werke, die das internationale Investitionsschutzrecht oder die internationale Schiedsgerichtsbarkeit insgesamt betrachten.[19] Andere Werke dagegen haben allein das *Iran-U.S.Claims Tribunal* zum Gegenstand.[20]

Der Blickwinkel in diesen Arbeiten ist sehr viel weiter als in der vorliegenden Arbeit, da diverse Aspekte des internationalen Investitionsschutzrechts oder der

---

17 *Dolzer,* in Graf Vitzthum (Hrsg.), Völkerrecht, S. 491 ff.; *Ipsen,* Völkerrecht, 10. Kapitel, S. 674 ff.

18 *Herz,* 38 AJIL 1941, S. 243; *Christie,* 38 BYIL 1962, S. 307; *Weston,* 16 Va.J.Int'l L. 1975, S. 103; *Higgins,* 176 RdC 1982 III, S. 259; *Dolzer,* Eigentum, Enteignung und Entschädigung im geltenden Völkerrecht, 1985.

19 *Sornarajah,* The International Law on Foreign Investment; *Görs,* Internationales Investitionsschutzrecht (2004); *Horn* (Hrsg.), Arbitrating Foreign Investment Disputes; *Bishop/Crawford/Reisman,* Foreign Investment Disputes: Cases, Materials and Commentary; *Schreuer,* The ICSID Convention: A Commentary.

20 *Aldrich,* The Jurisprudence of the Iran-United States Claims Tribunal (1996); *ders.,* 88 American Journal of International Law (1994), S. 585, *Brower,* 224 Recueil des Cours 1990, S. 123; *Brower/Brueschke*, The Iran-United States Claims Tribunal (1998).

internationalen Investitionsschiedsgerichtsbarkeit behandelt werden. Aus diesem Grund wird auf jeden einzelnen Aspekt nur relativ kurz eingegangen.

Sornarajah untersucht zwar auf ungefähr vierzig Seiten, welche Maßnahmen eine Enteignung darstellen, verfolgt allerdings wiederum einen anderen Ansatz als in dieser Arbeit, da er nicht abstrakt die Tatbestandsvoraussetzungen erarbeitet, sondern Fallgruppen bildet (S. 284 ff.).

Andere Werke legen ihren Schwerpunkt nicht auf die internationale Schiedsgerichtsbarkeit, sondern die dieser zugrundeliegenden Rechtsgrundlagen: die bilateralen Investitionsschutzabkommen. Hier wird ebenfalls – unter anderem – der Themenbereich Enteignungen gestreift, allerdings nicht in Bezug auf die Rechtsprechung, sondern ausschließlich auf die Bestimmungen in den bilateralen Investitionsschutzabkommen.[21]

In der vorliegenden Arbeit wird zwar wiederholt auf die Bestimmungen in den Investitionsschutzabkommen eingegangen, allerdings immer in Bezug auf die diese auslegende Rechtsprechung der internationalen Schiedsgerichte. Insofern betreffen die genannten Werke allenfalls einen kleinen Teilbereich dieser Arbeit.

In anderen Aufsätzen geht es um Enteignungen in der modernen internationalen Schiedsgerichtsbarkeit. Diese kommen thematisch dieser Arbeit relativ nahe. Einige dieser Aufsätze betreffen ausschließlich das *North American Free Trade Agreement* (NAFTA) und die hierzu ergangenen Schiedsurteile und teilweise außerdem rechtsvergleichend das U.S.-amerikanische Enteignungsrecht.[22] Zum Teil werden in der Literatur auch nur einzelne Schiedsurteile betrachtet und analysiert.[23] Da diese Aufsätze jedoch entweder nur ein bestimmtes Investitionsschutzabkommen (insbesondere das NAFTA), einzelne Fälle oder spezielle Problembereiche behandeln, geht es auch in diesen Aufsätzen nicht darum, die Tatbestandsvoraussetzungen der Enteignung nach der Rechtsprechung der internationalen Schiedsgerichte umfassend und strukturiert zu erarbeiten.

---

21 *Dolzer/Stevens*, Bilateral Investment Treaties, S. 98-102; *Sacerdoti,* 269 Recueil des Cours 1997, S. 251, 379-386; *Banz,* Völkerrechtlicher Eigentumsschutz durch Investitionsschutzabkommen, S. 74, 137-138; *von Reyher,* Die bilateralen Konzepte der Bundesrepublik Deutschland und der Vereinigten Staaten von Amerika sowie deren Bedeutung für die Entwicklung des Schutzes von Auslandsinvestitionen, S. 144-149 u. 282-284.

22 *Appleton,* 11 N.Y.U.Envtl. L.J. (2002), S. 35, *Banks,* 5 NAFTA: L.&Bus.Rev.Am. (1999), S. 499, *Baughen,* 18 J.Envtl. L. (2006), S. 207, *Beauvais,* 10 N.Y.U. Envt'l L.J (2002), S. 245, *Been/Beauvais,* 78 N.Y.U.L.Rev. (2003), S. 30, *Fowles,* 36 Cumb.L.Rev (2005-2006), S. 83, *Gantz,* 33 Geo.Wash.Int'l L.Rev. (2001), S. 651, *Gudofsky,* 21 Nw. J.Int'l L.&Bus. (2000), S. 243, *Turk,* 1 Int'l L.&Mgmt.Rev. (2005), S. 41.

23 *Schill,* RIW 2005, S. 330; *ders.,* SchiedsVZ 2007, S. 178, *Kühn/Gantenberg,* SchiedsVZ 2004, S. 1.

Parisi, nach dessen Zielsetzung der Tatbestand der Enteignung im Völkerrecht insgesamt betrachtet werden soll, beschränkt seine Ausführungen auf einige Urteile des *Iran-U.S.Claims Tribunal* (S. 394-399) und Urteile von internationalen Schiedsgerichten, die im Rahmen des NAFTA ergangen sind (S. 405-413).[24] Zudem betrachtet er die zum NAFTA ergangenen Urteile einzeln und für sich und nicht strukturiert nach den Tatbestandsvoraussetzungen. Insofern entspricht in diesem Aufsatz die Herangehensweise ebenfalls nicht derjenigen in der vorliegenden Arbeit. Auch ein neuerer Aufsatz von *Dolzer* betrifft nur einzelne Aspekte und Schiedsurteile und keine umfassende strukturelle Erarbeitung der Tatbestandsvoraussetzungen.[25] Das Gleiche gilt für die Aufsatzreihe in der Zeitschrift „International Law FORUM du droit international" von 2003.[26]

Aus diesem Überblick über den Stand der Forschung ergibt sich, dass zwar entweder umfassende Werke zu Enteignungen im Völkerrecht existieren, diese jedoch über 20 Jahre alt sind und die aktuelle Rechtsprechung der internationalen Schiedsgerichte und damit die neuesten Entwicklungen und Probleme in diesem Bereich nicht berücksichtigen konnten. Oder die Werke betreffen den internationalen Investitionsschutz und die internationale Schiedsgerichtsbarkeit so allgemein, dass der Tatbestand der Enteignung allenfalls kurz und oberflächlich behandelt wird. Das gilt ebenso für solche Werke, die die internationalen Investitionsschutzabkommen behandeln. In den Aufsätzen schließlich, die den Enteignungstatbestand nach der Rechtsprechung der internationalen Schiedsgerichte betreffen, wird die Darstellung entweder auf bestimmte Investitionsschutzabkommen oder besondere Aspekte beschränkt, so dass auch hier keine umfassende strukturierte Erarbeitung der Tatbestandsvoraussetzungen der Enteignung unter Einbeziehung der gesamten Rechtsprechung der internationalen Schiedsgerichte erfolgt. Insofern wurden zwar einzelne Aspekte der Rechtsprechung der internationalen Schiedsgerichte oder einzelne Fälle betrachtet, jedoch noch nicht die gesamte Rechtsprechung der internationalen Schiedsgerichte sowohl zu den bilateralen Investitionsschutzabkommen als auch zum NAFTA ausgewertet und strukturiert und anhand dieser Analyse die Tatbestandsvoraussetzungen der Enteignung entwickelt. Dies soll in der vorliegenden Arbeit geleistet werden. Insofern schließt sie die in der völkerrechtlichen Literatur bestehende Lücke, indem sie die gesamte Rechtsprechung der genannten internationalen Schiedsgerichte ohne Einschränkung auf bestimmte Investitionsschutzabkommen einbezieht und aus den Ausführungen der Schiedsgerichte eine strukturierte Darstellung der Tatbestandsvoraussetzungen erarbeitet.

---

24 *Parisi,* 19 Emory Int'l L.Rev. (2005), S. 383.

25 *Dolzer,* 11 N.Y.U.Envtl. L.J. (2002), S. 64.

26 *Brunetti,* 5 Int'l L.F.D.Int'l 2003, S. 150; *Dolzer/Bloch,* 5 Int'l L.F.D.Int'l 2003, S. 155; *Weiner,* 5 Int'l L.F.D.Int'l 2003, S. 166; *Heiskanen,* 5 Int'l L.F.D.Int'l 2003, S. 176; *Vicuña,* 5 Int'l L.F.D.Int'l 2003, S. 188.

Auf diese Weise soll die Arbeit einen Beitrag zu einer größeren Vorhersehbarkeit der Schiedsurteile der internationalen Schiedsgerichte und damit letztendlich auch einen Beitrag zu mehr Rechtssicherheit leisten.

Um die Thematik zu veranschaulichen und in das internationale Investitionsschutzrecht und die Investitionsschiedsgerichtsbarkeit einzuordnen, beginnt die Arbeit mit einigen einleitenden Ausführungen (A.): Zunächst erfolgt ein historischer Überblick über die Entwicklung des internationalen Investitionsschutzrechts im letzten Jahrhundert (I.). Im Anschluss daran werden die Schiedsgerichte und ihre Funktionsweise kurz vorgestellt (II.). Danach soll eine relevante und in den Schiedsurteilen immer wieder auftauchende prozessuale Vorfrage beleuchtet werden: die Erforderlichkeit der Erschöpfung des innerstaatlichen Rechtswegs sowie das Verhältnis von innerstaatlichem Rechtsweg zum internationalen Schiedsverfahren (III.).

Da die Frage, ob eine Investition enteignet wurde, immer von der Definition des Eigentums beziehungsweise der Investition abhängt, soll, bevor auf die Definition der Enteignung eingegangen wird, der Begriff des Eigentums bzw. der Investition nach der Rechtsprechung der internationalen Schiedsgerichte geklärt werden (B.).

Im Hauptteil schließlich werden die nach der Rechtsprechung der internationalen Schiedsgerichte aufgestellten Tatbestandsvoraussetzungen sowohl der direkten als auch der indirekten Enteignung ermittelt, strukturiert und analysiert (C.). Danach folgt eine Darstellung der Kritik in der Literatur an der internationalen Schiedsgerichtsbarkeit, anschließend werden die Schiedsurteile mit Blick auf die Kritik untersucht.

Methodisch wird bei der Bestimmung des Eigentumsbegriffs und des Enteignungsbegriffs so vorgegangen, dass zunächst die Bestimmungen in bilateralen Investitionsschutzabkommen[27] und im *North American Free Trade Agreement* (NAFTA) betrachtet und verglichen werden und im Anschluss auf die zu diesen Begriffen ergangene und die Bestimmungen auslegende Rechtsprechung der internationalen Schiedsgerichte[28] ausführlich eingegangen wird. Da sich die Schiedsgerichte oft gegenseitig (wörtlich) zitieren und es daher auf die konkrete Formulierung ankommt, werden auch in dieser Arbeit die wichtigsten Ausführungen und Formulierungen der Schiedsgerichte zitiert. Die Zitate verhindern zugleich, dass bereits die Wiedergabe der Rechtsprechung eigene Interpretationen und Bewertungen enthält. Diese sind von der Darstellung der Rechtsprechung zu trennen und erfolgen in einem zweiten Schritt.

27 Veröffentlicht unter http://www.unctadxi.org/templates/DocSearch_779.aspx.

28 Die Schiedsurteile sind zu finden unter http://www.investmentclaims.com.

A. Überblick über die Entwicklung des internationalen Investitionsschutzrechts und die internationale Schiedsgerichtsbarkeit

Um eine Vorstellung von der Bedeutung des aktuellen Investitionsschutzrechts zu vermitteln, sollen die Entwicklungen in diesem Bereich kurz dargestellt werden. Im Anschluss soll ein Überblick über die Schiedsgerichte – ihre Errichtung, Verfahrensregeln und materielle Entscheidungsgrundlage – als Hintergrundinformation für die in den darauf folgenden Abschnitten analysierte Rechtsprechung dieser Schiedsgerichte dienen. Schließlich soll in einem dritten Schritt auf die Vorfrage eingegangen werden, ob für die Durchführung eines internationalen Schiedsverfahrens – wie für die Ausübung diplomatischen Schutzes – erforderlich ist, dass zunächst der innerstaatliche Rechtsweg des Gaststaates erschöpft wurde. Außerdem soll das Verhältnis von innerstaatlichem Rechtsweg und internationalem Schiedsverfahren beleuchtet werden.

I. Historischer Überblick über die Entwicklung des internationalen Investitionsschutzrechts

Das klassische Völkerrecht des ausgehenden 19. und beginnenden 20. Jahrhunderts regelte ganz überwiegend die Beziehungen zwischen den Staaten, und diese allein waren Völkerrechtssubjekte, die auf völkerrechtlicher Ebene handeln konnten.[29] Zwar existierten bereits zu dieser Zeit Auslandsinvestitionen von (privaten) Investoren. Da der Einzelne kein Völkerrechtssubjekt war, waren Streitigkeiten zwischen ausländischen Investoren und dem jeweiligen Gaststaat Gegenstand des innerstaatlichen Rechts (des Gaststaates).[30] Diese Streitigkeiten betrafen höchstens ausnahmsweise über mit ihnen im Zusammenhang stehende Fragen das Völkerrecht wie z.B. die völkerrechtliche Staatenverantwortlichkeit für völkerrechtswidriges Verhalten oder die Ausübung diplomatischen Schutzes durch den Heimatstaat des ausländischen Investors.[31]

---

29 *Ipsen,* Völkerrecht, S. 24; *Fowles,* 36 Cumb.L.Rev. 2005-2006, S. 83, 91; *Weil,* 15 ICSID Review 2000, S. 401, 402 f.

30 *Weil,* 15 ICSID Review 2000, S. 401, 402.

31 UNCTAD, International Investment Agreements: Key Issues, Volume 1,2004, S. 5; *Weil,* 15 ICSID Review 2000, S. 401, 402.

Zu Beginn des 20. Jahrhunderts begannen die Kapital exportierenden Länder mehr und mehr, sich auf einen im Völkerrecht bestehenden „völkerrechtlichen Mindeststandard“ zu berufen und dessen Einhaltung ihren Staatsangehörigen gegenüber zu verlangen.[32] Sie sahen jede entschädigungslose Enteignung als Verstoß gegen diesen Mindeststandard an.[33] Die damals sich in der Entwicklung befindenden, Kapital importierenden Länder, insbesondere in Latein-Amerika, beriefen sich dagegen auf den umfassenden Grundsatz der staatlichen Souveränität und vertraten die *Calvo*-Doktrin,[34] nach der ausländischen Investoren allenfalls die gleiche Behandlung wie den Staatsangehörigen des Gaststaates, jedoch keine bessere als diesen zugute kommen könne (Inländergleichbehandlung).[35] Zudem beriefen sie sich auf ihre Souveränität und wehrten sich gegen Einmischung durch andere Staaten, insbesondere durch die Ausübung diplomatischen Schutzes.[36]

Obwohl Auslandsinvestitionen in der ersten Hälfte des 20. Jahrhunderts zunehmend an Bedeutung gewannen, spielten Staatsanleihen und -schulden wirtschaftlich die wichtigere Rolle.[37] Dennoch rückten Fragen nach der Behandlung ausländischen Eigentums zunehmend in den Fokus, vor allem durch Landreformen in Mexiko nach der Mexikanischen Revolution und in Europa (vor allem Osteuropa) nach dem Ersten Weltkrieg sowie durch die Verstaatlichung sämtlicher Wirtschaftszweige in der Sowjetunion.[38] Hier standen sich die Position des Gaststaates, der sich auf seine Souveränität berief und sich gegen eine Einmischung von außen verwahrte, und diejenige des Staates des betroffenen Ausländers, der die Beachtung des völkerrechtlichen Mindeststandards und Entschädigung forderte, gegenüber.[39] Auf internationaler Ebene konnten allein die Staaten handeln und der betroffene Ausländer konnte höchstens auf den diplomatischen Schutz durch seinen Heimatstaat hoffen, wenn er beispielsweise enteignet wurde.

---

32 *Brownlie,* Principles of Public International Law, S. 502 f.; *Häde,* Archiv des Völkerrechts 1997, S. 181, 187; *Lee,* 69 Fordham L.Rev. 2001, S. 2655, 2661.

33 UNCTAD, International Investment Agreements: Key Issues, Volume 1, 2004, S. 6; *Sandrino,* 27 Vand.J.Transnat'l L. 1994, S. 259, 263, 267 f.

34 Benannt nach dem argentinischen Diplomaten und Völkerrechtslehrer *Carlos Calvo*, 1822-1906.

35 UNCTAD, International Investment Agreements: Key Issues, Volume 1, 2004, S. 6; *Dalrymple,* 29 Cornell Int'l L.J. 1996, S. 161, 165 f.; *Biggs,* 19 ICSID Review 2004, S. 61, 66 f.; *Wells,* 29 West Indian Law Journal 2004, S. 49, 58 ff.; *Robbins,* 13 Int'l&Comp.L.Rev. 2006, S. 403, 410 f.; *Freer,* 4 YIL 1995, S. 169, 170; *Vandevelde,* 41 Harv. Int'l L.J. 2000, S. 469, 470; *Lowenfeld*, International Economic Law, S. 470 ff.

36 *Dalrymple,* 29 Cornell Int'l L.J. 1996, S. 161, 165 f.; *Lee,* 69 Fordham L.Rev. 2001, S. 2655, 2662 f.; *Biggs,* 19 ICSID Review 2004, S. 61, 66 f.

37 UNCTAD, International Investment Agreements: Key Issues, Volume 1, 2004, S. 6.

38 *Lowenfeld*, International Economic Law, S. 470 f.

39 *Brownlie,* Principles of Public International Law, S. 510; *Shaw,* International Law, S. 734; *Lee,* 69 Fordham L.Rev. 2001, S. 2655, 2661 ff.

Nach dem Zweiten Weltkrieg wurde im Zusammenhang mit dem Bemühen, die wirtschaftlichen Beziehungen weltweit in einem internationalen Abkommen zu regeln, versucht, Prinzipien bezüglich internationaler Investitionen aufzustellen. Da die Charta von Havanna von 1948, die auch Regelungen für internationale Investitionen enthielt, und mit ihr die Errichtung der Internationalen Handelsorganisation, niemals in Kraft trat und damit scheiterte, existierten weiterhin keine verbindlichen Regelungen für die Behandlung von Auslandsinvestitionen.[40]

In den Jahren nach dem Zweiten Weltkrieg verstaatlichten viele Staaten wichtige Industriezweige, wovon auch ausländische Unternehmen betroffen waren.[41] Zudem nahmen (entschädigungslose) Enteignungen ausländischen Eigentums und insbesondere Verstaatlichungen in den gerade dekolonisierten Staaten, die ihre Unabhängigkeit erlangt hatten, stark zu.[42] Ein wesentliches – sowohl politisches als auch wirtschaftliches – Anliegen dieser „neuen" Staaten war, Kontrolle über die eigenen Bodenschätze und die nationale Wirtschaft zu erlangen und damit die Wirtschaft des Landes zu stärken und die gerade erst erworbene politische Unabhängigkeit zu unterstreichen.[43] Insofern kann zu dieser Zeit zumindest in den gerade dekolonisierten Ländern durchaus von einem investitionsfeindlichen Klima gesprochen werden.[44] Nach und nach setzte sich bei diesen Staaten jedoch die Erkenntnis durch, dass die Entwicklung ihrer Wirtschaft von ausländischen Investitionen abhängig war und ausländischer Investitionen bedurfte, selbst wenn weiterhin der Wille bestand, diese zu kontrollieren und zu begrenzen.[45]

Diese Entwicklung spiegeln ebenfalls mehrere Resolutionen der UN-Generalversammlung wider, in denen die vielen neu entstandenen Staaten ihre Position gegenüber den zahlenmäßig unterlegenen „alten" wirtschaftsstarken Staaten durchsetzen konnten:[46] die Souveränität jedes Staates über seine natürlichen Ressourcen wird betont, ebenso wie das Recht, Eigentum zu enteignen oder zu verstaatlichen, wobei nach diesen Resolutionen der Staat nicht unbedingt verpflichtet

---

40 UNCTAD, International Investment Agreements: Key Issues, Volume 1, 2004, S. 6 f.; *Lowenfeld*, International Economic Law, S. 482 f.

41 *Weil,* 15 ICSID Review 2000, S. 401, 405; *Lowenfeld*, International Economic Law, S. 483 ff.

42 *Bergmann,* Die völkerrechtliche Entschädigung im Falle der Enteignung vertraglicher Positionen, S. 23.

43 UNCTAD, International Investment Agreements: Key Issues, Volume 1,2004, S. 7; *Sandrino,* 27 Vand.J. Transnat'l L. 1994, S. 259, 262 f.

44 *Häde,* Archiv des Völkerrechts 1997, S. 181, 187; *Al Faruque,* 4 Indian J.I.L. 2004, S. 292 f..

45 UNCTAD, International Investment Agreements: Key Issues, Volume 1,2004, S. 7.

46 Siehe hierzu auch: *Brownlie,* Principles of Public International Law, S. 515 ff.; *Ipsen,* Völkerrecht, S. 763 f.; *Bishop/Crawford/Reisman,* Foreign Investment Disputes, S. 5 f.; *Lowenfeld*, International Economic Law, S. 486 ff.

ist, eine angemessene Entschädigung zu zahlen.[47] In der Resolution 1803 (XVII) der Generalversammlung vom 14. Dezember 1962 über die ständige Souveränität über natürliche Ressourcen wird den Staaten das Recht zuerkannt, Eigentum zu verstaatlichen oder zu enteignen, wobei vorgesehen ist, dass der Staat eine „angemessene" („appropriate") Entschädigung zahlen „sollte". Im Fall von Streitigkeiten über die zu zahlende Entschädigung wird darauf hingewiesen, dass der innerstaatliche Rechtsweg beschritten und erschöpft werden muss, es sei denn, der betroffene Staat hätte in Ausübung seiner Souveränität einem internationalen Schiedsverfahren zugestimmt. In der Resolution 3201 (S-VI) vom 1. Mai 1974 über die Erklärung über die Errichtung einer neuen internationalen Wirtschaftsordnung wird dem Staat erneut die volle Souveränität über seine natürlichen Ressourcen und seine gesamte Wirtschaftstätigkeit einschließlich des Rechtes zu verstaatlichen und zu enteignen zuerkannt, wobei hiermit kein öffentlicher Zweck verfolgt werden muss, sondern ausreicht, dass der Staat die Enteignungen oder Verstaatlichungen für angemessen hält (Abs. 4 e)). In dieser Resolution ist im Gegensatz zur erstgenannten nicht einmal vorgesehen, dass der Betroffene in irgendeiner Weise entschädigt werden soll. In der Resolution 3281 (XXIX), die in demselben Jahr erlassen wurde (12. Dezember 1974) und die die Charta der wirtschaftlichen Rechte und Pflichten enthält, wird in Artikel 2 erneut die volle Souveränität des Staates über seine natürlichen Ressourcen und seine wirtschaftlichen Aktivitäten anerkannt. Dabei wird ausdrücklich bestimmt, dass kein Staat verpflichtet sein soll, Ausländer günstiger zu behandeln als die eigenen Staatsangehörigen. Außerdem wird dem Staat erneut das Recht zugesprochen zu verstaatlichen und zu enteignen, wobei eine „angemessene Entschädigung gezahlt werden sollte" („in which case appropriate compensation should be paid by the State"). In dieser Hinsicht gleicht die Res. 3281 (XXIX) der Res. 1803: in beiden Fällen ist der Staat aufgefordert, aber nicht verpflichtet („sollte"), eine angemessene („appropriate") Entschädigung zu zahlen. Diese Resolutionen wurden meist dahingehend verstanden, dass nach dem Völkerrecht bei einer Enteignung keine volle Entschädigung mehr notwendig war.[48]

Ende der fünfziger/ Anfang der sechziger Jahre wurden die ersten bilateralen Investitionsschutzabkommen geschlossen, die dem Schutz der Investition vor entschädigungsloser Enteignung, diskriminierender Behandlung usw. dienen sollten.[49] Die bilateralen Investitionsschutzabkommen fanden allerdings erst in den späten achtziger und in den neunziger Jahren eine weite Verbreitung. Durch diese Abkommen, die typischerweise zwischen den entwickelten, Kapital exportieren-

47 UNCTAD, International Investment Agreements: Key Issues, Volume 1,2004, S. 9.
48 *Norton,* 85 AJIL 1991, S. 474 f.
49 UNCTAD, International Investment Agreements: Key Issues, Volume 1, 2004, S. 9.

den Ländern und Entwicklungsländern abgeschlossen wurden, verpflichteten sich die Vertragsstaaten, insbesondere die Entwicklungsländer, grundlegende Prinzipien bezüglich des Schutzes und der Behandlung der (ausländischen) Investitionen zu beachten.

In den achtziger Jahren begann sich die Lage für Auslandsinvestitionen stark zu verändern, eine Entwicklung, die bis heute anhält. Einerseits änderten sich die Investitionen an sich. Galten die Investitionen bis in die ersten Jahrzehnte nach dem Zweiten Weltkrieg ganz überwiegend der Ausbeutung natürlicher Ressourcen, wird seit den achtziger Jahren vermehrt in Produktionen, Dienstleistungen und Technologie investiert.[50] Andererseits hat sich auch das politische Klima für Auslandsinvestitionen sehr verändert. Die Entwicklungsländer sind aufgrund hoher Staatsschulden und geringer Möglichkeiten, selbst die wirtschaftliche Entwicklung in ihrem Land anzustoßen, abhängig von Direktinvestitionen und haben dies auch erkannt.[51] In der Folge können sie viel weniger als noch in den siebziger Jahren – wie sich in den drei dargestellten Resolutionen der UN-Generalversammlung gezeigt hat – ihre Positionen durchsetzen. Zudem hat sich ihre Interessenlage deutlich verändert. Viele Länder sind bemüht, durch die Einhaltung völkerrechtlicher Mindeststandards in Bezug auf ausländisches Eigentum und durch Abschluss und Einhaltung von bilateralen Investitionsschutzabkommen ein gutes Klima für Investitionen zu schaffen und so möglichst viele Investitionen in ihr Land zu locken.[52] So änderten sich die nationalen Gesetze hin zu einer stärkeren Förderung und größerem Schutz von Auslandsinvestitionen. Die „klassischen" Enteignungen und Verstaatlichungen wurden seltener und die Staaten stimmten internationalen Schiedsverfahren zu, in denen Streitigkeiten zwischen ihnen und dem ausländischen Investor auf völkerrechtlicher Ebene gelöst werden sollten.

Die multilateralen Abkommen spiegeln diese Entwicklung nicht im gleichen Maße wider.[53] Wichtigste multilaterale Abkommen in diesem Zusammenhang sind solche im Rahmen der WTO, insbesondere das GATS (General Agreement on

---

50 UNCTAD, International Investment Agreements: Key Issues, Volume 1, 2004, S. 12; *Weil,* 15 ICSID Review 2000, S. 401.

51 *Andrzejczuk,* 27 Pol.Y.Int'l L. (2004-2005), S. 159, 160; *Norton,* 85 AJIL 1991, S. 474, 475; *Sandrino,* 27 Vand.J.Transnat'l L. 1994, S, 259, 264; *Ailola/Kalula,* 34 Comp.&Int'l L.J.S.Af. 2001, S. 132; *Hewko,* EEConst.Rev. 2002/2003, S. 71.

52 UNCTAD, International Investment Agreements: Key Issues, Volume 1, 2004, S. 12; *Dolzer,* in FS Mußgnug, S. 289, 290; *Norton,* 85 AJIL 1991, S. 474, 475; *Correa,* 26 Mich.J.Int'l L. 2004, S. 331 f.; *Bergmann,* Die völkerrechtliche Entschädigung im Falle der Enteignung vertragsrechtlicher Positionen, S. 21; *Ramsey,* 39 Harv.Int'l L.J. 1998, S. 1; *Ailola/Kalula,* 34 Comp.&Int'l L.J.S.Af. 2001, S. 132; *Hewko,* EEConst.Rev. 2002/2003, S. 71.

53 *Karl,* 17 ICSID Review 2002, S. 293, 295 ff.; *Lowenfeld,* 42 Colum.J.Transnat'l L. 2003, S. 123 ff.

Trade in Services), das TRIPS (Agreement on Trade-Related Aspects of Intellectual Property Rights), und das TRIMs (Agreement on Trade-Related Investment Measures), obwohl sie nur in einigen Teilen Investitionen betreffen.

Die wichtigeren internationalen Abkommen über Auslandsinvestitionen wurden jedoch auf regionaler und bilateraler Ebene geschlossen. Zu den auf regionaler Ebene abgeschlossenen Abkommen zählen beispielsweise das *North American Free Trade Agreement* (NAFTA) von 1992 zwischen Kanada, Mexiko und den USA oder das Rahmenabkommen zwischen den Süd-Ost-Asiatischen Ländern (ASEAN) von 1998. Ganz entscheidend zur Entwicklung des internationalen Investitionsrechts tragen die bereits erwähnten bilateralen Investitionsschutzabkommen bei,[54] deren Zahl heute, wie bereits erwähnt, 2500 übersteigt. Anfangs waren es vor allem die großen, Kapital exportierenden Länder, die mit Entwicklungsländern die bilateralen Abkommen vereinbarten. Diese haben auch heute noch die größte Zahl solcher Abkommen mit Entwicklungsländern getroffen.[55] Zunehmend schlossen und schließen aber auch die kleineren, Kapital exportierenden Länder und die Entwicklungsländer untereinander bilaterale Investitionsschutzabkommen ab.[56] Zwar sind die Regelungen in den Investitionsschutzabkommen nicht identisch, dennoch weisen viele der Vorschriften eine große Ähnlichkeit auf, so dass sie durchaus den völkerrechtlichen Standard für die Behandlung ausländischer Investitionen darstellen können.[57]

Bis in die siebziger Jahre stellte sich bei Streitigkeiten zwischen ausländischem Investor und Gaststaat (wenn auch oft nur vor den nationalen Gerichten des Gaststaates) die Frage, ob der Staat überhaupt verpflichtet war, bei einer Enteignung ausländischen Eigentums eine Entschädigung zu zahlen (s.o.), und wenn ja, in welchem Umfang entschädigt werden musste und wie der enteignete Wert zu berechnen war.[58] Dabei handelte es sich ganz überwiegend um direkte Enteignungen durch den Gaststaat.[59] Dieser vertrat oft die Position, dass er aufgrund seiner Souveränität berechtigt sei, innerstaatliche Angelegenheiten wie Enteignungen und Verstaatlichungen nach eigenem Ermessen durchzuführen, und dabei nicht zwingend zu einer eventuellen Entschädigungszahlung verpflichtet war (vgl. die

54 *Brownlie*, Principles of Public International Law, S. 520 f.

55 *Kämmerer*, Bitburger Gespräche, Jahrbuch 2004/I, S. 143, 153.

56 UNCTAD, International Investment Agreements: Key Issues, Volume 1,2004, S. 14.

57 *Bishop/Crawford/Reisman*, Foreign Investment Disputes – Cases, Materials and Commentary, S.1; *Reisman/Sloane,* BYIL 2003, S. 115 ff.; *Vandevelde,* 41 Harv.Int'l L.J. 2000, S. 469; UNCTAD, International Investment Agreements: Key Issues, Volume 1, 2004, S. 14.

58 *Baughen,* 18 J. Envtl. L. 2006, S. 207, 209; *OECD, Directorate for Financial and Enterprise Affairs,* Working Papers on International Investment Number 2004/4, „Indirect Investment" and the „Right to Regulate" in International Investment Law, S. 2.

59 *Karl, Joachim,* 17 ICSID Review 2002, S. 293, 304 f.

drei oben genannten Resolutionen der UN-Generalversammlung). Seitdem sind offensichtliche Verstaatlichungen und die „klassischen“ direkten Enteignungen deutlich seltener geworden; heute betreffen die meisten Schiedsverfahren indirekte Enteignungen.[60] Dies lässt sich durch die bereits beschriebene Erkenntnis der Staaten erklären, dass ihr Land wirtschaftlich von Auslandsinvestitionen profitiert und direkte Enteignungen aktuelle und potentielle ausländische Investoren abschrecken. Heute ist allgemein anerkannt und in den meisten Investitionsschutzabkommen festgelegt, dass der Gaststaat dem Investor bei einer Enteignung eine Entschädigung zahlen muss, die „prompt, adequate and effective“ (sog. *Hull*-Formel) sein muss.[61]

In den aktuellen Streitigkeiten stellt sich zwar oft die Frage, ob der Investor Anspruch auf Entschädigung hat. Allerdings geht es im Gegensatz zu den vor zwanzig bis dreißig Jahren entstandenen Streitigkeiten nicht mehr darum, ob der Gaststaat nach dem Völkerrecht überhaupt verpflichtet ist, bei einer Enteignung dem ausländischen Investor eine Entschädigung zu zahlen. Vielmehr geht es heute in den Schiedsverfahren um die Definition der Enteignung und die Frage, ob im konkreten Fall eine Enteignung vorliegt, aufgrund derer im bejahenden Fall der Investor einen Anspruch auf Entschädigung hat.[62] Dies lässt sich dadurch erklären, dass nicht nur die Investitionsformen ausländischer Investoren vielseitiger geworden sind, sondern auch die staatlichen Handlungsformen und die Bereiche, die von staatlicher Seite geregelt werden, und mit ihnen die möglichen Eigentumsbeeinträchtigungen sich erweitert haben.[63] Insofern spielen die „klassischen“ direkten Enteignungen, die in der Regel leicht zu erkennen sind, in der Rechtsprechung der internationalen Schiedsgerichte eher eine untergeordnete Rolle.[64] Da der Staat in vielen Bereichen und auf sehr unterschiedliche Art Regelungen trifft, die – oft nur mittelbar – das Eigentum oder die Nutzungs- und Verfügungsbefugnis über das

60 *Baughen,* 18 J. Envtl. L. 2006, S. 207, 209; *Karl,* 17 ICSID Review 2002, S. 293, 305; *Hóber,* 14 Am. Rev. Int'l Arb. 2003, S. 377, 381; *Paulsson/Douglas,* in: Horn, Arbitrating Foreign Investment Disputes, S. 145, 151; *Bergmann,* Die völkerrechtliche Entschädigung im Falle der Enteignung vertragsrechtlciher Positionen, S. 23.

61 *Ipsen,* Vökerrecht, S. 764; *OECD, Directorate for Financial and Enterprise Affairs,* Working Papers on International Investment Number 2004/4, „Indirect Investment“ and the „Right to Regulate“ in International Investment Law, S. 2; *Lauterpacht,* 4 In. J. Global Legal Stud. 1997, S. 259, 263.

62 *Dolzer,* 11 N.Y.U. Envtl L. J. (2002), S. 64; *Heiskanen,* 5 Int'l L.F.D. Int'l (2003), S. 176; *OECD, Directorate for Financial and Enterprise Affairs,* Working Papers on International Investment Number 2004/4, „Indirect Investment“ and the „Right to Regulate“ in International Investment Law, S. 2.

63 *Appleton,* 11 N.Y.U. Envtl. L.J. 2002, S. 35.

64 *OECD, Directorate for Financial and Enterprise Affairs,* Working Papers on International Investment Number 2004/4, „Indirect Investment“ and the „Right to Regulate“ in International Investment Law, S. 2.

Eigentum beeinträchtigen und beschränken, stellt sich in den aktuellen Fällen die Frage, ob eine Enteignung vorliegt, die einer Entschädigung bedarf. So handelt der Staat bei wirtschaftlicher Betätigung oft nicht hoheitlich, sondern wie ein privater Wirtschaftsteilnehmer. Gerade im Umweltrecht hat sich in den letzten Jahren in vielen Ländern ein größeres Bewusstsein für die Bedeutung des Umweltschutzes entwickelt, so dass strengere Regelungen erlassen werden, die die Durchführung bestimmter Projekte verhindern. In diesen Fällen stellt sich den Schiedsgerichten die Frage, ob ein Vertragsbruch durch den Gaststaat oder ein neues Umweltgesetz eine (indirekte) Enteignung darstellen kann, die entschädigt werden muss. Die Schiedsgerichte müssen deshalb heute nicht mehr primär die Frage klären, ob im Fall einer Enteignung eine Entschädigungspflicht besteht und in welchem Umfang entschädigt werden muss, sondern vielmehr, ob und unter welchen Voraussetzungen die das Eigentum beschränkenden allgemeinen regelnden Maßnahmen des Staates eine (entschädigungsbedürftige) Enteignung darstellen.[65]

In einer Zusammenfassung der historischen Entwicklung des internationalen Investitionsschutzrechts kann also festgestellt werden, dass dieses eine bemerkenswerte Entwicklung hin zu einem in vielerlei Hinsicht besseren Schutz des ausländischen Investors erfahren hat. Diese Entwicklung wurde insbesondere angestoßen durch die stark gewachsene Zahl der Investitionsschutzabkommen, deren Standard hinsichtlich des Investitionsschutzes oft recht einheitlich ist und eine deutliche Abkehr von der *Calvo*-Doktrin bedeutet, sowie durch die Schaffung einer Investitionsschiedsgerichtsbarkeit. Diese ermöglicht den ausländischen Investoren, ihren Gaststaat selbst wegen einer (entschädigungslosen) Enteignung oder anderen Verletzungen des mit dem Heimatstaat geschlossenen bilateralen Investitionsschutzvertrages vor internationalen Schiedsgerichten zu verklagen, so dass der Investor nicht mehr auf den diplomatischen Schutz durch seinen Heimatstaat angewiesen ist.

II. Die internationalen Schiedsgerichte

Teil der neueren Entwicklungen ist, dass ausländische Investoren die Möglichkeit haben, den Gaststaat direkt vor internationalen Schiedsgerichten wegen einer Enteignung oder anderen Verletzungen des bilateralen Investitionsschutzvertrages zu verklagen. Die internationalen Schiedsgerichte spielen daher für die Entwicklung des internationalen Investitionsschutzrechts eine herausragende Rolle.[66]

---

65 *Baughen,* 18 J. Envtl. L. 2006, S. 207, 209; *Karl,* 17 ICSID Review 2002, S. 293, 305.
66 *Bishop/Crawford/Reisman,* Foreign Investment Disputes, S. 1 f.; *Dolzer,* in Graf Vitzthum (Hrsg.), Völkerrecht, S. 523.

Erst durch die ab Ende der fünfziger Jahre abgeschlossenen bilateralen Investitionsschutzabkommen und insbesondere durch das 1965 errichtete International Centre for Settlement of Investment Disputes (ICSID) besteht für den Investor die Möglichkeit, selbst direkt auf völkerrechtlicher Ebene gegen den Gaststaat vorzugehen.[67] Davor hatte er allein die Möglichkeit, seine Rechte auf dem innerstaatlichen Rechtsweg des Gaststaates durchzusetzen oder nach dessen Erschöpfung auf diplomatischen Schutz durch seinen Heimatstaat zu hoffen.[68] Der innerstaatliche Rechtsweg war in den meisten Fällen recht aussichtslos für den ausländischen Investor, da allein auf Grundlage des nationalen Rechts entschieden wurde und keine völkerrechtlichen Mindeststandards eingehalten werden mussten oder die Gefahr bestand, dass ihn als ausländischen Investor kein faires Verfahren erwartete.[69] Zudem existier(t)en in vielen Entwicklungsländern keine funktionierenden Rechtssysteme und Gerichte, die ein faires und zügiges Verfahren garantier(t)en.[70] Außerdem liegt es im Ermessen seines Heimatstaates, ob dieser diplomatischen Schutz gewähren will, so dass der Schutz des Investors letztendlich vom Willen seines Heimatstaates abhing, diplomatischen Schutz auszuüben.[71] Da der Heimatstaat bei dieser Entscheidung immer auch außenpolitische Erwägungen einbeziehen wird und oft eine Verschlechterung der diplomatischen Beziehungen zu anderen Staaten vermeiden will, stellt der diplomatische Schutz kein sicheres und effektives Instrument des Eigentumsschutzes dar.[72]

Zu den neueren Entwicklungen gehört ebenfalls, dass nicht mehr nur Entwicklungsländer als Gaststaaten von ausländischen Investitionen Partei in internationalen Schiedsverfahren sind, sondern auch große Wirtschaftsnationen wie die USA und Kanada.[73] Außerdem schließen heute nicht mehr nur die kapitalexportierenden Länder mit den Entwicklungsländern bilaterale Investitionsschutzabkommen, sondern auch die kapitalexportierenden Länder untereinander.[74]

---

67 *Baughen,* 18 J. Envtl. L. 2006, S. 207; *Sampliner,* 18 ICSID Review 2003, S. 1, 4.

68 *Dodge,* 39 Vand.J.Transnat'l L. 2006, S. 1, 5 f.; *Fowles,* 36 Cumb.L.Rev. 2005-2006, S. 83, 91; *Weil,* 15 ICSID Review 2000, S. 401, 402 f.; *Waelde/Kolo,* 50 Int'l&Comp.L.Q. 2001, S. 811, 815.

69 *Reed/Paulsson/Douglas,* Guide to ICSID Arbitration, S. ix.

70 *Sampliner,* 18 ICSID Review 2003, S. 1, 3.

71 *Douglas,* 74 BYIL 2003, S. 151, 169; *Leben,* RdC 2003, S. 197, 216 f.; *Baughen,* 18 J. Envtl. L. 2006, S. 207; *Dodge,* 39 Vand.J.Transnat'l L. 2006, S. 1, 8 f.; *Weil,* 15 ICSID Review 2000, S. 401, 403.

72 *Douglas,* 74 BYIL 2003, S. 151, 169; *Leben,* RdC 2003, S. 197, 216 f.; *Reed/Paulsson/Douglas,* Guide to ICSID Arbitration, S. ix; *Dodge,* 39 Vand.J.Transnat'l L. 2006, S. 1, 4; *Sampliner,* 18 ICSID Review 2003, S. 1, 4.

73 *Leben,* Annuaire Français de Droit International 2004, S. 683, 685.

74 *Al Faruque,* 44 Indian J.I.L. 2004, S. 292, 293.

In den folgenden Abschnitten sollen die Schiedsgerichte, deren Rechtsprechung für die Herausbildung des internationalen Investitionsschutzrechts eine wesentliche Rolle spielt, dargestellt werden. Hierzu zählen das *Iran-U.S. Claims Tribunal*, die ICSID-Schiedsgerichte und die *ad hoc*-Schiedsgerichte, die nach den UNCITRAL-Regeln gebildet werden und verfahren. Hierbei soll auf die Hintergründe, die Verfahrensregeln und die Rechtsgrundlage, auf der materiell entschieden wird, eingegangen werden.

1. Das Iran- United States Claims Tribunal

In den sechziger und siebziger Jahren kam es im Iran unter der Herrschaft des Schahs zu einer beachtlichen wirtschaftlichen Entwicklung, zu der westliche und insbesondere amerikanische Vertragspartner und Berater – sowohl private als auch solche auf Regierungsebene – zu einem großen Teil beitrugen. Hunderte von amerikanischen Unternehmen waren an Projekten im Iran beteiligt, Ende der siebziger Jahre lebten im Zusammenhang mit diesen Projekten mehr als 40.000 US-Amerikaner im Iran. Diese Entwicklung trug zu einer großen Unzufriedenheit bei vielen Iranern bei, die sich in der Revolution 1978/79 entlud und die Vertreibung des Schahs und der Amerikaner sowie die Beendigung des amerikanischen Einflusses bezweckte und bewirkte. Im Laufe der Revolution wurden viele Projekte amerikanischer Unternehmen gestoppt, zahlreiche Verträge mit diesen beendet und deren Vermögenswerte konfisziert. Ihren Höhepunkt erreichte die Revolution am 4. November 1979, als iranische Demonstranten die amerikanische Botschaft besetzten und das Botschaftspersonal als Geiseln nahmen. Erst im Januar 1981 konnte über die Freilassung der Geiseln eine Einigung erzielt werden.[75]

Um die Beziehungen zwischen dem Iran und den Vereinigten Staaten, die aufgrund dieser Ereignisse in die Krise geraten waren, wieder zu verbessern, wurden einige Maßnahmen ergriffen. Unter anderem wurde das *Iran-United States Claims Tribunal* (IUSCT) errichtet.[76]

Die „Claims Settlement Declaration" vom 19. Januar 1981 sah vor, dass das IUSCT in Den Haag errichtet werden sollte. Das Schiedsgericht war zuständig, über Forderungen von U.S.-amerikanischen Staatsangehörigen gegen den Iran oder von iranischen Staatsangehörigen gegen die USA zu entscheiden,[77] die sich

75 Zur historischen Entwicklung im Iran: *Brower*, 224 Recueil des Cours (RdC) (1990), S. 123, 133.

76 Siehe Background Information Iran-United States Claims Tribunal, http://www.iusct.org/background-english.html.

77 Bei den „Staatsangehörigen " kann es sich sowohl um natürliche als auch juristische Personen handeln, Artikel VII (1) der Claims Settlement Declaration.

aus Schulden, Verträgen, Enteignungen oder anderen Maßnahmen ergeben, die Eigentumsrechte beeinträchtigen.[78] Weiter sollte das IUSCT z.B. über „offizielle" vertragliche Forderungen aus Erwerb oder Verkauf von Waren oder Dienstleistungen entscheiden, die die USA oder der Iran gegeneinander geltend machten.[79]

Da in dieser Arbeit die Tatbestandsvoraussetzungen der Enteignung erarbeitet werden sollen, werden hier ausschließlich die Klagen der amerikanischen oder iranischen Staatsangehörigen bezüglich einer Enteignung gegen den jeweils anderen Staat betrachtet. Die Forderungen der Staatsangehörigen konnten von diesen selbst vor dem Schiedsgericht geltend gemacht werden, außer wenn die Forderung geringer als 250.000 US-Dollar war. In diesem Fall durfte nur die jeweilige Regierung für den Staatsangehörigen vor dem Schiedsgericht auftreten.[80]

Eine Erklärung für diese Regelung gibt weder die Claims Settlement Declaration noch die Literatur.[81] *Brower* und *Brueschke* erwähnen in diesem Zusammenhang lediglich mehrere praktische Auswirkungen dieser Regelung:[82] Das IUSCT habe zunächst über die „großen" Forderungen entschieden, was sich auf seine Urteilsfindung bei den kleineren Ansprüchen auswirkte, über die zum Teil erst Jahre später entschieden wurde. Zweitens sei dadurch, dass die kleineren Forderungen nur von den beiden Regierungen vor dem IUSCT geltend gemacht werden konnten, die Wahrscheinlichkeit erhöht worden, dass die Streitigkeiten im Rahmen eines „lump sum agreements" beigelegt werden konnten.[83] Tatsächlich sei der Grenzwert von 250.000 US-Dollar außerdem nicht so eindeutig gewesen, da das Schiedsgericht oft Klagen von privaten Klägern zugelassen habe, in denen mehrere Ansprüche geltend gemacht wurden, die zwar einzeln unter 250.000 US-Dollar, zusammen jedoch darüber lagen.

Die Tatsache, dass viele Anspruchsteller in der Lage waren, selbst als Kläger in eigenem Namen und auf gleicher Ebene wie die Staaten vor Gericht aufzutreten, wird als sehr wichtig hervorgehoben.[84] Ansonsten hätte lediglich die Möglichkeit bestanden, diplomatischen Schutz durch ihren Heimatstaat zu erbitten, der diesen vielleicht nicht in jedem Fall gewährt hätte.

Die geltend gemachten Ansprüche mussten schon am Tag der Claims Settlement Declaration, also am 19. Januar 1981, bestehen. Einige Forderungen waren

---

78 Claims Settlement Declaration, Artikel II (1).
79 Claims Settlement Declaration, Artikel II (2).
80 Claims Settlement Declaration, Artikel III (3).
81 Vgl. beispielsweise *Aldrich*, The Jurisprudence of the Iran-United States Claims Tribunal oder *Maiwald*, Das Iran-United States Claims Tribunal.
82 *Brower/Brueschke*, The Iran-United States Claims Tribunal, S. 117 f.
83 *Brower/Brueschke*, The Iran-United States Claims Tribunal, S. 118.
84 *Collier/Lowe*, The Settlement of Disputes in International Law - Institutions and Procedures, S. 80.

jedoch ausdrücklich ausgeschlossen: die in Paragraph 11 der Erklärung der algerischen Regierung vom 19. Januar 1981 beschriebenen und die in diesem Zusammenhang aufgrund der nachfolgenden Handlungen der USA entstandenen, also alle Forderungen, die im Zusammenhang mit der Geiselnahme der 52 amerikanischen Staatsangehörigen entstanden waren.[85] Weiter war das IUSCT nicht zuständig, wenn die Parteien vertraglich bindend die ausschließliche Zuständigkeit der iranischen Gerichte vereinbart hatten.[86] Die Klagen mussten bis zum 19. Januar 1982 eingereicht werden und waren daher (wie auch aufgrund der Voraussetzung, dass sie am 19. Januar 1981 bereits bestehen mussten) zahlenmäßig begrenzt.[87] Insgesamt wurden 3936 Fälle durch Schiedsspruch, Entscheidung oder Urteil abgeschlossen: 20 Fälle, die die Auslegung und Erfüllung der Pflichten der Erklärung in den Algier Accords betrafen (sogenannte „A“ claims), 72 „offizielle“ Streitigkeiten zwischen der amerikanischen und der iranischen Regierung (sogenannte „B“ claims), 960 „Large Claims“, die Summen über 250.000 US-Dollar betrafen, und 2884 Fälle, in denen über Forderungen unter 250.000 US-Dollar entschieden wurde.[88]

Das Schiedsgericht bestand aus neun Schiedsrichtern, von denen jeweils drei von den beiden Regierungen benannt wurden. Die übrigen drei Schiedsrichter wurden von den sechs von den Regierungen ausgewählten Schiedsrichtern bestimmt.[89] Die Schiedsrichter waren in drei Kammern eingeteilt, die jeweils aus drei Schiedsrichtern bestanden und über die Klagen entschieden (in bestimmten Fällen konnte auch das komplette Schiedsgericht über die Klage entscheiden).[90]

Die Schiedsverfahren wurden entsprechend den UNCITRAL-Schiedsregeln geführt, die teilweise etwas von den Regierungen und dem Schiedsgericht abgeändert wurden.[91] Dies war insbesondere deswegen erforderlich, weil die UNCITRAL-Regeln für *ad hoc*-Schiedsgerichte geschaffen wurden und nicht für ein zumindest für einige Jahre bestehendes Schiedsgericht, das über eine Vielzahl von Fällen entscheiden musste.[92] Die Veränderungen betreffen überwiegend Formalitäten und Fristen für die Einreichung der Schriftsätze und Beweisanträge.[93] Z.B. legen Artikel 18 und 19 der modifizierten UNCITRAL-Regeln viel detaillierter

85 Claims Settlement Declaration, Artikel II (1).
86 Claims Settlement Declaration, Artikel II (1).
87 Claims Settlement Declaration, Artikel III (4).
88 Communiqué des IUSCT vom 16. November 2006 (No. 06/4).
89 Claims Settlement Declaration, Artikel III (1).
90 Claims Settlement Declaration, Artikel III (1).
91 Vgl. Claims Settlement Declaration, Artikel I (1).
92 *Collier/Lowe*, The Settlement of Disputes in International Law – Institutions and Procedures, S. 77.
93 *Collier/Lowe*, The Settlement of Disputes in International Law – Institutions and Procedures, S. 77.

als die ursprünglichen Regeln fest, welchen Inhalt Klage und Klageerwiderung haben müssen; der modifizierte Artikel 23 sieht längere Fristen für die weiteren Schriftsätze vor.

Das IUSCT entschied die Streitigkeiten auf der Grundlage von Handels- und Völkerrecht. Es hatte dabei Ermessen, welche Regeln und Prinzipien es anwenden wollte, musste aber die Gebräuche/Gewohnheiten des Handels, vertragliche Vereinbarungen und veränderte Umstände berücksichtigen.[94] Das Schiedsgericht musste auf Grundlage des Rechts entscheiden und durfte nur dann Gesichtspunkte der Billigkeit (*ex aequo et bono*) berücksichtigen, wenn es von den Parteien ausdrücklich und schriftlich hierzu autorisiert wurde.[95] Im Falle von den in dieser Arbeit interessierenden Enteignungen entschied das IUSCT auf Grundlage des Völkerrechts.[96]

Für die obsiegenden amerikanischen Kläger wurde ein „Security Account" mit Geldern des Iran eingerichtet, um die Zahlung der den Klägern zugesprochenen Summen durch den Iran zu sichern.[97] Eine vergleichbare Absicherung wurde hingegen nicht für die iranischen Kläger geschaffen.[98]

2. Die ICSID-Schiedsgerichte

Das *International Centre for Settlement of Investment Disputes* (ICSID) wurde durch die „Convention on the Settlement of Investment Disputes between States and Nationals of Other States" (ICSID-Übereinkommen) errichtet.[99] Die Konvention trat am 14. Oktober 1966 in Kraft. Im April 2006 hatten 143 Staaten die Konvention ratifiziert.[100] Das ICSID ist eine der fünf internationalen Organisationen

94 Claims Settlement Declaration, Artikel V und Artikel 33 der modifizierten UNCITRAL-Regeln.

95 Artikel 33 (2) der modifizierten UNCITRAL-Regeln.

96 *Amoco International Finance Corporation and The Government of the Islamic Republic of Iran et al.*, Award No. 310-56-3, in: 15 IUSCTR, 189, 214-229; *Mouri*, The International Law of Expropriation as Reflected in the Work of the Iran-United States Claims Tribunal, S. 32.

97 *Mouri*, The International Law of Expropriation as Reflected in the Work of the Iran-United States Claims Tribunal, S. 21.

98 *Mouri*, The International Law of Expropriation as Reflected in the Work of the Iran-United States Claims Tribunal, S. 21.

99 Zur ICSID- Konvention s.a. *Lowenfeld*, International Economic Law, S. 536ff.

100 Vgl. Einleitung zur ICSID –Convention, wie sie auf http://www.worldbank.org/icsid veröffentlicht ist.

der Weltbank- Gruppe. Es leitet nicht selbst die Schiedsverfahren, hilft aber dabei, sie in Gang zu setzen und einen ordnungsgemäßen Ablauf sicherzustellen.[101]

Das ICSID soll die Möglichkeit geben, Streitigkeiten zwischen einem Staat und einem ausländischen (privaten) Investor durch ein Schiedsverfahren zu regeln.[102] Voraussetzung für die Durchführung eines Schiedsverfahrens am ICSID ist, dass sowohl der sich im Streit befindende Staat als auch der Staat, dessen Nationalität der Investor hat, das ICSID-Übereinkommen ratifiziert haben, dass die streitenden Parteien dem Schiedsverfahren schriftlich zugestimmt haben und dass sich die Rechtsstreitigkeit direkt aus einer Investition ergibt.[103] Bei dem Investor kann es sich sowohl um eine natürliche als auch um eine juristische Person handeln.[104]

An diesem Punkt stellt sich in zahlreichen Fällen die Frage, ob ein Aktionär wegen seiner Rechte am Unternehmen Ansprüche erheben kann, unabhängig davon, ob das Unternehmen ebenfalls Ansprüche hat.[105] Ganz überwiegend wird diese Frage von den Schiedsgerichten bejaht und die Klage des Aktionärs vor dem Schiedsgericht zugelassen (ob der Aktionär einen materiellen Anspruch hat, wird oft erst in einem weiteren Verfahrensschritt im „Award“ entschieden).[106] So führt das Schiedsgericht in *Antoine Goetz et consorts v. République du Burundi* z.B. aus:

> „le Tribunal observe que la jurisprudence antérieure du CIRDI ne limite pas la qualité pour agir aux seules personnes morales directement visées par les mesures

---

101 *Blackaby/ Paulsson/ Reed*, Guide to ICSID Arbitration, S. 5; ausführlich zu den Voraussetzungen und zum Ablauf des Schiedsverfahrens auch *Lörcher,* SchiedsVZ 2005, S. 11 ff.

102 *Herdegen*, Internationales Wirtschaftsrecht, S. 225.

103 Artikel 25 Abs. 1 der ICSID- Convention; zu Fällen, in denen es um Fragen der Zulässigkeit der Streitigkeit zum Schiedsverfahren vor dem ICSID ging: *Vinuesa,* in FS Georg Ress, S. 331 ff.

104 Artikel 25 Abs. 2 der ICSID- Convention.

105 Z.B. *AAPL v. Sri Lanka*, ICSID Case No. ARB/87/3, Award v. 27. Juni 1990 ; *AMT v. Zaire*, ICSID Case No. ARB/93/1, Award v. 21. Februar 1997; *Antoine Goetz et consorts v. République du Burundi*, ICSID Case No. ARB/95/3, Award v. 10 Februar 1999 ; *Maffezini v. Spain*, ICSID Award v. 13. November; *Lanco v. Argentina*, ICSID Case No. ARB/97/6, Preliminary Decision v. 8. Dezember 1998; *Genin et al .v. Estonia*, ICSID Case No. ARB/99/2, Award v. 25. Juni 2001; *Compañía de Aguas del Aconquija et al. v. Argentina*, ICSID Case No. ARB/97/3, Award v. 21. November 2000; *CME v. Czech Republic*, UNCITRAL Partial Award v. 13. September 2001; *CMS Gas Transmission Company* v. *The Republic of Argentina*, ICSID Case No. ARB/01/8, Decision on Jurisdiction v. 17. Juli 2003.

106 Z.B. *Antoine Goetz et consorts v. République du Burundi*, Affaire CIRDI ARB/95/3, ICSID Case No. ARB/95/3, Sentence v. 10 Februar 1999, Rn. 89; *CMS Gas Transmission Company* v. *The Republic of Argentina*, ICSID Case No. ARB/01/8, Decision on Jurisdiction v. 17. Juli 2003, Rn. 55 f.

litigieuses mais l'étend aux actionnaires de ces personnes, qui sont les véritables investisseurs".[107]

Die streitenden Parteien müssen sich nicht zwingend vertraglich geeinigt haben, das Schiedsverfahren am ICSID durchzuführen – ausreichend ist jede eindeutige schriftliche Zustimmung von beiden Seiten.[108] Die Zustimmung des Gaststaates kann sich aus dem bilateralen Investitionsschutzabkommen zwischen diesem und dem Staat, mit dessen Staatsangehörigen er sich im Streit befindet, oder auch aus einem multilateralen Investitionsschutzvertrag wie dem NAFTA ergeben.[109] Viele, wenn nicht die meisten bilateralen Investitionsschutzabkommen sehen vor, dass Streitigkeiten zwischen einem der Vertragsstaaten und einem Investor, der Staatsangehöriger des anderen Vertragsstaates ist, einem ICSID-Schiedsgericht zur Entscheidung vorgelegt werden können.[110] Die Zustimmung des Investors, das Schiedsverfahren am ICSID durchzuführen, erfolgte in diesem Fall teilweise erheblich später. Im Jahr 2000 z.B. sind zwei Drittel der anhängigen Streitigkeiten am ICSID auf Grundlage von Bestimmungen in bilateralen Investitionsschutzabkommen an das ICSID herangetragen worden und nicht aufgrund einer (früheren oder späteren) vertraglichen Vereinbarung zwischen dem Gaststaat und dem Investor, das Schiedsverfahren dort durchzuführen.[111]

Die Zustimmung zum Schiedsverfahren nach dem ICSID- Übereinkommen wird – außer wenn anders bestimmt – so ausgelegt, dass dadurch alle anderen Rechtsmittel ausgeschlossen werden.[112] Ein Vertragsstaat darf seine Zustimmung zum Schiedsverfahren unter die Bedingung stellen, dass zuerst der innerstaatliche Rechtsweg erschöpft wurde.[113] Der innerstaatliche Rechtsweg muss folglich nicht erschöpft sein, bevor das Schiedsverfahren in Gang gesetzt wird, wenn der Staat

---

107 *Antoine Goetz et consorts v. République du Burundi*, ICSID Case No. ARB/95/3, Sentence v. 10 Februar 1999, Rn. 89.

108 *Blackaby/ Paulsson/ Reed*, Guide to ICSID Arbitration, S. 35.

109 *Blackaby/ Paulsson/ Reed*, Guide to ICSID Arbitration,S. 35 u. 62.

110 Vgl. Art. VII Abs. 3 (a) (i) des BIT Argentinien – USA vom 14.11.1991; Artikel 10 Abs. 2 des BIT Bangladesch – Japan vom 10.11.1998; Artikel 7 Abs. 2 des BIT Chile – Vereinigtes Königreich vom 8.1.1996; Artikel 8 Abs. 2 a) des BIT Vereinigtes Königreich – Kirkisistan vom 8.12.1994; Artikel 8 des BIT Frankreich – ElSalvador vom 24.1.1993; Artikel 11 des BIT Frankreich – Kuweit vom 27.9.1989; Artikel 11 Abs. 2 des BIT BRD – Nigeria vom 28.3.2000; Art. 10 Abs. 2 b) des BIT BRD – Ecuador vom 21.3.1996; Artikel 24 Abs. 3 a) des amerikanischen Model BIT von 2004; s.a. *Bjorklund,* 45 Va. J. Int'l L. 2005, S. 809, 812.

111 ICSID *2000 Annual Report*, www.worldbank.org/icsid/pubs/2000ar/main-eng.htm, S. 4.

112 Artikel 26 der ICSID- Convention.

113 Artikel 26 Satz 2 der ICSID- Convention.

dies nicht ausdrücklich bestimmt hat.[114] Dies kann entweder in Investitionsschutzabkommen, in nationalen Gesetzen oder in Investitionsverträgen mit dem Investor festgelegt werden.[115] Einige Staaten haben wohl von dieser Möglichkeit Gebrauch gemacht, allerdings haben sich Staaten in ICSID-Schiedsverfahren sehr selten darauf berufen, dass der innerstaatliche Rechtsweg erschöpft werden müsse.[116]

In Kapitel III des Übereinkommens ist das Verfahren für die Streitschlichtung geregelt, in Kapitel IV das Schiedsverfahren. Das Schiedsverfahren beginnt mit einem schriftlichen Antrag durch eine der Parteien beim Generalsekretär des ICSID.[117] Im Anschluss wird das Schiedsgericht mit einem einzelnen Schiedsrichter oder einer ungeraden Anzahl an Schiedsrichtern errichtet.[118] Das ICSID hat eine Liste mit von den Staaten bestimmten Schiedsrichtern (jeder Staat kann vier Schiedsrichter bestimmen). Für das Schiedsverfahren können entweder Schiedsrichter von der Liste des ICSID oder „von außerhalb" benannt werden.[119] Die Mehrzahl der benannten Schiedsrichter für das Verfahren soll anderer Nationalität als die der streitenden Parteien sein.[120]

Das Schiedsgericht entscheidet auf Grundlage der rechtlichen Regeln, die die Parteien vereinbart haben. Ausgangspunkt ist dabei oft das zwischen dem Gaststaat und dem Heimatstaat geschlossene Investitionsschutzabkommen. Hieraus ergeben sich die Pflichten des Gaststaates, deren Verletzung der Investor geltend macht. Ob der Gaststaat gegen diese Pflichten verstoßen hat, bestimmt das Schiedsgericht auf Grundlage des Rechts, das die unterzeichnenden Staaten des Investitionsschutzvertrags festgelegt haben.

Fehlt eine solche Vereinbarung, entscheidet das Gericht auf Grundlage des Rechts des Vertragsstaates, der Partei in der Streitigkeit ist (einschließlich dessen Internationalen Privatrechts), und der einschlägigen Regeln des Völkerrechts.[121] Wenn die Parteien dies vereinbart haben, kann das Schiedsgericht auch nach dem Gesichtspunkt der Billigkeit entscheiden.[122]

In engen Ausnahmefällen ist eine Revision oder Nichtigerklärung des Schiedsspruches vorgesehen. Eine Revision ist möglich, wenn eine entscheidungserhebliche Tatsache ohne Verschulden der Partei unbekannt war und erst nach Ende des Schiedsverfahrens bekannt wird.[123] Der Schiedsspruch kann für ungültig erklärt

114 *Schreuer,* Artikel 26 Rn. 95.
115 *Schreuer,* Artikel 26 Rn.99 ff.
116 *Schreuer,* Artikel 26 Rn. 109 ff.
117 Artikel 36 der ICSID- Convention.
118 Artikel 37 der ICSID- Convention.
119 Artikel 12 u. 13 der ICSID- Convention.
120 Artikel 39 der ICSID- Convention.
121 Artikel 42 Abs. 1 der ICSID- Convention.
122 Artikel 42 Abs. 2 der ICSID- Convention.
123 Artikel 51 der ICSID- Convention.

werden, wenn entweder das Schiedsgericht nicht ordnungsgemäß errichtet wurde, es offensichtlich seine Kompetenzen überschritten hat, einer der Schiedsrichter korrupt war, erheblich von wesentlichen Verfahrensvorschriften abgewichen wurde oder der Schiedsspruch keine Begründung enthält.[124] Ansonsten ist der Schiedsspruch bindend und es sind keine Rechtsmittel hiergegen möglich.[125]

Bei Streitigkeiten, in denen der streitende Staat oder der Staat, dessen Nationalität der Investor besitzt, nicht Vertragspartei des ICSID- Übereinkommens ist, kann der Streit durch die „Additional Facility" im Rahmen des ICSID beigelegt werden.[126] Diese Möglichkeit ist besonders wichtig bei Streitigkeiten im Rahmen der NAFTA, da zwar die USA, nicht jedoch Kanada und Mexiko Mitgliedstaaten des ICSID sind.[127] Für Verfahren nach der „Additional Facility" ist das ICSID-Übereinkommen nicht anwendbar,[128] sondern nur die „Additional Facility"- Regeln, die „Administrative and Financial Rules" sowie die „Arbitration Rules" für die „Additional Facility".

Jede Vereinbarung darüber, zukünftige Streitigkeiten nach den Additional Facility-Regeln beizulegen, bedarf der Zustimmung des Generalsekretärs des ICSID. Ergibt sich die Streitigkeit direkt aus einer Investition, fällt aber nicht in die Zuständigkeit des ICSID, weil entweder der Gaststaat oder der Staat, dessen Angehöriger der Investor ist, nicht Mitgliedstaat des ICSID ist, gibt der Generalsekretär seine Zustimmung nur, wenn beide Parteien der Zuständigkeit des ICSID nach Artikel 25 der ICSID-Konvention zustimmen und die Zuständigkeitsvoraussetzungen *ratione personae* dieses Artikels vorliegen.[129] Die Regeln über die Tatsachenermittlung („fact-finding"), die Streitschlichtung („conciliation") und das Schiedsverfahren ergeben sich jeweils aus den Additional Facility Rules in Anhang A, B und C.[130]

Die in den letzten Jahren zunehmende Zahl von Investitionsschutzverträgen, die überwiegend für Streitigkeiten zwischen dem Gaststaat und einem Investor die Möglichkeit von Schiedsverfahren am ICSID vorsehen[131] – von den heute geltenden bilateralen Investitionsschutzabkommen sehen ca. 1500 diese Möglichkeit vor –, führte zu einem erheblichen Anstieg der am ICSID durchgeführten Schieds-

124 Artikel 52 Abs. 1 der ICSID- Convention.
125 Artikel 53 der ICSID- Convention.
126 Artikel 2 der Additional Facility Rules.
127 Vgl. Liste der Vertragsstaaten des ICSID, Stand: 25. Januar 2006.
128 Artikel 3 Additional Facility Rules.
129 Artikel 4 Additional Facility Rules.
130 Artikel 6 Additional Facility Rules.
131 *Salacuse*, 24 International Lawyer (1990), S. 655, 672 f.

verfahren: zwischen 1966 und 2002 wurden 95 Verfahren durchgeführt, von 2002 bis 2006 nochmals 70.[132]

Die Mehrzahl der Schiedsverfahren werden am ICSID und nicht durch *ad hoc*-Schiedsgerichte nach UNCITRAL-Regeln durchgeführt.[133] Dies lässt sich wahrscheinlich aufgrund der institutionellen Einordnung des ICSID erklären: Das ICSID gehört zur Weltbank-Gruppe. Da die Weltbank ein wichtiges Kreditinstitut für die Staaten ist, werden die meisten Staaten versuchen, ihren Verpflichtungen aus der ICSID-Konvention nachzukommen, um nicht durch ein Zuwiderhandeln die Weltbank gegen sich aufzubringen.[134] Dieser institutionelle Rahmen scheint also mehr Vertrauen in das Funktionieren der Schiedsgerichte und eine bessere Durchsetzbarkeit der erfolgten Schiedssprüche zu schaffen, so dass wohl vor allem Investoren tendenziell ein Schiedsverfahren am ICSID einem solchen vor *ad hoc*-Schiedsgerichten nach UNCITRAL-Regeln vorziehen.

3. Die ad hoc-Schiedsgerichte nach UNCITRAL-Regeln

Im Gegensatz zu den beiden erstgenannten Regelwerken bieten die UNCITRAL- Regeln keine permanente Einrichtung oder Organisation, aus der heraus Schiedsgerichte errichtet werden können. Die UNCITRAL-Regeln sind lediglich Verfahrensregeln, nach denen ein von den Streitparteien errichtetes *ad hoc*-Schiedsgericht das Schiedsverfahren durchführen kann.[135]

Die UNCITRAL-Schiedsverfahrensregeln wurden 1976 nach langen Beratungen von der UN-Kommission für Internationales Handelsrecht angenommen. Bei der Erarbeitung der Regeln wurden unterschiedliche Internationale Organisationen und führende Schiedsverfahrens-Experten konsultiert.[136] Viele Institutionen der Schiedsgerichtsbarkeit, unter ihnen der Ständige Schiedsgerichtshof in Den Haag, haben diese Regeln wegen ihrer „universality" und Flexibilität – zumindest teilweise – übernommen.[137]

Die UNCITRAL-Regeln sehen Bestimmungen zur Fristberechnung und zur Einleitung des Schiedsverfahrens vor.[138] Die Parteien können sich vor dem Schiedsgericht von Personen ihrer Wahl vertreten oder helfen lassen. Sie müssen sich darauf einigen, ob entweder ein oder drei Schiedsrichter über den Streit ent-

---

132 *Füracker*, SchiedsVZ 2006, S. 236, 237.
133 *Sacerdoti,* 19 ICSID Review 2004, S. 1, 9.
134 *Bishop/Crawford/Reisman*, Foreign Investment Disputes, S. 11.
135 Vgl. Artikel 1 der UNCITRAL- Regeln.
136 S. 93 der Basic Documents des Permanent Court of Arbitration.
137 S. 93 der Basic Documents des Permanent Court of Arbitration.
138 Artikel 2 u. 3 der UNCITRAL- Regeln.

scheiden sollen. Kommt keine Einigung hierüber zustande, müssen drei Schiedsrichter nominiert werden.[139] Können sie sich, wenn nur ein Einzel-Schiedsrichter entscheiden soll, innerhalb eines bestimmten Zeitraums nicht auf eine Person einigen, entscheidet hierüber die sogenannte „appointing authority“.[140] Diese „appointing authority“ wurde entweder von den Parteien ausgewählt oder kann auf Bitte einer der Parteien vom Generalsekretär des Ständigen Schiedsgerichtshofs in Den Haag bestimmt werden.[141] Haben sich die streitenden Parteien darauf geeinigt, dass drei Schiedsrichter den Streit entscheiden sollen, bestimmt jede Partei einen Schiedsrichter, die wiederum zusammen den dritten, vorsitzenden Schiedsrichter nominieren.[142] Bestehen begründete Zweifel an der Unparteilichkeit einer der Schiedsrichter, kann dieser durch einen neuen ersetzt werden.[143] Abgesehen von den vorgegebenen Regeln führt das Schiedsgericht das Verfahren nach seinem Ermessen durch, vorausgesetzt, es behandelt beide Parteien gleich und gibt beiden zu jedem Zeitpunkt uneingeschränkt die Möglichkeit, ihre Argumente und Beweise darzulegen.[144] Die UNCITRAL-Regeln legen außerdem fest, wie der Ort und die Sprache des Schiedsverfahrens zu bestimmen sind, welche Anforderungen an die Klage und Klageerwiderung gestellt werden, wie Fristen festgelegt werden, wie die Beweislast verteilt ist und wie das mündliche Verfahren durchgeführt wird.[145] Besteht das Schiedsgericht aus drei Schiedsrichtern, entscheidet die Mehrheit der Schiedsrichter; das Urteil ergeht schriftlich und ist für die Parteien verbindlich.[146] Das Schiedsgericht entscheidet auf Grundlage des von den Parteien bestimmten materiellen Rechts. Haben die Parteien nicht festgelegt, welches Recht anwendbar sein soll, entscheidet das Schiedsgericht nach dem aufgrund des Kollisionsrechts ermittelten anwendbaren Recht.[147] Es darf nur dann nach den Grundsätzen der Billigkeit entscheiden, wenn es von den Parteien ausdrücklich hierzu ermächtigt wurde und wenn das auf die Rechtsstreitigkeit anwendbare Recht dies erlaubt.[148]

Bisher sind allerdings die überwiegende Zahl der Investitionsstreitigkeiten an dem ICSID und nicht durch *ad hoc*-Schiedsgerichte nach UNCITRAL-Regeln durchgeführt worden,[149] so dass auch in der nun folgenden Darstellung die Anzahl der zitierten ICSID-Schiedssprüche überwiegt.

---

139 Artikel 5 der UNCITRAL- Regeln.
140 Artikel 6 Absatz 1 der UNCITRAL- Regeln.
141 Artikel 6 Absatz 2 der UNCITRAL- Regeln.
142 Artikel 7 Abs. 1 der UNCITRAL- Regeln.
143 Artikel 9-12 der UNCITRAL- Regeln.
144 Artikel 15 der UNCITRAL- Regeln.
145 Artikel 16 bis Artikel 29 der UNCITRAL- Regeln.
146 Artikel 31 und 32 der UNCITRAL- Regeln.
147 Artikel 33 Abs. 1 der UNCITRAL- Regeln.
148 Artikel 33 Abs. 2 der UNCITRAL- Regeln.
149 *Herdegen*, Internationales Wirtschaftsrecht, § 21 Rn. 24.

4. Zwischenergebnis

Das *Iran-U.S. Claims Tribunal*, welches im Zusammenhang mit der iranischen Revolution Ende 1981 errichtet wurde, war das erste Schiedsgericht mit einer Vielzahl von Fällen und daher einer umfangreichen Rechtsprechung zu Enteignungen. Die Schiedsurteile dieses Schiedsgerichts sind insofern relevant für die heutigen Schiedsgerichte, als die Ausführungen zum Tatbestand der Enteignung, insbesondere der indirekten Enteignung, noch immer von diesen in aktuellen Schiedsurteilen zitiert werden.

Das ICSID gehört zur Weltbank-Gruppe und hilft dabei, ein Schiedsgericht zu bilden und das Schiedsverfahren in Gang zu setzen. Um ein Schiedsverfahren am ICSID durchzuführen, müssen sowohl der Gaststaat als auch der Heimatstaat des ausländischen Investors die ICSID-Konvention ratifiziert haben. Ist dies nicht der Fall, kann das Schiedsverfahren entweder an der Additional Facility des ICSID oder durch ein *ad hoc*-Schiedsgericht nach UNCITRAL-Regeln durchgeführt werden. Im Gegensatz zur ICSID-Konvention wird auf der Grundlage der UNCITRAL-Regeln keine feste Einrichtung geschaffen, sondern es handelt sich bei Letzteren lediglich um Verfahrensregeln, nach denen die streitenden Parteien ein *ad hoc*-Schiedsgericht bilden und das Schiedsverfahren durchführen können. Im Ergebnis unterscheiden sich die Schiedsurteile von ICSID-Schiedsgerichten und *ad hoc*-Schiedsgerichten nach UNCITRAL-Regeln jedoch nicht, sondern zitieren sich untereinander, unabhängig davon, welches Schiedsgericht das Schiedsurteil erlassen hat.[150]

Ausgangspunkt bzw. Entscheidungsgrundlage für die Schiedsgerichte ist das (bilaterale) Investitionsschutzabkommen zwischen dem Gaststaat und dem Heimatstaat des ausländischen Investors. Aus diesem ergeben sich die Rechte und Pflichten der streitenden Parteien (Gaststaat und ausländischer Investor), über deren Einhaltung oder Verletzung das Schiedsgericht auf Grundlage des von den Parteien vereinbarten Rechts – oft des Völkerrechts – entscheidet.

---

150 Z.B. werden die Ausführungen des Schiedsgerichts in dem Fall *Pope&Talbot v. The Government of Canada,* Interim Award vom 26. Juni 2000, Rn. 100 ff., welches ein Schiedsverfahren nach den UNCITRAL-Regeln durchführte (vgl. Rn. 12 des Interim Award vom 26. Juni 2000), von zahlreichen anderen ICSID-Schiedsgerichten zitiert: *Sempra Energy International v. Argentine Republic,* ICSID Case No. ARB/02/16, Award v. 28. September 2007, Rn. 284; *Enron Corporation and Ponderosa Assets v. Argentina,* ICSID Case No. ARB/01/3, Award v. 22. Mai 2007, Rn. 245; *PSEG Global Inc. and Konya Ilgin Elektrik Üretim ve Ticaret Limited Srketi v. Republik of Turkey,* ICSID Case No. ARB/02/5, Award v. 19. Januar 2007, Rn. 278; *LG&E Energy Corp., LG&E Capital Corp. and LG&E International Inc. v. Argentine Republic,* ICSID Case No. ARB/02/1, Decision on Liability v. 3. Oktober 2006, Rn. 188; *CMS Gas Transmission Comp. V. Argentina*, ICSID Case No. ARB/01/08, Final Award v. 12. Mai 2005, Rn. 263.

III. Vorfrage: Die „local remedies rule“ und das Verhältnis des innerstaatlichen Rechtswegs zum internationalen Schiedsverfahren

Ursprünglich bestand, wie dargestellt, als Instrument für den Eigentumsschutz auf völkerrechtlicher Ebene für einen ausländischen Investor allein die Möglichkeit, diplomatischen Schutz durch seinen Heimatstaat zu erlangen. Die Ausübung diplomatischen Schutzes unterliegt einigen Voraussetzungen, unter anderem, dass das betroffene Individuum die Staatsangehörigkeit des Staates besitzt, der den diplomatischen Schutz gewährt, und zudem, dass der innerstaatliche Rechtsweg im Gaststaat erschöpft wurde („local remedies rule“).[151] Insofern stellt sich die Frage, welche Voraussetzungen der ausländische Investor erfüllen muss, um ein internationales Schiedsverfahren anzustrengen.

Seine Staatsangehörigkeit ist nur noch relevant für die Frage, ob sein Heimatstaat ein bilaterales Investitionsschutzabkommen mit dem Gaststaat abgeschlossen hat, und wenn ja, welches bilaterale Investitionsschutzabkommen einschlägig ist, auf dessen Grundlage das Schiedsgericht entscheidet.

Zu klären bleibt, ob der ausländische Investor wie im Fall des diplomatischen Schutzes zunächst den innerstaatlichen Rechtsweg des Gaststaates erschöpft haben muss oder ob er unmittelbar nach der Beeinträchtigung seiner Investition ein internationales Schiedsverfahren in Gang setzen kann. Diese Frage soll unter 1. beantwortet werden. Unter 2. soll auf die Frage eingegangen werden, in welchem Verhältnis zueinander der innerstaatliche Rechtsweg und das internationale Schiedsverfahren stehen: kann der ausländische Investor von einem in den anderen Rechtsweg wechseln oder ist seine Wahl des einen Rechtswegs endgültig?

1. Die Beschreitung bzw. Erschöpfung des innerstaatlichen Rechtswegs

Haben beide Vertragsstaaten die ICSID-Konvention ratifiziert und wird das Schiedsverfahren nach dieser Konvention durchgeführt, ist nicht Voraussetzung für die Einleitung des Schiedsverfahrens, dass der innerstaatliche Rechtsweg erschöpft wurde, wenn nicht einer der Staaten ausdrücklich seine Zustimmung zum ICSID-Schiedsverfahren unter die Bedingung gestellt hat, dass vorher der innerstaatliche Rechtsweg erschöpft worden sein muss: Art. 26 der ICSID-Konvention dreht die im Völkerrecht traditionelle Regel, dass der Einzelne, bevor er ein internationales Verfahren gegen einen Staat anstrengen kann, zunächst den nationalen Rechtsweg dieses Staates erschöpft und alle möglichen Rechtsmittel, die in diesem Staat zur Verfügung stehen, ergriffen haben muss, um: Nach diesem

151 *Ipsen,* Völkerrecht, § 24, Rn. 31 ff.

Artikel kann ein Vertragsstaat die Zustimmung zum Schiedsverfahren unter die Bedingung stellen, dass der innerstaatliche Rechtsweg erschöpft wurde, ehe vor einem ICSID-Schiedsgericht geklagt werden kann. Tut er dies nicht, kann der ausländische Investor sofort ein ICSID-Schiedsverfahren anstrengen, ohne überhaupt irgendwelche Rechtsmittel in dem Gaststaat eingelegt haben zu müssen.

Die UNCITRAL Arbitration Rules enthalten, ebenso wie die ICSID (Arbitration) Additional Facility Rules, keine Regel bezüglich der Erschöpfung des innerstaatlichen Rechtswegs. Insofern gilt der im Völkerrecht wohl noch immer geltende Grundsatz, dass zunächst der innerstaatliche Rechtsweg erschöpft worden sein muss, bevor ein internationales Gericht angerufen werden kann.[152] Allerdings existieren einige Stimmen in der völkerrechtlichen Literatur, nach deren Ansicht der Staat implizit auf diesen Grundsatz verzichtet, wenn er irgendeiner Art von Schiedsverfahren zwischen sich und einer ausländischen Person zustimmt.[153]

In jedem Fall können sowohl die Vertragsstaaten des Investitionsschutzvertrages als auch der Gaststaat mit dem ausländischen Investor im Investitionsvertrag diesbezüglich Vereinbarungen treffen. Insofern kommt es insbesondere auf die Bestimmungen, die die Vertragsstaaten in dem jeweiligen Investitionsschutzabkommen getroffen haben, und deren Auslegung an.

a. Bestimmungen in bilateralen Investitionsschutzabkommen und hierzu ergangene Schiedsurteile

Die meisten Investitionsschutzabkommen enthalten keine Bestimmungen hinsichtlich der Erschöpfung des innerstaatlichen Rechtswegs.[154]

In Art. 10 des Investitionsschutzabkommens zwischen der BRD und Argentinien vom 9. April 1991 heißt es beispielsweise:

> „(2) Kann eine Meinungsverschiedenheit im Sinne von Absatz 1 nicht innerhalb einer Frist von sechs Monaten ab dem Zeitpunkt ihrer Geltendmachung durch eine der Streitparteien beigelegt werden, so ist sie auf Verlangen einer der beiden Streitparteien den zuständigen Gerichten der Vertragspartei, in deren Hoheitsgebiet die Investition getätigt wurde, zu unterbreiten.
> (3) Unter jeder der nachstehend genannten Voraussetzungen kann die Meinungsverschiedenheit einem internationalen Schiedsgericht unterbreitet werden:

---

152 *Schreuer,* The ICSID Convention: A Commentary, Artikel 26 Rn. 95; *Brownlie,* Principles of Public International Law, S. 481, *Shaw,* International Law, S. 720; *Ipsen,* Völkerrecht, § 24, Rn 39 f.

153 *Amerasinghe,* in: Beyerlin/Bothe/Hofmann/Petersen (Hrsg.), Recht zwischen Umbruch und Bewahrung, Festschrift für Rudolf Bernhardt, S. 665 ff.; *Schwebel,* in: Ebke/Norton (Hrsg.), Festschrift in Honor of Sir Joseph Gold, S. 373 ff.

154 *Schreuer,* The ICSID Convention: A Commentary, Artikel 26 Rn. 102.

a) auf Verlangen einer Streitpartei, wenn binnen 18 Monaten seit Einleitung des gerichtlichen Verfahrens gemäß Absatz 2 eine Sachentscheidung des angerufenen Gerichts nicht vorliegt oder wenn eine derartige Entscheidung vorliegt, die Meinungsverschiedenheit zwischen den Streitparteien aber fortbesteht;
b) wenn beide Streitparteien sich darauf geeinigt haben."

Folglich ist nach dieser Bestimmung – außer im Fall einer gegenteiligen Einigung zwischen Gaststaat und Investor – zwar erforderlich, dass zunächst ein nationales Gericht des Gaststaates angerufen wurde. Allerdings wird schon aus der Möglichkeit, ein Schiedsgericht anzurufen, wenn nach 18 Monaten seit Einleitung des nationalen Gerichtsverfahrens keine Entscheidung erging, deutlich, dass der innerstaatliche Rechtsweg nicht erschöpft worden sein muss.[155]

Trotz dieser Bestimmung, die dem Investor vorgibt, zunächst vor einem nationalen Gericht des Gaststaates zu klagen, ist aber fraglich, ob diese Verpflichtung überhaupt anwendbar ist. In dem Fall *Gas Natural* entschied das Schiedsgericht, dass aufgrund der Meistbegünstigungsklausel (die sich in den meisten BITs, zumindest den neueren, befindet[156]) die Verpflichtung für den Investor, zunächst den innerstaatlichen Rechtsweg zu beschreiten, keine Anwendung findet.[157] Diesem Fall liegt das Investitionsschutzabkommen zwischen Argentinien und Spanien vom 3. Oktober 1991 zugrunde, nach welchem ebenfalls erforderlich ist, dass der Investor zunächst vor den nationalen Gerichten klagt. *Gas Natural* klagte jedoch sofort vor einem ICSID-Schiedsgericht, ohne den innerstaatlichen Rechtsweg zu beschreiten. Das Unternehmen argumentierte, aufgrund der Meistbegünstigungsklausel in dem Investitionsschutzvertrag zwischen Argentinien und Spanien vom 3. Oktober 1991 hierzu nicht verpflichtet zu sein, da Argentinien über 50 Investitionsschutzabkommen abgeschlossen hätte, von denen nur zehn bestimmten, dass zunächst der innerstaatliche Rechtsweg beschritten werden müsse.[158] Dieser Argumentation stimmte das Schiedsgericht zu. Die Meistbegünstigungsklausel in Art. IV (2) bestimmt:

„In all matters governed by the present Agreement, such treatment shall be not less favorable than that accorded by each Party to investments made in its territory by investors of Third States."

155 *Emilio Augustin Maffezini v. The Kingdom of Spain,* ICSID Case No. ARB/97/7, Decision on Jurisdiction vom 25. Januar 2000, Rn. 27 ff.
156 *Herdegen*, Internationales Wirtschaftsrecht, § 21 Rn. 17.
157 *Gas Natural SDG, S.A. v. The Argentine Republic,* ICSID Case No. ARB/03/10, Decision on Jurisdiction v. 17. Juni 2005, Rn. 24-31.
158 *Gas Natural SDG, S.A. v. The Argentine Republic,* ICSID Case No. ARB/03/10, Decision on Jurisdiction v. 17. Juni 2005, Rn. 26.

Nach Ansicht des Schiedsgerichts bezog sich die Meistbegünstigungsklausel im Investitionsschutzvertrag auch auf die Regelung des Schiedsverfahrens zwischen dem Investor und dem Gaststaat, da ausdrücklich „all matters“ von der Meistbegünstigung erfasst sein sollten.[159]

Ebenso entschied das Schiedsgericht, gleichfalls auf der Grundlage des Investitionsschutzvertrages zwischen Argentinien und Spanien, in *Suez, Sociedad General de Aguas de Barcelona S.A., and Vivendi Universal S.A. v. The Argentine Republic and AWG Group Ltd. v. The Argentine Republic.*[160] Im Fall des zweiten Investors, *AWG Group Ltd.*, war der Investitionsschutzvertrag zwischen Argentinien und Großbritannien vom 11. Dezember 1990 einschlägig, dessen Meistbegünstigungsklausel nicht ganz so weit war wie die im BIT Argentinien – Spanien. In Artikel 3 des Investitionsschutzvertrags zwischen Argentinien und Großbritannien heißt es:

> „(1) Neither Contracting Party shall in its territory subject investments or returns of investors of the other Contracting Party to treatment less favorable than that which it accords to investments or returns of its own investors or to investments or returns of investors of any third state.
> (2) Neither Contracting Party shall in its territory subject investors of the other Contracting Party, as regards their management, maintenance, use, enjoyment or disposal of their investments, to treatment less favorable than that which it accords to its own investors or to investors of any third state.“

Obwohl die Meistbegünstigungsklausel anders formuliert ist als die im Investitionsschutzvertrag zwischen Argentinien und Spanien und nicht ausdrücklich „alle Angelegenheiten“ in die Meistbegünstigung einbezogen werden, wird auch nach dieser Bestimmung die Regelung des Schiedsverfahrens zwischen dem Investor und dem Gaststaat von der Meistbegünstigung erfasst und muss der Investor nicht zuvor vor nationalen Gerichten des Gaststaates klagen.[161]

Da sich auch in dem Investitionsschutzvertrag zwischen Deutschland und Argentinien die Verpflichtung zur Meistbegünstigung befindet (Art. 3 des BIT), die

---

159 *Gas Natural SDG, S.A. v. The Argentine Republic,*ICSID Case No. ARB/03/10, Decision on Jurisdiction v. 17. Juni 2005, Rn. 30 f.; ebenso entschied das Schiedsgericht – auch auf Grundlage des BITs Argentinien Spanien in *Emilio Augustín Maffezini and The Kingdom of Spain*, ICSID Case No. ARB/97/7, Decision on Jurisdiction vom 25. Januar 2000, Rn. 64.

160 *Suez, Sociedad General de Aguas de Barcelona S.A., and Vivendi Universal S.A. v. The Argentine Republic and AWG Group Ltd. v. The Argentine Republic*, ICSID Case No. ARB/03/19, Decision on Jurisdiction v. 3. August 2006, Rn. 55.

161 *Suez, Sociedad General de Aguas de Barcelona S.A., and Vivendi Universal S.A. v. The Argentine Republic and AWG Group Ltd. v. The Argentine Republic*, ICSID Case No. ARB/03/19, Decision on Jurisdiction v. 3. August 2006, Rn. 57.

mit wenigen Abweichungen derjenigen des BITs Argentinien – Großbritannien entspricht, ist naheliegend, dass ein Schiedsgericht, das auf Grundlage dieses Investitionsschutzabkommens entscheidet, zu dem gleichen Ergebnis kommt. Insofern wird die Verpflichtung, zunächst vor einem nationalen Gericht zu klagen, oft keine Anwendung finden, da zumindest die modernen Investitionsschutzverträge alle eine Meistbegünstigungsklausel enthalten.[162]

In anderen Investitionsschutzabkommen, z.B. dem zwischen der BRD und Kambodscha vom 15. Februar 1999, kann nach erfolglosem Ablauf der sechsmonatigen Einigungsfrist die Streitigkeit sofort einem internationalen Schiedsgericht unterworfen werden – die Möglichkeit, (alternativ oder zuvor) den innerstaatlichen Rechtsweg zu beschreiten, wird nicht genannt (vgl. Art. 11 Abs. 2 des BITs). Auch die Investitionsschutzabkommen zwischen der BRD und Timor-Leste vom 10. August 2005 (Artikel 11), zwischen der BRD und Afghanistan vom 19. und 20. April 2005 (Art. 11), das Investitionsschutzabkommen zwischen Großbritannien und Bosnien Herzegowina vom 2. Oktober 2002 (Artikel 8) oder Großbritannien und Venezuela vom 15. März 1995 (Artikel 8) nennen allein die Möglichkeit, die Streitigkeit von einem internationalen Schiedsgericht lösen zu lassen, während die Möglichkeit eines innerstaatlichen Gerichtsverfahrens nicht erwähnt wird. Das bedeutet aber wohl nicht, dass gänzlich ausgeschlossen werden sollte, dass der Investor vor einem nationalen Gericht des Gaststaates klagt. Es sollte wahrscheinlich nur deutlich gemacht werden, dass nicht zuerst der innerstaatliche Rechtsweg erschöpft worden sein muss, bevor vor einem internationalen Schiedsgericht geklagt werden kann. Hierfür sprechen auch Formulierungen wie (Art. 11 Abs. 2 des BITs BRD – Kambodscha vom 15. Februar 1999):

> „Kann die Meinungsverschiedenheit nicht innerhalb einer Frist von sechs Monaten ab dem Zeitpunkt ihrer Geltendmachung durch eine der beiden Streitparteien beigelegt werden, so wird sie auf Verlangen des Staatsangehörigen oder der Gesellschaft der anderen Vertragspartei einem Schiedsverfahren unterworfen.“

oder im Englischen (Artikel 8 Abs. 1 des BIT zwischen Großbritannien und Bosnien Herzegowina vom 2. Oktober 2002):

> „Disputes between a national or company of one Contracting Party and the other Contracting Party concerning an obligation of the latter under this Agreement in relation to an investment of the former which have not been amicably settled shall, after a period of three months from written notification of a claim, be submitted to international arbitration if the national or company concerned so wishes.“

162 *Herdegen*, Internationales Wirtschaftsrecht, § 21 Rn. 17.

Auf Wunsch des Investors kann also ein internationales Schiedsverfahren eingeleitet werden. Im Gegensatz zur Möglichkeit, den Gaststaat direkt vor einem internationalen Schiedsgericht zu verklagen, bedarf es beim Beschreiten des innerstaatlichen Rechtswegs des Gaststaates keiner gesonderten Vereinbarung – diese Möglichkeit besteht für den Investor sowieso und wird dem Gaststaat meist lieber sein als ein internationales Schiedsverfahren.

Ähnliche Bestimmungen – teilweise mit unterschiedlichen Fristen für den Versuch der gütlichen Einigung – sehen z.B. auch der Investitionsschutzvertrag zwischen Thailand und Nordkorea vom 1. März 2002 (Art. 11) und der Investitionsschutzvertrag zwischen Italien und Jordanien vom 21. Juli 1996 (Art. 9) vor, die jeweils dem Investor (ausdrücklich) alternativ die Wahl zwischen dem innerstaatlichen Rechtsweg und einem internationalen Schiedsverfahren lassen.

Aus diesen Regelungen in den Investitionsschutzabkommen, die entweder nur die Möglichkeit eines internationalen Schiedsverfahrens nennen oder das Schiedsverfahren als gleichwertige Alternative zum innerstaatlichen Rechtsweg aufführen, kann gefolgert werden, dass die Vertragsstaaten davon abgesehen haben, als Voraussetzung für ein internationales Schiedsverfahren zu verlangen, dass der innerstaatliche Rechtsweg erschöpft worden sein muss. Dies wird ebenfalls deutlich durch die sehr kurzen Fristen, die zwischen dem Beginn des Versuchs einer gütlichen Einigung und dem möglichen Beginn eines Schiedsverfahrens liegen: teilweise liegen nur drei Monate (im Fall des BITs Großbritannien – Bosnien Herzegowina, Art. 8 Abs. 1 oder Großbritannien – Armenien vom 7. Mai 1993, Art. 8 Abs. 3), teilweise 6 Monate (BIT BRD – Timor Leste, Art. 11 Abs. 2 oder BRD – Kambodscha, Art. 11 Abs. 2) zwischen Geltendmachung der Meinungsverschiedenheit und Beginn eines Schiedsverfahrens. In dieser Zeit wird in den meisten Fällen noch nicht einmal die erste Instanz abgeschlossen worden sein. Selbst in dem eingangs genannten Beispiel, in dem die Frist 18 Monate ab Einleitung des nationalen Gerichtsverfahrens beträgt (BIT BRD – Argentinien, Art. 10 Abs. 2), ist nahezu ausgeschlossen, dass in dieser Zeit der innerstaatliche Rechtsweg erschöpft werden kann.[163] Folglich kann davon ausgegangen werden, dass in diesen Fällen bzw. bei vergleichbaren Regelungen die Vertragsstaaten des Investitionsschutzvertrags von dem Erfordernis der Erschöpfung des innerstaatlichen Rechtswegs abgesehen haben.

Selbst der Ablauf der in dem Investitionsschutzabkommen vorgesehenen Einigungsfrist ist nicht in jedem Fall zwingend. In dem Fall *Ronald S. Lauder and The Czech Republic* wurde 17 Tage, nachdem die Streitigkeit entstanden war, das Schiedsverfahren eingeleitet, obwohl in Art. VI (3) (a) des einschlägigen BITs zwischen den USA und der Tschechischen und Slowakischen Republik vom

---

163 *Peters,* NILR 1997, 233, 234 f.

22. Oktober 1991 eine sechsmonatige Einigungsfrist ab Beginn der Streitigkeit vorgesehen ist.[164] Das Schiedsgericht befand das Schiedsverfahren dennoch für zulässig, da die Tschechische Republik nachweislich nicht bereit war, den Streit friedlich beizulegen, und auf keinerlei schriftliche Angebote des Klägers diesbezüglich reagiert hatte. Unter diesen Umständen, wenn also die Einhaltung der Einigungsfrist ganz offensichtlich von vornherein nicht dazu führen könnte, dass die streitenden Parteien den Streit friedlich beilegen (insbesondere, wenn eine Partei durch ihr Verhalten eine Einigung unmöglich macht), ist es nach Ansicht des Schiedsgerichts zu formalistisch und unnötig, an dieser Frist festzuhalten, da dies nicht die legitimen Interessen der Parteien schützte.[165]

Die bilateralen Investitionsschutzabkommen enthalten folglich ganz überwiegend keine ausdrücklichen Bestimmungen bezüglich der Erschöpfung des innerstaatlichen Rechtswegs. Die in den Abkommen genannten Fristen, innerhalb derer die Streitigkeit durch ein Gerichtsurteil beigelegt worden sein muss bzw. die Einigungsfristen sind jedoch zu kurz, als dass in dieser Zeit der innerstaatliche Rechtsweg erschöpft worden sein könnte. Folglich kann davon ausgegangen werden, dass die Vertragsstaaten in der ganz überwiegenden Zahl der Investitionsschutzabkommen nicht die vorherige Erschöpfung des innerstaatlichen Rechtswegs verlangen, bevor ein Schiedsgericht angerufen werden kann.

b. NAFTA

Das NAFTA enthält keine Bestimmungen bezüglich der Erschöpfung des innerstaatlichen Rechtswegs. Artikel 1121 NAFTA[166] bestimmt zwar das Verhältnis des

---

164 *Ronald S. Lauder and The Czech Republic,* UNCITRAL Arbitration, Final Award v. 3. September 2001, Rn. 181 ff.

165 *Ronald S. Lauder and The Czech Republic,* UNCITRAL Arbitration, Final Award v. 3. September 2001, Rn. 190.

166 *Article 1121: Conditions Precedent to Submission of a Claim to Arbitration*
1. A disputing investor may submit a claim under Article 1116 to arbitration only if:
(a) the investor consents to arbitration in accordance with the procedures set out in this Agreement; and
(b) the investor and, where the claim is for loss or damage to an interest in an enterprise of another Party that is a juridical person that the investor owns or controls directly or indirectly, the enterprise, waive their right to initiate or continue before any administrative tribunal or court under the law of any Party, or other dispute settlement procedures, any proceedings with respect to the measure of the disputing Party that is alleged to be a breach referred to in Article 1116, except for proceedings for injunctive, declaratory or other extraordinary relief, not involving the payment of damages, before an administrative tribunal or court under the law of the disputing Party.
2. A disputing investor may submit a claim under Article 1117 to arbitration only if both the investor and the enterprise:

innerstaatlichen Rechtswegs zum internationalen Schiedsverfahren – dazu unter 2. – woraus sich jedoch keine Schlüsse ziehen lassen in Bezug auf die Frage, ob die Erschöpfung des innerstaatlichen Rechtswegs in keinem Fall erforderlich ist.[167]

Die Rechtsprechung der internationalen Schiedsgerichte zur „local remedies rule" im Rahmen des NAFTA ist nicht ganz einheitlich. Handelt es sich bei der in Frage stehenden Maßnahme jedoch um eine hoheitliche Maßnahme, muss nach der Rechtsprechung der meisten Schiedsgerichte der innerstaatliche Rechtsweg nicht erschöpft worden sein, bevor ein Schiedsverfahren eingeleitet werden kann:

In *Feldman v. Mexico* führte das Schiedsgericht aus, dass im Völkerrecht allgemein anerkannt sei, dass von dem Erfordernis der Erschöpfung des innerstaatlichen Rechtswegs vertraglich abgewichen werden kann, was in Artikel 1121 NAFTA geschehen sei.[168] Insofern gebe Artikel 1121 NAFTA dem internationalen Schiedsverfahren den Vorzug im Vergleich zum nationalen Rechtsweg und müsse dieser nicht erschöpft worden sein.[169]

In *Mondev* ging das Schiedsgericht davon aus, dass der innerstaatliche Rechtsweg dem Investor als Option zur Verfügung stehe, dessen Erschöpfung folglich keine Zulässigkeitsvoraussetzung sei. Wenn der Investor diese Option wähle und die Klage als unbegründet abgewiesen werde, sei es aber nicht Aufgabe der NAFTA-Schiedsgerichte, als Revisionsinstanz der nationalen Gerichte tätig zu werden.[170]

(a) consent to arbitration in accordance with the procedures set out in this Agreement; and

(b) waive their right to initiate or continue before any administrative tribunal or court under the law of any Party, or other dispute settlement procedures, any proceedings with respect to the measure of the disputing Party that is alleged to be a breach referred to in Article 1117, except for proceedings for injunctive, declaratory or other extraordinary relief, not involving the payment of damages, before an administrative tribunal or court under the law of the disputing Party.

3. A consent and waiver required by this Article shall be in writing, shall be delivered to the disputing Party and shall be included in the submission of a claim to arbitration.

4. Only where a disputing Party has deprived a disputing investor of control of an enterprise:

(a) a waiver from the enterprise under paragraph 1(b) or 2(b) shall not be required; and

(b) Annex 1120.1(b) shall not apply.

167 *Blades,* 8 Or.Rev. Int'l L. (2006), 31, 121.

168 *Marvin Feldman v. Mexico,* ICSID Case No. ARB(AF)/99/1, Award v. 16. Dezember 2002, 42 ILM (2003), S. 625, 638 f., Rn. 71.

169 *Marvin Feldman v. Mexico,* ICSID Case No. ARB(AF)/99/1, Award v. 16. Dezember 2002, 42 ILM (2003), S. 625, 639, Rn. 73.

170 *Mondev Int'l Ltd. v. United States of America,* ICSID Case No. ARB (AF)/99/2, Award v. 11. Oktober 2002, Rn. 126.

Das Schiedsgericht in *Loewen* dagegen – allerdings im Rahmen des Art. 1105 NAFTA (Minimum Standard of Treatment) und bezüglich Akten der Judikative – entschied, dass zumindest, wenn es sich bei der streitigen Maßnahme um eine solche der Judikative handele, der innerstaatliche Rechtsweg erschöpft sein müsse, bevor eine Verletzung von Völkerrecht vor einem internationalen Schiedsgericht geltend gemacht werden könne.[171] Zwar sage Artikel 1121 NAFTA nichts zur Erschöpfung des innerstaatlichen Rechtswegs, auch nicht, wenn es um eine Maßnahme eines Gerichts gehe. Allerdings könne nicht davon ausgegangen werden, dass ein wichtiges völkerrechtliches Prinzip stillschweigend in einem völkerrechtlichen Vertrag aufgehoben würde, ohne dass dies ausdrücklich im Text klargestellt würde.[172] Daraus schloss das Schiedsgericht, dass Artikel 1121 NAFTA nicht von dem Prinzip der Erschöpfung des innerstaatlichen Rechtswegs abweicht.[173]

In *Waste Management* unterschied das Schiedsgericht zwischen Klagen wegen einer Enteignung durch hoheitliche staatliche Maßnahmen/Hoheitsakte und Klagen aufgrund einer Enteignung durch Nichterfüllung eines Vertrages durch den Gaststaat. Der Investor müsse im letzteren Fall den innerstaatlichen Rechtsweg erschöpfen, also die Vertragsverletzung erst vor einem nationalen Gericht geltend machen. Nur, wenn ihm der Zugang zum Gericht versperrt sei (denial of justice), könne die Vertragsverletzung zu einer Enteignung werden.[174] Der Investor muss folglich nach diesem Urteil auch bei Vertragsverletzungen durch den Gaststaat den innerstaatlichen Rechtsweg erschöpft haben, bevor materiell eine Enteignung vorliegen kann.

In *GAMI* klagte der Investor wegen einer Enteignung aufgrund „maladministration“ (inkompetentes oder schlechtes Verwaltungshandeln). Dieses stellte wie die Vertragsverletzung ebenfalls keinen Hoheitsakt dar. Das Schiedsgericht ließ die Klage zu, obwohl *GAMI* den innerstaatlichen Rechtsweg nicht erschöpft hatte. Nach Ansicht dieses Schiedsgerichts besteht nach dem NAFTA keine Verpflichtung für den Investor, zunächst den innerstaatlichen Rechtsweg zu durchlaufen, bevor vor einem internationalen Schiedsgericht geklagt werden kann.[175]

Die Rechtsprechung der internationalen Schiedsgerichte zu der Frage, ob im Rahmen des NAFTA die vorherige Erschöpfung des innerstaatlichen Rechtswegs

---

171 *The Loewen Group, Inc. and Raymond L. Loewen and The Unted States of America,* ICSID Case No. ARB(AF)/98/3, Award v. 26. Juni 2003, Rn. 217.

172 *The Loewen Group, Inc. and Raymond L. Loewen and The Unted States of America,* ICSID Case No. ARB(AF)/98/3, Award v. 26. Juni 2003, Rn. 160 f.

173 *The Loewen Group, Inc. and Raymond L. Loewen and The Unted States of America,* ICSID Case No. ARB(AF)/98/3, Award v. 26. Juni 2003, Rn. 164.

174 *Waste Management, Inc. v. United Mexican States*, ICSID Case No. ARB(AF)/00/3, Award v. 30. April 2004, 43 ILM (2004), 967, Rn. 174.

175 *GAMI Investments, Inc. v. United Mexican States*, UNCITRAL Arbitration, Award v. 15. November 2004, Rn.103.

erforderlich ist, ist also nicht ganz einheitlich. Bezüglich hoheitlicher Maßnahmen geht jedoch die Mehrheit der Schiedsgerichte davon aus, dass die Erschöpfung des innerstaatlichen Rechtswegs keine zwingende Voraussetzung für die Einleitung eines Schiedsverfahrens ist.

2. *Das Verhältnis zwischen dem innerstaatlichen Rechtsweg und dem internationalen Schiedsverfahren*

Die (vorhandenen oder fehlenden) Bestimmungen betreffend die Erschöpfung des innerstaatlichen Rechtswegs besagen nichts über das Verhältnis der unterschiedlichen Rechtsmittel zueinander. Muss sich der Investor von vornherein festlegen, ob er vor den nationalen Gerichten oder vor einem internationalen Schiedsgericht klagen will, kann er beide Verfahren parallel laufen lassen oder von einem (eventuell noch nicht abgeschlossenen) Verfahren in das andere wechseln?

Viele der heute geltenden Investitionsschutzabkommen legen fest, dass der Investor sich für eines der beiden Verfahren – also entweder das nationale Gerichtsverfahren oder das internationale Schiedsverfahren – entscheiden muss.[176] Voraussetzung für das internationale Schiedsverfahren ist in diesem Fall also, dass nicht vorher vor einem nationalen Gericht geklagt wurde. Dieses Prinzip des „entweder oder“ wird im Englischen auch als „fork-in-the-road“ bezeichnet. Als Beispiel kann die entsprechende Vorschrift (Art. VI) im Investitionsschutzabkommen zwischen den USA und Ecuador vom 27. August 1993 dienen:

> „2. In the event of an investment dispute, the parties to the dispute should initially seek a resolution through consultation and negotiation. If the dispute cannot be settled amicably, the national or company concerned may choose to submit the dispute, under one of the following alternatives, for resolution:
> (a) to the courts or administrative tribunals of the Party that is a party to the dispute; or
> (b) in accordance with any applicable, previously agreed dispute-settlement procedures; or
> (c) in accordance with the terms of paragraph 3.
> 3. (a) Provided that the national or company concerned has not submitted the dispute for resolution under paragraph 2 (a) or (b) and that six months have elapsed from the data on which the dispute arose, the national or company concerned may choose to consent in writing to the submission of the dispute for settlement by binding arbitration: …“

176 *Blades*, 8 Or.Rev. Int’l L. (2006), 31, 114 f.

In der vergleichbaren Regelung im Investitionsschutzabkommen zwischen Frankreich und Argentinien vom 3. Juli 1991 (Art. 8 Abs. 2 letzter Satz) heißt es:

> „Une fois qu'un investisseur a soumis le différend soit aux juridictions de la Partie contractante concernée, soit à l'arbitrage international, le choix de l'une ou de l'autre de ces procédures reste définitif."

Zwar darf der Investor in diesem Fall dieselbe Streitigkeit nicht sowohl vor die nationalen Gerichte des Gaststaates als auch vor ein internationales Schiedsgericht bringen. Allerdings wird in vielen Fällen das sogenannte „claim splitting" erlaubt, also die Aufteilung der Streitigkeit zwischen einem nationalen Gericht und einem internationalen Schiedsgericht, wobei das erstere über die Vereinbarkeit der Maßnahme mit dem nationalen Recht oder über vertragliche Streitigkeiten in Bezug auf den Investitionsvertrag zwischen dem Gaststaat und dem Investor entscheidet und das letztere darüber urteilt, ob der Gaststaat seine völkerrechtlichen Verpflichtungen aus dem bilateralen Investitionsschutzvertrag gegenüber dem Investor eingehalten hat.[177] Zum Beispiel tauchte diese Frage im Fall *Occidental Exploration and Production Company and the Republic of Ecuador* auf. Ecuador erhob den Einwand, dass *Occidental*, da es schon vier unterschiedliche Verfahren vor die ecuadorianischen Gerichte gebracht hatte, die nach Art. IV (2) (a) des BITs USA – Ecuador vom 27. 8. 1993 unumkehrbare Entscheidung für den nationalen Rechtsweg getroffen hatte und damit das Schiedsverfahren nicht mehr zulässig war.[178] Das Schiedsgericht stimmte dem Gegenargument von *Occidental* zu, dass die Klagegegenstände in den nationalen Gerichtsverfahren und vor dem Schiedsgericht ganz andere waren und es sich demzufolge nicht um dieselbe Streitigkeit handelte. Vor den nationalen Gerichten ging es nicht um die Investition und die völkerrechtlichen Verpflichtungen des Gaststaates gegenüber dem Investor, sondern um die Frage, ob die streitigen Maßnahmen mit dem ecuadorianischen Recht vereinbar waren, wohingegen das Schiedsverfahren die Investitionsstreitigkeit betraf. Da *Occidental* deswegen nicht dieselbe Streitigkeit schon vor ecuadorianische Gerichte gebracht hatte, war es zulässig, für die Investitionsstreitigkeit

177 Z.B. *Alex Genin, Eastern Credit Limited, Inc. and A.S. Baltoil v. The Republic of Estonia,* ICSID Case No. ARB/99/2, Award v. 25. Juni 2001, Rn. 330 ff. ; *Middle East Cement Shipping and Handling Co, S.A. vs. Arab Republic of Egypt,* ICSID Case No. ARB/99/6, Award v. 12. April 2002, Rn. 71 ff.; *Sempra Energy International v. The Argentine Republic,*ICSID Case No. ARB/02/16, Decision on Jurisdiction v. 11. Mai 2005, *Rn.* 120 ff.; *CMS Gas Transmission Company v.The Republic of* Argentina, ICSID Case No. ARB/01/8, Decision on Jurisdiction v. 17. Juli 2003, Rn. 77 ff.; s.a. *Blades,* 8 Or.Rev. Int'l L. (2006), 31, 119 ff.

178 *Occidental Exploration and Production Company and The Republic of Ecuador*, Final Award v. 1. Juli 2004, UNCITRAL Arbitration Case No. UN 3467, Rn. 37.

das Schiedsverfahren anzustrengen.[179] Auch in *Azurix Corp. v. Argentina* ging es um die „fork-in-the-road"-Regel. Das Schiedsgericht unterschied die Regelungen und – ihre Anwendung in der Praxis – in den Investitionsschutzabkommen von denen im NAFTA:

> „the majority of the first tribunal in Waste Management held that in Article 1121 [NAFTA], in order to bar access to international arbitration, required merely an identity of facts [in Bezug auf das Verfahren des Investors vor nationalen Gerichten] without taking into consideration whether the proceedings were based on claims arising from domestic law or NAFTA. On the other hand, the fork-in-the-road provision of the BIT requires identity of facts and causes of action in the local and international proceedings for the provisions to be triggered."[180]

Auch in diesem Schiedsverfahren – wie in vielen anderen internationalen Schiedsverfahren, die auf Grundlage von bilateralen Investitionsschutzabkommen entschieden wurden[181] – war somit das „claim splitting" zulässig.

Wird ein „claim splitting" vom Schiedsgericht erlaubt, bedeutet das allerdings für die Tragweite der „fork-in-the-road"-Regel, dass im Ergebnis kein wirkliches „entweder oder" zwischen dem nationalen Gerichtsverfahren und einem internationalen Schiedsverfahren besteht. Oft wird der Investor versuchen, vor den nationalen Gerichten des Gaststaates seine Ansprüche, die im Zusammenhang mit dem nationalen Recht des Gaststaates stehen, durchzusetzen. Zeitgleich oder wenn er vor den nationalen Gerichten keinen Erfolg hatte, wird er ein internationales Schiedsverfahren anstrengen, in dem er aufgrund des gleichen Sachverhalts seine Ansprüche verfolgt, diese aber aber auf das Völkerrecht stützt.

In anderen Investitionsschutzabkommen ist für die Regelung des Verhältnisses innerstaatlicher Rechtsweg – internationales Schiedsverfahren eine andere Regel als die fork-in-the-road-Regel vorgesehen. Nach dieser Regel kann der Investor zwar im Unterschied zur fork-in-the-road-Regel, bevor er ein internationales Schiedsverfahren anstrengt, vor nationalen Gerichten geklagt haben, muss sich also nicht von Anfang an für einen (ausschließlichen) Weg entschieden haben. Entscheidet er sich allerdings für das internationale Schiedsverfahren, muss er auf die Fortführung des innerstaatlichen Gerichtsverfahrens verzichten und kann auch im Anschluss an das Schiedsverfahren nicht mehr vor den nationalen Gerich-

---

179 *Occidental Exploration and Production Company and The Republic of Ecuador*, Final Award v. 1. Juli 2004, UNCITRAL Arbitration Case No. UN 3467, Rn. 43 ff.

180 *Azurix Corporation v. Argentina*, Decision on Jurisdiction v. 8. Dezember 2003, ICSID Case No. ARB/01/12, in 43 ILM (2004), 259, Rn. 87.

181 *Blades,* 8 Or.Rev. Int'l L. (2006), 31, 120.

ten klagen. Diese Regelung wird von englischsprachigen Autoren als „No U-Turn Rule“ bezeichnet.[182]

Eine derartige Regel ist zum Beispiel im Investitionsschutzvertrag zwischen Kanada und Ecuador vom 29. April 1996 in Artikel XIII Abs. 3 festgelegt:

> „An investor may submit a dispute as referred to in paragraph (1) to arbitration in accordance with paragraph (4) only if:
> ... (b) the investor has waived its right to initiate or continue any other proceedings in relation to the measure that is alleged to be in breach of this Agreement before the courts or tribunals of the Contracting Party concerned or in a dispute settlement procedure of any kind...“.

Das NAFTA sieht in Artikel 1121 ebenfalls die „No U-Turn“-Regel vor. Demnach ist es möglich, ein bereits angestrengtes Verfahren vor nationalen Gerichten zugunsten eines Schiedsverfahrens nach dem NAFTA aufzugeben. Hiervon ist eine Rückkehr zurück zum nationalen Verfahren – insbesondere, wenn das Schiedsverfahren für den Investor erfolglos war – nicht mehr möglich.[183]

In den Investitionsschutzabkommen ist mithin das Verhältnis innerstaatlicher Rechtsweg – internationales Schiedsverfahren auf zwei unterschiedliche Arten geregelt. Entweder muss sich der Investor von Anfang an für einen Rechtsweg entscheiden und bleibt seine Entscheidung unumkehrbar („fork-in-the-road“-Regel). In diesem Fall kann er jedoch seinen Anspruch in unterschiedliche Klagegegenstände aufteilen und jeweils auf unterschiedlichem Rechtsweg verfolgen.

Oder in den Investitionsschutzabkommen ist die „No-U-Turn“-Regel vorgesehen. In diesem Fall kann der Investor zwar zunächst vor nationalen Gerichten klagen und später ein internationales Schiedsverfahren anstrengen. Hat er jedoch erst einmal ein internationales Schiedsverfahren begonnen, ist ihm der nationale Rechtsweg verschlossen.

IV. Zwischenergebnis

Festzuhalten bleibt, dass das Investitionsschutzrecht in den letzten Jahrzehnten eine rasante Entwicklung durchlaufen hat. Wesentlich hierzu beigetragen haben Investitionsschutzabkommen mit ihrem meist einheitlichen Standard bezüglich des Investitionsschutzes und die Schaffung einer internationalen Investitionsschiedsgerichtsbarkeit, die ausländischen Investoren ermöglicht, ihren Gaststaat

182 *Blades,* 8 Or.Rev. Int'l L. (2006), 31, 120 f.
183 *Blades,* 8 Or.Rev. Int'l L. (2006), 31, 120 f.

wegen Verletzung des mit dem Heimatstaat des Investors geschlossenen Investitionsschutzvertrags zu verklagen.

Als wichtigste Schiedsgerichte in diesem Bereich sind das *Iran-U.S. Claims Tribunal*, das allerdings nur für bestimmte Klagen errichtet wurde, ICSID-Schiedsgerichte und *ad hoc*-Schiedsgerichte nach den UNCITRAL-Regeln zu nennen. Obwohl die Schiedsgerichte nicht an die Rechtsprechung der anderen Schiedsgerichte gebunden sind, orientieren sie sich aneinander und übernehmen oft die Rechtsprechung eines früheren Schiedsgerichts, wobei ICSID- Schiedsgerichte und UNCITRAL-Schiedsgerichte sowohl die Rechtsprechung des *Iran-U.S. Claims Tribunals* als auch sich gegenseitig zitieren. Insofern unterscheidet sich die Rechtsprechung der ICSID-Schiedsgerichte an sich nicht von der der UNCITRAL-Schiedsgerichte.

Bezüglich der Erschöpfung des innerstaatlichen Rechtswegs enthalten weder das NAFTA noch die meisten bilateralen Investitionsschutzabkommen ausdrückliche Bestimmungen. Zum Teil ist in den bilateralen Investitionsschutzabkommen festgelegt, dass zunächst vor nationalen Gerichten geklagt werden muss und erst, wenn nach einer bestimmten Zeitspanne kein Urteil ergangen ist, ein internationales Schiedsverfahren angestrengt werden kann. Da diese Verpflichtung jedoch nicht in allen bilateralen Investitionsschutzabkommen festgelegt ist und die bilateralen Investitionsschutzabkommen häufig eine Meistbegünstigungsklausel enthalten, wird diese Verpflichtung aufgrund der Meistbegünstigungsklausel oft keine Anwendung finden. Zudem sind die Fristen, innerhalb derer ein Urteil des nationalen Gerichts ergehen muss oder die Parteien sich einigen müssen, zu kurz, als dass in dieser Zeit der innerstaatliche Rechtsweg erschöpft werden könnte. Insofern besteht ganz überwiegend keine Verpflichtung, vor Einleitung des internationalen Schiedsverfahrens den innerstaatlichen Rechtsweg zu erschöpfen. Dies gilt ebenfalls für Verfahren im Rahmen des NAFTA.

In Bezug auf das Verhältnis des innerstaatlichen Rechtswegs zu den internationalen Schiedsverfahren existieren zwei unterschiedliche Herangehensweisen in den Investitionsschutzabkommen: einerseits die „fork-in-the-road"-Regel, andererseits die „No U-Turn"-Regel. Die „fork-in-the-road"-Regel bedeutet, dass sich der Investor von vornherein für einen der beiden Rechtswege entscheiden muss und von einem Verfahren nicht in das andere wechseln kann. Die „No U-Turn"-Regel besagt, dass der Investor zwar von einem begonnenen Verfahren vor nationalen Gerichten in ein internationales Schiedsverfahren wechseln, hiervon jedoch nicht wieder in das innerstaatliche Verfahren zurückkehren kann.

Damit ist in den allermeisten Fällen der Weg für den Investor frei, im Falle einer Streitigkeit mit dem Gaststaat unmittelbar ein internationales Schiedsgericht anzurufen. Dies erklärt die beträchtliche Zunahme schiedsgerichtlicher Entscheidungen von Investitionsstreitigkeiten in den letzten Jahren.

B. Der Eigentums- bzw. Investitionsbegriff in der internationalen Schiedsgerichtsbarkeit

Bevor auf den eigentlichen Schwerpunkt der Arbeit – den Enteignungsbegriff in der internationalen Schiedsgerichtsbarkeit – eingegangen werden kann, muss in einem ersten Schritt in diesem Abschnitt bestimmt werden, was nach dem Völkerrecht bzw. nach der Rechtsprechung der hier betrachteten Schiedsgerichte geschütztes Eigentum ist. Der Eigentumsbegriff ist ein wesentlicher Faktor, um zu bestimmen, ob überhaupt eine Enteignung vorliegt, insbesondere im Rahmen der später behandelten Abgrenzung zwischen einer regulatorischen Maßnahme und einer indirekten Enteignung.[184]

Das Völkerrecht kennt keinen umfassenden Eigentumsbegriff wie das nationale Recht.[185] Außerdem sind in diversen Völkerrechtsquellen Regelungen zum Eigentumsbegriff getroffen worden, so dass der Begriff im Völkerrecht nicht zwingend einheitlich ist.

Zu den das Eigentum schützenden völkerrechtlichen Verträgen zählen nicht nur die in dieser Arbeit betrachteten bilateralen Investitionsschutzverträge, sondern auch die Globalentschädigungsabkommen zur Regelung von Enteignungsfragen in der Nachkriegszeit sowie Friedensverträge, Verträge bezüglich des Kriegsrechts wie das Vierte Haager Abkommen über das Landkriegsrecht, aber auch die Arbeiten der ILC.[186] Zum Völkergewohnheitsrecht betreffend den Eigentumsbegriff zählen insbesondere die Regeln über die Ausübung des diplomatischen Schutzes.[187] Weder die völkerrechtlichen Verträge noch das Völkergewohnheitsrecht führen jedoch hinsichtlich des Begriffs des Eigentums zu einem eindeutigen Ergebnis.

Aus dem Vergleich des Eigentumsbegriffs in den Rechtsordnungen Deutschlands, Frankreichs, der USA und des Vereinigten Königreichs schließt *Dolzer*, dass der Eigentumsbegriff von den genannten Staaten grundsätzlich einheitlich verstanden wird und daher der Eigentumsbegriff im Völkerrecht auf demjenigen

184 *Lévesque*, 33 R.G.D. 2003, S. 39 ff.

185 *Dolzer*, Eigentum, Enteignung und Entschädigung im geltenden Völkerrecht, S. 152.

186 *Dolzer*, Eigentum, Enteignung und Entschädigung im geltenden Völkerrecht, S. 152 ff.

187 *Dolzer*, Eigentum, Enteignung und Entschädigung im geltenden Völkerrecht, S. 152, 163 ff.

in den nationalen Rechtsordnungen basiert.[188] Danach sind vom völkerrechtlichen Eigentumsbegriff alle vermögenswerten Rechte Privater umfasst.[189]

Die ICSID- und UNCITRAL-Schiedsgerichte entscheiden auf Grundlage der Investitionsschutzabkommen. In diesen ist nicht das Eigentum als solches, sondern das Eigentum in Form der Investition geschützt. Es wird also eine bestimmte Art der Betätigung mit dem Eigentum geschützt: die Investition. Insofern geht es in den Investitionsschutzabkommen und der Rechtsprechung der ICSID- und UNCITRAL-Schiedsgerichte nicht um den Begriff des Eigentums, sondern um den der Investition.

Zunächst wird für die Bestimmung des Eigentumsbegriffs auf die Rechtsprechung des *Iran-U.S. Claims Tribunals* eingegangen, welches von dem klassischen völkerrechtlichen Eigentumsbegriff ausging. Im Anschluss daran soll ermittelt werden, was nach den bilateralen Investitionsschutzabkommen, auf deren Grundlage die Schiedsurteile ergehen, geschütztes Eigentum bzw. eine geschützte Investition ist. Schließlich sollen die hierzu ergangenen Schiedsurteile betrachtet und analysiert werden.

I. Das „Iran – United States Claims Tribunal"

Nach Artikel II Absatz 1 der „Claims Settlement Declaration", durch die das IUSCT errichtet wurde, ist das IUSCT unter anderem dafür zuständig, über Klagen aufgrund einer Enteignung oder anderer Maßnahmen, die Eigentumsrechte beeinträchtigen, zu entscheiden. Die „Claims Settlement Declaration" definiert jedoch nicht, was Eigentum oder „Eigentumsrechte" sind.[190] Die Parteien der „Claims Settlement Declaration" gingen wohl aus von dem Eigentumsbegriff, wie er sich aus dem Völkerrecht, insbesondere den allgemeinen Rechtsprinzipien ergab, und überließen es dem IUSCT, diesen Begriff auszulegen und anzuwenden.[191] Der Eigentumsbegriff musste folglich durch die Rechtsprechung des IUSCT erst herausgearbeitet werden.

In *Amoco International Finance Corporation* und *The Government of the Islamic Republic of Iran* definiert das IUSCT geschützte Eigentumsrechte als „any right which can be the object of a commercial transaction, *i.e.*, freely sold and bought, and thus has a monetary value", also sinngemäß „jedes Recht, das Gegenstand einer wirtschaftlichen Transaktion sein kann, also gegen eine Gegenleistung erworben

188 *Dolzer*, Eigentum, Enteignung und Entschädigung im geltenden Völkerrecht, S. 167 ff.
189 *Dolzer*, Eigentum, Enteignung und Entschädigung im geltenden Völkerrecht, S. 170.
190 *Brower/Brueschke*, The Iran – United States Claims Tribunal, S. 372.
191 *Mouri*, The International Law of Expropriation as Reflected in the Work of the Iran-United States Claims Tribunal, S. 37.

und übertragen werden kann und folglich einen Wert in Geld hat".[192] Diese weite Definition umfasst nicht nur Sacheigentum, sondern auch Forderungen („tangible and intangible rights").[193] Folglich gehören nach der Rechtsprechung des IUSCT auch Anteile an Unternehmen, Aktien und die dazugehörigen Rechte und Gewinne zu den geschützten Eigentumsrechten.[194] Ebenso gehören zum geschützten Eigentum sämtliche Rechte des Eigentümers, Kontrolle und Herrschaft über sein Eigentum auszuüben: z.B. bei einem Unternehmen die Manager zu bestimmen, selbst Einfluss auf die Unternehmensleitung zu haben (entsprechend dem Anteil an dem Unternehmen) und die entscheidenden Informationen zu erhalten.[195]

Ferner zählt das IUSCT vertragliche Ansprüche zu den völkerrechtlich geschützten Eigentumsrechten: wenn vertragliche Rechte genommen oder ernsthaft und wesentlich beeinträchtigt werden, stellt dies eine entschädigungsbedürftige Enteignung dar.[196]

In einigen Fällen stellte sich die Frage, ob durch die Enteignung des Sacheigentums auch vertragliche Ansprüche mit enteignet wurden. Eine solche „mittelbare" Enteignung von vertraglichen Ansprüchen ist nach der Rechtsprechung des IUSCT möglich. Voraussetzung ist, dass diese vertraglichen Ansprüche im engen Zusammenhang mit dem Sacheigentum stehen. In *Starrett Housing Corporation* argumentierten die Kläger zum Beispiel, dass nicht nur die Anteile an ihrer Tochtergesellschaft und die Gebäude, die diese baute, sondern auch vertragliche Ansprüche anderer Tochtergesellschaften wie das Recht, das Projekt zu leiten und abzuschließen (und Anteile des Verkaufserlöses dafür zu erhalten) oder der Anspruch auf Rückzahlung von Krediten/Darlehen aufgrund von Darlehensverträgen enteignet wurden.[197] Dieser Argumentation stimmte das IUSCT zu:

„The Tribunal holds that the property interest taken by the Government of Iran must be deemed to comprise the physical property as well as the right to manage

192 *Amoco International Finance Corporation* v. *The Government of the Islamic Republic of Iran*, Partial Award Nr. 310-56-3 (14. Juli 1987), in 15 IUSCTR 189, 220.

193 *Amoco International Finance Corporation* v. *The Government of the Islamic Republic of Iran*, Partial Award Nr. 310-56-3 (14. Juli 1987), in 15 IUSCTR 189, 220.

194 *Phelps Dodge Corporation* v. *The Islamic Republic of Iran*, Award Nr. 217-99-2 (19. März 1986), in 10 IUSCTR, 121, 128-131; *Sedco, Inc.* v. *National Iranian Oil Company*, Interlocutory Award Nr. ITL 55-129-3 (28. Oktober 1985), in 9 IUSCTR 248, 270.

195 *Tippetts, Abbet, McCarthy, Stratton* v. *TAMS-AFFA*, Award Nr. 141-7-2 (22. Juni 1984), in 6 IUSCTR 219, 225.

196 *Mouri*, The International Law of Expropriation as Reflected in the Work of the Iran-United States Claims Tribunal, S. 44 f.

197 *Starrett Housing Corporation* v. *The Government of the Islamic Republic of Iran*, Interlocutory Award Nr. ITL 32-24-1 (19. Dezember 1983), in 4 IUSCTR 122, 123-132.

the Project and to complete the construction in accordance with the Basic Project Agreement and related agreements, and to deliver the apartments and collect the proceeds of the sales as provided in the Apartment Purchase Agreements."[198]

Aber nicht jede Enteignung von Sacheigentum betrifft von diesem Sacheigentum unabhängige vertragliche Ansprüche und stellt eine Enteignung von diesen Ansprüchen dar. Das IUSCT betont, dass eine Enteignung vertraglicher Ansprüche (durch die Enteignung von Sacheigentum) nur dann in Betracht kommt, wenn diese in engem Zusammenhang mit dem Sacheigentum stehen.[199] Zum Beispiel entschied das Schiedsgericht in *Phelps Dodge International Corporation*, dass dessen Ansprüche aus Verträgen mit dem Unternehmen „SICAB" nicht dadurch enteignet wurden, dass die iranische Regierung SICAB verstaatlichte und damit die Anteile der Muttergesellschaft von *Phelps Dodge International Corporation* (PDIC), *Phelps Dodge Corporation* (PDC), an SICAB enteignete:

„PDIC's contract rights were not dependent upon PDC's shareholder rights; thus, any nationalization or expropriation of PDC's shareholder interest would not in and of itself deny PDIC of its right to technical assistance fees."[200]

Eine Enteignung vertraglicher Ansprüche kommt nur dann in Frage, wenn in diese Ansprüche selbst eingegriffen wird und diese selbst beeinträchtigt werden.[201]

Zusammenfassend ist festzuhalten, dass nach der Rechtsprechung dieses Schiedsgerichts jedes vermögenswerte Recht, also sowohl Sacheigentum als auch Forderungen, Eigentum darstellen kann.

II. Der Eigentumsbegriff im neueren Investitionsschutzrecht

Ausgangspunkt der Entscheidung der internationalen Schiedsgerichte sind wie dargestellt die internationalen Investitionsschutzverträge, aus denen sich die

198 *Starrett Housing Corporation* v. *The Government of the Islamic Republic of Iran*, Interlocutory Award Nr. ITL 32-24-1 (19. Dezember 1983), in 4 IUSCTR 122, 156 f.; *Starrett Housing Corporation* v. *The Government of the Islamic Republic of Iran*, Award Nr. 314-24-1 (14. August 1987), in 16 IUSCTR 112, 230.

199 *Starrett Housing Corporation* v. *The Government of the Islamic Republic of Iran*, Interlocutory Award Nr. ITL 32-24-1 (19. Dezember 1983), in 4 IUSCTR 122, 156 f.; *Starrett Housing Corporation* v. *The Government of the Islamic Republic of Iran*, Award Nr. 314-24-1 (14. August 1987), in 16 IUSCTR 112, 230.

200 *Phelps Dodge International Corporation* v. *The Islamic Republic of Iran*, Award Nr. 218-135-2, in 10 IUSCTR, 157, 170.

201 *Flexi- Van Leasing, Inc.* v. *The Government of the Islamic Republic of Iran*, Award Nr. 259-39-1, in 12 IUSCTR, 336, 348 f.

Pflichten des Gaststaates hinsichtlich der Behandlung der ausländischen Investition ergeben. Insofern geht es hier also nicht um den Begriff des Eigentums an sich, sondern den Begriff der Investition, die eine besondere Betätigungsform mit dem Eigentum darstellt.

Da die Schiedsgerichte ausgehend von den Bestimmungen in den Investitionsschutzverträgen entscheiden, soll zunächst auf den Investitionsbegriff in den Investitionsschutzverträgen eingegangen werden, bevor die Auslegung dieses Begriffs durch die internationalen Schiedsgerichte dargestellt und analysiert wird.

1. Die bi- und multilateralen Eigentums- bzw. Investitionskonzepte

In den im Folgenden zu betrachtenden bilateralen und multilateralen Verträgen, die Entscheidungsgrundlage der internationalen Schiedsgerichte sind, wird nicht das Eigentum an sich, sondern werden Investitionen bzw. Kapitalanlagen geschützt.[202] Dies erklärt sich daraus, dass dem Begriff der Investition immanent ist, dass Eigentum zu wirtschaftlichen Zwecken eingesetzt wird. In den Investitionsschutzverträgen werden folglich eigentumsrechtliche Positionen geschützt. Diese müssen aber in dem Gaststaat mit dem Ziel wirtschaftlicher Betätigung eingesetzt worden sein. Das wird z.B. in dem U.S. amerikanischen Model BIT von 2004 sehr deutlich: „investment“ wird dort in Artikel 1 beschrieben als

> „every kind of asset that an investor owns or controls, directly or indirectly, that has the characteristics of an investment, including such characteristics as the commitment of capital or other resources, the expectation of gain or profit, or the assumption of risk“.

Auch im Investitionsschutzvertrag zwischen Frankreich und Argentinien wird ausdrücklich darauf hingewiesen, dass die zuvor aufgezählten, unter den Investitionsbegriff fallenden Positionen in dem anderen Staat eingesetzt worden sein müssen: „... étant entendu que lesdits avoirs doivent être ou avoir été investis...“.[203]

Typischerweise zeichnen sich Investitionen durch folgende Merkmale aus: erstens sind sie von gewisser Dauer, zweitens werden einigermaßen regelmäßige Gewinne und Erträge erzielt, drittens wird sowohl auf Seiten des Investors als auch des Gaststaates ein gewisses Risiko eingegangen, viertens engagiert sich der Investor wirtschaftlich in erheblichem Ausmaß und schließlich wird fünftens

---

202 *Kämmerer*, Bitburger Gespräche Jahrbuch 2004/I, S. 143, 148 ff.

203 Artikel 1 des Investitionsschutzabkommen zwischen Frankreich und Argentinien vom 3. Juli 1991 (in Kraft getreten am 3. März 1993).

durch die Investition meist die wirtschaftliche Entwicklung des Gaststaates gefördert.[204]

a. Eigentumsdefinitionen nach bilateralen Investitionsschutzabkommen

Die meisten (zumindest die neueren) bilateralen Investitionsschutzabkommen (BITs) enthalten eine Definition für die Investition bzw. den in den deutschen BITs verwendeten Begriff der Kapitalanlage. In vielen Verträgen ist die Definition von „investment" bzw. „Kapitalanlage" ähnlich, weil diese in der Regel sehr weit und offen ist, damit sie auch auf neuartige Formen von Investitionen flexibel angewendet werden kann.[205]

Nach dem deutschen Mustervertrag über die Förderung und den gegenseitigen Schutz von Kapitalanlagen von 1998 z.B. sind gemäß Art. 1 „Kapitalanlagen"

> „Vermögenswerte jeder Art, insbesondere
> a) Eigentum an beweglichen und unbeweglichen Sachen sowie sonstige dingliche Rechte wie Hypotheken und Pfandrechte;
> b) Anteilsrechte an Gesellschaften und andere Arten von Beteiligungen an Gesellschaften;
> c) Ansprüche auf Geld, das verwendet wurde, um einen wirtschaftlichen Wert zu schaffen, oder Ansprüche auf Leistungen, die einen wirtschaftlichen Wert haben;
> d) Rechte des geistigen Eigentums, wie insbesondere Urheberrechte, Patente, Gebrauchsmuster, gewerbliche Muster oder Modelle, Marken, Handelsnamen, Betriebs- und Geschäftsgeheimnisse, technische Verfahren, Know How und Good Will;
> e) Öffentlich-rechtliche Konzessionen einschließlich Aufsuchungs- und Gewinnungskonzessionen;
> eine Änderung der Form, in der Vermögenswerte angelegt werden, lässt ihre Eigenschaft als Kapitalanlagen unberührt."

Diese Definition findet sich nahezu identisch in den vor Kurzem geschlossenen Investitionsschutzverträgen zwischen Deutschland und Afghanistan bzw. Timor-Leste.[206]

---

204 *Schreuer*, Artikel 25 Rn. 122; *Blackaby/ Paulsson/ Reed*, Guide to ICSID Arbitration, S. 15; *Herdegen*, Internationales Wirtschaftsrecht, S. 217.

205 *Dolzer/ Stevens*, Bilateral Investment Treaties, S. 25 f.; *Blackaby/ Paulsson/ Reed*, Guide to ICSID Arbitration,S. 26; *Dolzer*, Eigentum, Enteignung und Entschädigung im geltenden Völkerrecht, S. 153 ff.; UNCTAD Series, Trends in International Investment Agreements: An Overview 1999, S. 56 ff.

206 Siehe Gesetzentwurf der Bundesregierung zum Vertrag vom 19. und 20 April 2005 zwischen der Bundesrepublik Deutschland und der Islamischen Republik Afghanistan über die Förderung und den gegenseitigen Schutz von Kapitalanlagen, BT-Drs. 16/2863, Artikel 1 des Vertrags; Gesetzentwurf der Bundesregierung zum Vertrag vom

Beinahe eine wörtliche Übersetzung des deutschen Mustervertrags könnten die Investitionsschutzabkommen zwischen Großbritannien und Bosnien Herzegowina[207], Venezuela[208], bzw. Armenien[209] sein: in ihnen ist jeweils in Artikel 1 „investment" definiert als

„every kind of asset and in particular, though not exclusively, includes:
(i) movable and immovable property and any other property rights such as mortgages, liens or pledges;
(ii) shares in and stock and debentures of a company and any other form of participation in a company;
(iii) claims to money or any performance under contract having a financial value;
(iv) intellectual property rights, goodwill, technical processes and know-how;
(v) business concessions conferred by law or under contract, including concessions to search for, cultivate, extract or exploit natural resources."

Fast identisch mit den Definitionen in den bilateralen Investitions-schutzabkommen der Bundesrepublik und Großbritanniens sind die Definitionen der „investissements" in den Investitionsschutzabkommen Frankreichs:

„1. Le terme „investissement" désigne des avoirs tels que les biens, droits et intérêts de toute nature, et plus particulièrement mais non exclusivement:
a) Les biens meubles et immeubles, ainsi que tous autres droits réels tels que les hypothèques, privilèges, usufruits, cautionnements et droits analogues;
b) Les actions, primes d'émission et autres formes de participation, même minoritaires ou indirectes, aux sociétés constituées sur le territoire de l'une des Parties contractantes;
c) Les obligations, créances et droits à toutes prestations ayant valeur économique;
d) Les droits d'auteur, les droits de propriété industrielle (tels que brevets d'invention, licences, marques déposés, modèles et maquettes industrielles), les procédés techniques, les noms déposés et la clientèle;
e) Les concessions accordées par la loi ou en vertu d'un contrat, notamment les concessions relatives à la prospection, la culture, l'extraction ou l'exploitation de richesses naturelles, y compris celles qui se situent dans la zone maritime des Parties contractantes,
étant entendu que lesdits avoirs doivent être ou avoir été investis et, dans le respect des dispositions du présent Accord, les droits y afférents définis conformément à la législation de la Partie contractante sur le territoire ou dans la zone

10. August 2005 zwischen der Bundesrepublik Deutschland und der Demokratischen Republik Timor-Leste über die Förderung und den gegenseitigen Schutz von Kapitalanlagen, BT-Drs. 16/2864, Artikel 1 des Vertrags.

207 In Kraft getreten am 25. Juli 2003.

208 In Kraft getreten am 1. August 1996.

209 In Kraft getreten am 11. Juli 1996.

maritime de laquelle l'investissement est effectué, avant ou après l'entrée en viegueur du présent Accord."[210]

Ähnlich sind ebenfalls die U.S.- amerikanischen BITs gestaltet: gemäß Artikel 1 des Model BIT 2004 ist „investment":

> „every kind of asset that an investor owns or controls, directly or indirectly, that has the characteristics of an investment, including such characteristics as the commitment of capital or other resources, the expectation of gain or profit, or the assumption of risk. Forms that an investment may take include: ... and (h) other tangible or intangible, movable or immovable property, and related property rights, such as leases, mortgages, liens, and pledges."

Verallgemeinernd lässt sich festhalten, dass in vielen bilateralen Investitionsschutzabkommen Investitionen „alle Vermögenswerte" („every kind of asset" bzw. „des avoirs tels que les biens, droits et intérêts de toute nature") sind, die durch eine Liste nicht abschließender Beispiele näher beschrieben werden. Dass die Aufzählungen nicht abschließend sind, wird durch die Formulierung „insbesondere" bzw. „in particular, though not exclusively" oder „plus particulièrement, mais non exclusivement" deutlich. Die Beispiele umfassen „klassische" Eigentumsrechte wie Eigentum an beweglichen und unbeweglichen Sachen und dingliche Rechte, weiter Beteiligungen an Gesellschaften, Ansprüche auf Geld, außerdem „geistiges Eigentum" und öffentlich-rechtliche Konzessionen. Einige BITs gelten sowohl für schon bestehende als auch für künftige Investitionen, andere nur für nach Abschluss des Investitionsschutzvertrages getätigte Investitionen.[211] Einige Investitionsschutzabkommen bestimmen zudem, dass der Vermögenswert, um dem Schutz des BITs zu unterfallen, in Übereinstimmung mit dem innerstaatlichen Recht des Gaststaates investiert worden sein muss.[212] Die Schiedsgerichte weisen bezüglich dieser Bestimmung allerdings immer wieder darauf hin, dass sie Voraussetzung für die Rechtmäßigkeit der Investition im Gaststaat, nicht aber Teil der Definition

---

210 Artikel 1 des BIT zwischen Frankreich und Argentinien vom 3. Juli 1991 (in Kraft getreten am 3. März 1993); nahezu wortgleich auch z.B. Art. 1 des Investitionsschutzvertrags zwischen Frankreich und Albanien vom 13. Juni 1995 (am 14. Juni 1996 in Kraft getreten).

211 *Blackaby/ Paulsson/ Reed*, Guide to ICSID Arbitration, S. 44; a.A. *Görs*, S. 173.

212 Z.B. Art. 1 Abs. 1 des Investitionsschutzabkommens zwischen Italien und Jordanien vom 30. September 2001; Art. 1 (g) des BIT zwischen Kanada und Ecuador v. 29. April 1996; Art. 1 Abs. 1 des BIT zwischen Frankreich und Albanien v. 13. Juni 1995 bzw. Frankreich und Argentinien v. 3. Juli 1993.

ist.[213] Manchmal wird in den BITs auch zur Voraussetzung gemacht, dass die Investition im Gaststaat zugelassen bzw. genehmigt („approved“) ist.[214]

Schließlich muss die Tätigkeit des Investors in dem Gaststaat von gewisser Dauer sein, da bloße internationale Handelsgeschäfte nicht in den Anwendungsbereich der Investitionsschutzabkommen fallen.[215]

Diese unter den Investitionsbegriff fallenden eigentumsrechtlichen Positionen dürfen in dem Gaststaat nur zum allgemeinen Wohl und gegen – den Anforderungen der *Hull*-Formel genügende – Entschädigung enteignet werden.[216]

Bezüglich der Erträge der Investition sind die Regelungen in den BITs zum Teil nicht ganz einheitlich. Das Investitionsschutzabkommen zwischen Kanada und Ecuador vom 29. April 1996 geht von der gleichen Investitionsdefinition aus wie die vorstehend beschriebenen Investitionsschutzabkommen. Gemäß Artikel VIII des BITs werden nicht nur Investitionen vor entschädigungslosen Enteignungen geschützt, sondern auch deren Erträge:

> „Investments or returns of investors of either Contracting Party shall not be nationalized, expropriated or subjected to measures having an effect equivalent to nationalization or expropriation ... in the territory of the other Contracting Party.“

„Returns of investors“ sind dabei gemäß Artikel 1 (j):

> „all amounts yielded by an investment and in particular, though not exclusively, includes profits, interest, capital gains, dividends, royalties, fees or other current income“.

Ähnlich sind „Erträge“ in den französischen Investitionsschutzabkommen definiert:

> „Le terme „revenus“ désigne toutes les sommes produites par un investissement telles que bénéfices, intérêts, plus-values, dividendes, redevances, honoraires, durant une période donnée“.[217]

---

213 *Salini Costruttori S.P.A and Italstrade S.P.A.* v. *Kingdom of Morocco*, ICSID Case No. ARB/00/4, Decision on Jurisdiction v. 23. Juli 2003, Rn. 46; *Bayindir Insaat Turizm Ticaret Ve Sanayi A.Ş.* v. *Islamic Republic of Pakistan*, ICSID Case No. ARB/03/29, Decision on Jurisdiction v. 14. November 2005, Rn. 109.

214 Z.B. Art. 2 (1) des BIT zwischen Thailand und Nordkorea v. 24. Mai 2002.

215 *von Reyher*, S. 77 f.

216 Vgl. z.B. Art. 4 Abs. 2 des BIT BRD – Timor-Leste; Art. 6 des U.S. Model BIT 2004; Art. 5 des BIT Frankreich – Albanien.

217 Art. 1 Abs. 4 S. 1 des BIT Frankreich – Albanien; Art. 1 Abs. 3 S.1 des BIT Frankreich – Argentinien; Art. 1 Abs. 5 des BIT Frankreich – Kuweit v. 27.9.1989.

Diese unterliegen demselben Schutz wie Investitionen und müssen frei transferierbar sein.[218]

Der Begriff der Erträge wird in den deutschen BITs ähnlich definiert.[219] Dass Erträge den gleichen Schutz genießen wie die Kapitalanlage, ergibt sich hier jedoch nicht aus dem Investitionsvertrag selbst, sondern aus Art. 1 des diesem beigefügten Protokolls.

Im US Model BIT 2004 sind „Erträge" dagegen nicht definiert. Sie werden auch nicht ausdrücklich vor Enteignungen geschützt, jedoch verpflichtet sich der Gaststaat, den freien Transfer der Erträge zuzulassen und nicht zu behindern.[220] Diese Verpflichtung des Gaststaates, den Investor die Erträge seiner Investition frei transferieren zu lassen, setzt voraus, dass die Erträge als solche ebenfalls nicht vom Gaststaat beeinträchtigt werden. Da die Erträge einer Investition eng mit dieser zusammenhängen und ein wesentliches Element der Investition darstellen, gehören nach Sinn und Zweck des Vertrags auch Erträge zur Investition und genießen damit denselben Schutz.[221]

b. Eigentumsdefinitionen nach dem NAFTA

Das NAFTA schützt – genau wie die bilateralen Investitionsschutzverträge – nicht das Eigentum an sich, sondern Investitionen bzw. Kapitalanlagen. Nach Artikel 1139 NAFTA umfassen Investitionen Unternehmen, Anteile an Unternehmen, Darlehen/ Kredite, die an (nichtstaatliche) Tochterunternehmen vergeben wurden, Grundeigentum und anderes Sacheigentum und Forderungen (tangible and intangible property), das bzw. die erworben oder verwendet wurden, um Gewinne zu erzielen oder zu anderen wirtschaftlichen Zwecken, und Gewinne aus einem Kapitaleinsatz oder dem Einsatz anderer Ressourcen auf dem Staatsgebiet einer der Vertragsparteien, um auf diesem Gebiet wirtschaftlich tätig zu werden (z.B. aufgrund eines Vertrags über eine Gesamtproduktion oder einen Anlagenbau oder eines Konzessionsvertrags).[222] Nicht zu den unter dem NAFTA geschützten Investitionen gehören Ansprüche auf Geld, die sich allein aus Kauf- oder Dienstleistungsverträgen zwischen Staatsangehörigen oder Unternehmen aus zwei unterschiedlichen Vertragsstaaten ergeben, oder Kreditverlängerungen im Zusam-

---

218 Art. 1 Abs. 4 S. 2 u. Art. 7 des BIT Frankreich – Albanien; Art. 1 Abs. 3 S. 2 u. Art. 6 des BIT Frankreich – Argentinien.

219 Vgl. Z.B. Art. 1 Nr. 2 des BIT Deutschland – Timor-Leste bzw. Afghanistan.

220 Art. 6 u. 7 des Model BIT 2004; ebenso Art. 3 u. 4 des BIT USA – Ecuador und Art. 5 u. 6 des BIT Großbritannien – Bosnien-Herzegowina.

221 Mit ähnlicher Argumentation: *von Reyher*, S. 242 f.

222 Artikel 39 (a) –(h) North American Free Trade Agreement (NAFTA), 17. Dezember 1992, in 32 I.L.M. (1993) S. 289 (Kap. 1-9) und 32 I.L.M. (1993) 605 (Kap. 10-22).

menhang mit einer wirtschaftlichen Transaktion oder alle anderen Zahlungsansprüche, die nicht die in den Nummern a-h aufgezählten Ansprüche betreffen.[223] Im Gegensatz zu den zuvor dargestellten bilateralen Investitionsschutzverträgen ist die Liste der unter den Investitionsbegriff fallenden Positionen und Aktivitäten im NAFTA abschließend.[224] Dies kann aus der Formulierung geschlossen werden: in Artikel 1139 NAFTA heißt es einfach „investment means:...“, woraufhin die Auflistung der einzelnen Eigentumspositionen folgt. Im nächsten Absatz schließt sich dann eine Aufzählung der Positionen an, die nach dem NAFTA keine Investition darstellen sollen: „but investment does not mean,...“. Eine Ergänzung wie „insbesondere“ oder ähnliches fehlt in beiden Fällen, so dass kein Raum für andere Positionen bleibt, die nicht in der Liste aufgeführt wurden. Allerdings ist auch im Rahmen des NAFTA die Definition von Investition recht weit: neben relativ konkret benannten Positionen wird auch „real estate or other property, tangible or intangible...“ geschützt. Diese Definition ist so weit, dass sich viele Positionen hierunter werden subsumieren lassen (sofern sie eben zu wirtschaftlichen Zwecken in dem Gaststaat eingesetzt werden).

c. Zwischenergebnis

Die Investitionsschutzabkommen schützen nicht das bloße Eigentum, sondern Investitionen, also eine bestimmte Betätigungsform mit dem Eigentum, die bestimmte Merkmale wie eine gewisse Dauer oder ein wirtschaftliches Risiko aufweist. Der Investitionsbegriff in den Investitionsschutzabkommen ist sehr weit und erfasst nicht nur Sacheigentum, sondern auch dingliche Rechte und Forderungen, Anteilsrechte an Gesellschaften, Rechte des geistigen Eigentums und öffentlich-rechtliche Konzessionen. Die Aufzählung der Positionen, die eine Investition darstellen können, ist in den meisten Investitionsschutzabkommen nicht abschließend.

2. Der Eigentumsbegriff nach der Rechtsprechung der Schiedsgerichte

In dem Fall *Salini Costruttori* stimmt das Schiedsgericht den unter II.1. genannten allgemeinen Merkmalen der Investition zu:

> „The doctrine generally considers that investment infers: contributions, a certain duration of performance of the contract and a participation in the risks of the trans-

223 Artikel 39(i) u. (j) NAFTA.

224 *Rubins,* in Arbitrating Foreign Investment Disputes, S. 283, 293.

action... [and] the contribution to the economic development of the host State of the investment...".[225]

Im folgenden Abschnitt soll genauerer Betrachtung unterzogen werden, welche konkreten Positionen nach der Rechtsprechung der Schiedsgerichte unter den Investitionsbegriff fallen und wie die einzelnen Bestimmungen in den bilateralen Investitionsschutzabkommen bzw. dem NAFTA ausgelegt werden.

Zunächst ist darauf hinzuweisen, dass die ICSID-Schiedsgerichte den Investitionsbegriff nach Art. 25 der ICSID-Konvention von dem in den BITs festgelegten unterscheiden und beide Begriffe in ihren Urteilen grundsätzlich getrennt prüfen und auslegen.[226] Nach Art. 25 der ICSID-Konvention ist das ICSID nur zuständig für Streitigkeiten, die sich direkt aus einer Investition ergeben. Wesentliche Voraussetzung für die Zulässigkeit des ICSID-Schiedsverfahrens ist also, dass die Streitigkeit zwischen dem Investor und dem Gaststaat im direkten Zusammenhang mit der Investition steht. Allerdings definiert die ICSID-Konvention selbst nicht den Begriff der Investition.[227]

Die meisten oder zumindest viele bilaterale Investitionsschutzabkommen sehen vor, dass zur Beilegung von Streitigkeiten zwischen dem Investor und dem Gaststaat im Zusammenhang mit der Investition Schlichtungs- oder Schiedsverfahren beim ICSID (oder durch ad hoc-Schiedsgerichte nach den UNCITRAL-Regeln) durchgeführt werden können.[228] Da die Staaten in den bilateralen Investitionsschutzverträgen selbst frei bestimmen und festlegen (können), was eine Investition ist – und dies auch ganz überwiegend tun –[229] bedarf es einer zweifachen Prüfung durch die Schiedsgerichte: erstens, ob das ICSID-Schiedsgericht nach dem jeweiligen BIT zuständig ist, über die Streitigkeit zu entscheiden, und zweitens,

---

225 *Salini Costruttori S.P.A and Italstrade S.P.A.* v. *Kingdom of Morocco*, ICSID Case No. ARB/00/4, Decision on Jurisdiction v.16. Juli 2001, in 42 ILM (2003), S. 609, Rn. 52; ebenso: *Bayindir Insaat Turizm Ticaret Ve Sanayi A.Ş.* v. *Islamic Republic of Pakistan*, ICSID Case No. ARB/03/29, Decision on Jurisdiction v. 14. November 2005, Rn. 130 ff.; *Joy Mining Machinery Limited* v. *The Arab Republic of Egypt*, ICSID Case No. ARB/03/11, Award on Jurisdiction v. 6. August 2004, Rn. 53; *Consorzio Groupement L.E.S.I. – DIPENTA c/ République algérienne démocratique et populaire*, CIRDI Nr. ARB/03/08, Sentence v. 10. Januar 2005, Rn. 13.

226 *Salini Costruttori S.P.A and Italstrade S.P.A. v. Kingdom of Morocco,* ICSID Case No. ARB/00/4, Decision on Jurisdiction v. 16. Juli 2001, Rn. 44; so auch *Vinuesa*, 8 L.&Bus. Rev. Am. 501, 504.

227 *Schreuer,* The ICSID Convention – A Commentary, Artikel 25 Rn. 80.

228 Z.B. Art. XI des BIT Ungarn – Norwegen v. 8. April 1991; Art. VII Abs. 3 des BIT USA – Argentinien vom14.11.1991; Artikel 9 Absatz 3 des BIT Frankreich – Indien v. 2. September 1997; s.a. Auflistung unter A II.

229 *Schreuer,* The ICSID Convention – A Commentary, Artikel 25 Rn. 99.

ob es ebenfalls nach Art. 25 der ICSID-Konvention hierfür zuständig ist.[230] Ganz überwiegend kommen die Schiedsgerichte bei beiden Prüfungen zum gleichen Ergebnis.[231] Teilweise trennt das Schiedsgericht die Prüfung nicht, sondern führt nur aus, dass die ICSID-Konvention keine Definition des Investitionsbegriffs enthält, die Definition dieses Begriffs somit den Staaten überlassen wurde, die einen relativ weiten Spielraum haben, und stellt lediglich fest, ob die Definition noch mit Sinn und Zweck der ICSID-Konvention übereinstimmt und die Staaten in Bezug auf die Konvention nicht ihren Definitionsspielraum überschritten haben.[232]

Die Schiedsgerichte richten sich folglich bei der Definition der Investition ganz entscheidend nach den Definitionen in den bilateralen Investitionsschutzabkommen bzw. im NAFTA. Deswegen wird in der folgenden Darstellung nicht danach differenziert, ob der zitierte Schiedsspruch den Investitionsbegriff nach Artikel 25 des ICSID-Übereinkommens oder nach dem jeweiligen BIT betraf, wenn nicht die Definition im BIT eine Besonderheit enthält.

Im Folgenden sollen die zu den (in den BITs aufgeführten) einzelnen Eigentumspositionen ergangenen Schiedsurteile dargestellt und analysiert werden.

a. Eigentum an beweglichen und unbeweglichen Sachen sowie sonstige dingliche Rechte

Da die meisten Schiedsverfahren eine indirekte Enteignung betreffen und nicht die „klassische" direkte Enteignung, mit der unmittelbar in das Eigentum oder den Besitz eingegriffen wird, geht es oft um andere Investitionsformen als Sacheigentum.

Ein Fall, der das Eigentum an beweglichen Sachen (konkret: das Schiff „Poseidon") betrifft, ist *Middle East Cement Shipping and Handling Co. S.A.* v.

---

230 Z.B. *Bayindir Insaat Turizm Ticaret Ve Sanayi A.Ş.* v. *Islamic Republic of Pakistan*, ICSID Case No. ARB/03/29, Decision on Jurisdiction v. 14. November 2005, Rn. 104- Rn. 138; *Joy Mining Machinery Limited* v. *The Arab Republic of Egypt*, ICSID Case No. ARB/03/11, Award on Jurisdiction v. 6. August 2004, *Rn.* 42-63; s. auch *Schreuer*, Art. 25 Rn. 98.

231 *Bayindir Insaat Turizm Ticaret Ve Sanayi A.Ş.* v. *Islamic Republic of Pakistan*, ICSID Case No. ARB/03/29, Decision on Jurisdiction v. 14. November 2005, Rn. 138; *Joy Mining Machinery Limited* v. *The Arab Republic of Egypt*, , ICSID Case No. ARB/03/11, Award on Jurisdiction v. 6. August 2004, Rn. 63; *Tokios Tokeles v. Ukraine*, ICSID Case No. ARB/02/18, Decision on Jurisdiction v. 29. April 2004, Rn. 74 u. 79; *Salini Costruttori S.P.A and Italstrade S.P.A. v. Kingdom of Morocco*, ICSID Case No. ARB/00/4, Decision on Jurisdiction v. 16. Juli 2001, Rn. 49 u. 58.

232 *Enron Corporation and Ponderosa Assets, L.P.* v. *The Argentine Republic*, ICSID Case No. ARB/01/3, Decision on Jurisdiction v. 14. Januar 2004, Rn. 42 ff.

Arab Republic of Egypt.[233] Hier ging es um die Frage, ob das Schiff tatsächlich im Eigentum von *Middle East Cement Shipping and Handling Co. S.A.* stand oder nur von deren Muttergesellschaft, in deren Eigentum das Schiff war, geleast war. Nach Artikel 1.1 des einschlägigen Investitionsschutzvertrages stellt sowohl bewegliches als auch unbewegliches Eigentum eine Investition dar. Da jedoch nach der Investitionsdefinition in dem einschlägigen Investitionsschutzvertrag auch Gegenstände, die nur geleast waren, Investitionen sein konnten, nahm das Schiedsgericht an, dass auf jeden Fall eine Investition im Sinne des Investitionsschutzvertrages vorlag, und ging nicht näher auf die Frage ein, in wessen Eigentum das Schiff tatsächlich stand.[234]

b. Anteilsrechte an Gesellschaften und andere Arten von Beteiligungen an Gesellschaften

Zu den Anteilsrechten an Gesellschaften zählen insbesondere Aktien an einer Gesellschaft. In diesem Zusammenhang stellt sich oft die Frage, ob jede Form von Beteiligung ausreicht oder ob für eine Investition erforderlich ist, dass auch Einfluss auf die Leitung des Unternehmens ausgeübt werden kann und eine gewisse Verbindung zum Gaststaat besteht. Die Diskussion, inwieweit der Begriff der Investition einen direkten Bezug zum Gaststaat und zum Unternehmen voraussetzt, wird im Rahmen der Begriffe Portfolioinvestition – Direktinvestition geführt (aa.). Dieser Problematik verwandt ist die Frage, ob auch indirekte Investitionen nach den Investitionsschutzabkommen geschützte Investitionen sind, da hier die Beteiligung an der eigentlichen Investition im Gaststaat nur mittelbar ist. Hierauf wird unter bb. eingegangen.

aa. Portfolioinvestitionen

(1) In der Literatur vertretene Ansichten

In der Literatur wird zwischen Direkt- und Portfolioinvestitionen unterschieden.[235] Bei Portfolioinvestitionen – im Gegensatz zu Direktinvestitionen – wird lediglich

---

233 *Middle East Cement Shipping and Handling Co. S.A.* v. *Arab Republic of Egypt*, ICSID Case No. ARB/99/6, Award v. 12. April 2002, Rn. 131 ff.

234 *Middle East Cement Shipping and Handling Co. S.A.* v. *Arab Republic of Egypt*, ICSID Case No. ARB/99/6, Award v. 12. April 2002, Rn. 136.

235 *Sornarajah*, The International Law on Foreign Investment (2005), S. 7 ff.; *Häde,* Archiv des Völkerrechts 1997, S. 181; *von Reyher*, S. 81 ff.; *Sacerdoti*, 269 RdC (1997), S. 251, 306; *Karl,* in Baur/Hobe (Hrsg.), Rechtsprobleme von Auslandsinvestitionen, S. 37, 44 f.; *Oschmann,* 96 ZvgRWiss 1997, S. 242.

Geld transferiert, um Aktien an einem ausländischen Unternehmen zu erwerben und Gewinne zu erzielen, die Unternehmensleitung und -kontrolle bleiben jedoch getrennt vom Eigentum an den Aktien („share ownership").[236] Als weiteres Beispiel für Portfolioinvestitionen werden Instrumente der Kreditsicherung genannt, mit denen Kapital für Projekte („ventures") beschafft wird. Portfolioinvestitionen erfolgen am Kapitalmarkt, woraus folgt, dass es bei ihnen vor allem um die Dividende geht.[237]

Portfolio- und Direktinvestitionen unterscheiden sich somit nach dem Grad der Einflussnahme im Unternehmen.[238] Zur Bestimmung des erforderlichen Grades der Einflussnahme werden zwei Möglichkeiten genannt: einerseits kann sich die Trennlinie Direktinvestition – Portfolioinvestition nach quantitativen Kriterien richten. Danach bestünde eine Direktinvestition nur, wenn der Investor eine Mehrheit an Anteilsrechten, also mindestens 50% der Anteile an dem Unternehmen hat.[239] Andererseits kann sich die Unterscheidung der beiden Arten von Investitionen nach qualitativen Merkmalen richten. Nach diesem Ansatz ist erforderlich, dass der Investor einen wesentlichen Anteil an dem Unternehmen besitzt und die Entscheidungsfindung in dem Unternehmen beeinflussen kann, ohne dass es einer Mehrheit von Anteilsrechten bedürfte.[240]

Sornarajah zufolge ist allgemein anerkannt, dass Portfolioinvestitionen nicht wie sonstige Investitionen geschützt werden, sondern der Investor die Risiken selbst trägt, die mit einer solchen Investition einhergehen. Dagegen unterfielen Direktinvestitionen dem völkerrechtlichen Investitionsschutz.[241] Nach Sinn und Zweck der Investitionsschutzverträge sollten gerade Investitionen geschützt werden, die neue Märkte für einheimische Unternehmen erschließen bzw. zur Entwicklung und zum Wachstum der Wirtschaft des Gaststaates beitragen.[242] Portfolioinvestitionen trügen aber gerade nicht zur Entwicklung und zum Wachstum der Wirtschaft bei, da diese ausschließlich der Gewinnerzielung dienten. Im Gegensatz zu Direktinvestitionen könnten Portfolioinvestitionen weltweit an den Börsen getätigt werden, so dass zu dem Gaststaat keine Verbindung bestünde, die irgendeine

---

236 *Sornarajah*, The International Law on Foreign Investment (2005), S. 7 f.; *von Reyher*, S. 82 f.; *Häde*, Archiv des Völkerrechts 1997, S. 181.

237 *Häde*, Archiv des Völkerrechts 1997, S. 181.

238 *von Reyher*, S. 84; *Sornarajah*, The International Law on Foreign Investment (2005), S. 7; *Häde*, Archiv des Völkerrechts 1997, S. 181; *Oschmann*, 96 ZvglRWiss 1997, S. 242.

239 *von Reyher*, S. 85.

240 *von Reyher*, S. 85 f.

241 *Sornarajah*, The International Law on Foreign Investment (2005), S. 7 ff.

242 *von Reyher*, S.84; *Sornarajah*, The International Law on Foreign Investment (2005), S. 8 f.

Verantwortung des Staates begründete.[243] Der Investor einer Portfolioinvestition sei nicht ermittelbar oder greifbar („unascertainable"), könne jederzeit wechseln oder seine Investition dem Staat entziehen.[244] Selbst wenn nach dem Investitionsschutzvertrag Aktien in die geschützte Investition einbezogen würden, gehören nach Ansicht *Sornarajahs* Portfolioinvestitionen nicht dazu. In diesem Fall seien nur solche Aktien gemeint, die nicht frei handelbar seien, wohingegen Portfolioinvestitionen aus frei handelbaren Aktien oder Kreditsicherungsinstrumenten (wie „promissory notes" oder „bonds") bestünden.[245] Portfolioinvestitionen gehören folglich nach dieser Ansicht nicht zu den durch die BITs geschützten Investitionen, es sei denn, sie sind ausdrücklich mit aufgeführt.

Nach anderer Ansicht sind Portfolioinvestitionen in der Regel nicht vom Schutzbereich der BITs ausgeschlossen.[246] Die meisten bilateralen Investitionsschutzverträge zählten in einer nicht abschließenden Liste die unter den Investitionsbegriff fallenden Positionen auf, zu denen bewegliches und unbewegliches Eigentum, Aktien oder andere Anteile an Unternehmen, Geldforderungen oder andere vertragliche Forderungen mit wirtschaftlichem Wert, geistiges und industrielles Eigentum gehörten. Diese Definitionen und Aufzählungen erfassten nach ihrem Wortlaut auch Portfolioinvestitionen.[247]

(2) Rechtsprechung der Schiedsgerichte

Die Rechtsprechung der Schiedsgerichte scheint eher mit der letztgenannten Ansicht übereinzustimmen. In *Lanco International Inc.* v. *The Argentine Republic* (*Lanco*) und *CMS Gas Transmission Company* v. *The Republic of Argentina* (*CMS*), die beide auf der Grundlage des Investitionsschutzvertrages zwischen den USA und Argentinien vom 14. November 1991 entschieden wurden, führten die Schiedsgerichte in ähnlicher Weise zum Investitionsbegriff in dem Investitionsschutzabkommen aus:

> „The Tribunal finds that the definition of this term in the Argentina-U.S. Treaty is very broad and allows for many meanings. For example, as regards shareholder equity, the Argentina-U.S. Treaty says nothing indicating that the investor in the capital stock has to have control over the administration of the company, or a majority share; thus the fact that LANCO holds an equity share of 18.3% in the capital

243 *Sornarajah*, The International Law on Foreign Investment (2005), S. 8.
244 *Sornarajah*, The International Law on Foreign Investment (2005), S. 227.
245 *Sornarajah*, The International Law on Foreign Investment (2005), S. 227.
246 *Sacerdoti*, 269 RdC 1997, S. 251, 307.
247 *Sacerdoti*, 269 RdC 1997, S. 251, 309.

stock of the Grantee allows one to conclude that it is an investor in the meaning of the Argentina- U.S. Treaty".[248]

Ebenso entschied das Schiedsgericht in *Compañia de Aguas del Aconqija S.A.* and *Vivendi Universal* v. *Argentine Republic* auf Grundlage des dem U.S.- argentinischen BIT sehr ähnlichen Investitionsschutzvertrages zwischen Frankreich und Argentinien:

> „Moreover it cannot be argued that CGE did not have an „investment" in CAA from the date of the Concession Contract, or that it was not an „investor" in respect of its shareholding, whether or not it had overall control of CAA. Whatever the extent of its investment may have been, it was entitled to invoke the BIT...".[249]

Danach können also nicht nur Mehrheitsbeteiligungen an Unternehmen, sondern auch Minderheitsbeteiligungen ohne direkte Kontrolle an denselben eine Investition darstellen.[250] Diese Formulierungen sprechen auf den ersten Blick dafür, dass die Schiedsgerichte, wenn die Definition in den einschlägigen Investitionsschutzverträgen weit genug ist, ohne weiteres Portfolioinvestitionen in den Schutzbereich dieser Verträge einbeziehen. Betrachtet man allerdings die den zitierten Fällen zugrunde liegenden Sachverhalte, folgt dies nicht unbedingt aus den Ausführungen der Schiedsgerichte. Aus den Sachverhalten ergibt sich, dass hier keine Portfolioinvestitionen (nach der Definition *Sornarajahs*) vorlagen und sich die Schiedsgerichte danach folglich gar nicht zu Portfolioinvestitionen geäußert haben. In *Lanco* z.B. hatte das Unternehmen zwar nur 18,3% Aktienanteile am Kapital des argentinischen Unternehmens, das die Konzession erhielt.[251] Allerdings war *Lanco* auch selbst Vertragspartei des Konzessionsvertrages, da es diesen als „awardee and guarantor" des argentinischen Unternehmens unterzeichnete.[252] Die Verpflichtungen (als „awardee and guarantor", also als Bürge oder Garant o.ä.),

---

248 *Lanco International Inc.* v. *The Argentine Republic*, ICSID Case No. ARB/97/6, Decision on Jurisdiction v. 8. Dezember 1998, in 40 ILM 457 (2001), Rn. 10; *CMS Gas Transmission Company* v. *The Republic of Argentina*, ICSID Case No. ARB/01/8, Decision on Jurisdiction v. 17. Juli 2003, Rn. 63 ff.; *Enron Corporation and Ponderosa Assets, L.P.* v. *The Argentine Republic*, ICSID Case No. ARB/01/3, Decision on Jurisdiction v. 14. Januar 2004, Rn. 49.

249 *Compañia de Aguas del Aconqija S.A.* and *Vivendi Universal* v. *Argentine Republic*, ICSID Case No. ARB/97/3, Decision on Annulment v. 3. Juli 2002, Rn. 50.

250 S. z.B. auch *Camuzzi International S.A.* v. *The Argentine Republic*, ICSID Case No. ARB/03/2, Decision on Jurisdiction v. 11. Mai 2005, Rn. 81.

251 *Lanco International Inc.* v. *The Argentine Republic*, ICSID Case No. ARB/97/6, Decision on Jurisdiction v. 8. Dezember 1998, in 40 ILM 457 (2001), Rn. 10 ff.

252 *Lanco International Inc.* v. *The Argentine Republic*, ICSID Case No. ARB/97/6, Decision on Jurisdiction v. 8. Dezember 1998, in 40 ILM 457 (2001), Rn. 12.

die *Lanco* auf diese Weise dem Gaststaat gegenüber übernommen hat, passen nicht zu *Sornarajahs* Definition von Portfolioinvestitionen. Hier hat sich *Lanco* als „guarantor" des argentinischen Konzessionsinhabers verpflichtet, so dass es nicht, wie bei einer Portfolioinvestition, jederzeit seine Investition zurücknehmen kann und keine Verpflichtung dem Gaststaat gegenüber besteht. Folglich handelt es sich – trotz der Minderheitsbeteiligung – um eine Direktinvestition, so dass sich die Ausführungen des Schiedsgerichts nicht auf eine Portfolioinvestition beziehen. Ebenso wenig handelt es sich im Fall von *CMS* um eine Portfolioinvestition, so dass sich auch hier das Schiedsurteil auf eine Direktinvestition bezieht: In diesem Fall hat die Regierung Argentiniens im Rahmen der Privatisierung der Gasbranche die dem Staat gehörenden Aktien an dem zu privatisierenden Gasunternehmen in Aktienpaketen an private Investoren verkauft.[253] Daraus folgt, dass die Aktien nicht an den Börsen weltweit frei handelbar waren. In diesem Fall liegt nach *Sornarajahs* Definition keine Portfolioinvestition, sondern eine Direktinvestition vor. Folglich haben sich die Schiedsgerichte in diesen Fällen nicht zu Portfolioinvestitionen geäußert. Somit lassen sich aus den Ausführungen der genannten Schiedsurteile keine Rückschlüsse darauf ziehen, ob auch Portfolioinvestitionen zu den von den BITs geschützten Investitionen gehören.

Allerdings geht das Schiedsgericht in dem *Fedax*-Urteil ganz selbstverständlich und ohne irgendwelche Erläuterungen davon aus, dass Portfolioinvestitionen von dem zu Grunde liegenden BIT geschützt werden.[254] Der Investitionsschutzvertrag zwischen den Niederlanden und Venezuela vom 22. Oktober 1991, auf dessen Grundlage das Schiedsgericht entschied, definiert den Investitionsbegriff ähnlich wie die schon aufgezählten Investitionsschutzverträge:

> „The term „investments" shall comprise every kind of asset and more particularly though not exclusively: ... (ii) rights derived from shares, bonds, and other kinds of interests in companies and joint ventures; (iii) titles to money, to other assets or to any performance having an economic value...".

Dass das Schiedsgericht Portfolioinvestitionen ohne weiteres in den Schutzbereich des Investitionsschutzabkommens einbezieht, spricht gegen *Sornarajahs* Ansicht, dass Portfolioinvestitionen nicht unter den Anwendungsbereich der BITs fallen, es sei denn, dass sie ausdrücklich einbezogen sind. Da die Investitionsdefinition im Investitionsschutzvertrag zwischen den Niederlanden und Venezuela den oben genannten Definitionen entspricht und Portfolioinvestitionen auch hier nicht aus-

---

253 *CMS Gas Transmission Company* v. *The Republic of Argentina*, ICSID Case No. ARB/01/8, Decision on Jurisdiction v. 17. Juli 2003, Rn. 19.

254 *Fedax* v. *Venezuela*, ICSID Case No. ARB/96/3, Decision on Jurisdiction v. 11. Juni 1997, 37 ILM (1998), 1378, 1384, Rn. 32.

drücklich einbezogen wurden, spricht viel dafür, dass Portfolioinvestitionen auch in den anderen BITs geschützt werden.

Ein weiterer Fall, der in diese Richtung geht, ist *LG&E* v. *Argentina.* Dort prüft das Schiedsgericht ausdrücklich nicht, welche Art von Kontrolle das U.S.-amerikanische Unternehmen über die argentinischen Konzessionsinhaber hat: nach Ansicht des Schiedsgerichts stellen die Aktien/Anteile selbst die Investition dar (die nach Ansicht der Kläger beeinträchtigt worden sein sollen). Da Argentinien nicht bezweifelt habe, dass die Aktien/Anteile den Klägern direkt oder indirekt gehörten, komme es in diesem Zusammenhang nicht darauf an, ob es sich um Mehr- oder Minderheitsaktien handele.[255]

Auch eine Auslegung des Investitionsbegriffs in den bilateralen Investitionsschutzabkommen spricht nicht gegen eine Einbeziehung von Portfolioinvestitionen. Zunächst sind die Formulierungen so weit und die aufgezählten Fallgruppen nicht abschließend, dass sich nach dem Wortlaut auch Portfolioinvestitionen unter den Investitionsbegriff subsumieren lassen. Außerdem sprechen auch Systematik und Sinn und Zweck dafür, Portfolioinvestitionen in den Investitionsbegriff einzubeziehen: Die Definitionen der Investition sind in den Investitionsschutzabkommen ganz überwiegend so weit, dass Schiedsgerichte auch Darlehen unter diesen Begriff subsumieren (wenn diese im Gaststaat investiert wurden).[256] Dann ist aber nicht nachvollziehbar, warum Portfolioinvestitionen nicht unter diese Definition fallen sollen. In beiden Fällen hat der Investor keine Kontrolle über die Unternehmensleitung, kann jederzeit wechseln und hat wohl meist keine Verbindung zum Gaststaat, die seine Verantwortung begründen könnte. Insofern kann der Schluss gezogen werden – auch wenn noch nicht viele Schiedsgerichte ausdrücklich auf Portfolioinvestitionen eingegangen sind –, dass sie, wenn sie aufgrund von ähnlichen Investitionsdefinitionen wie den zuvor genannten entscheiden, Portfolioinvestitionen in den Schutzbereich der BITs einbeziehen werden.

Zudem spricht – entgegen *Sornarajahs* Ansicht – nach Sinn und Zweck der Bestimmungen inhaltlich nichts gegen die Einbeziehung von Portfolioinvestitionen in den Schutz der Investitionsschutzabkommen. Einerseits differenzieren die Investitionsschutzabkommen nicht zwischen der Form der Beteiligung, also zwischen Portfolio- und Direktinvestitionen. Andererseits spricht das von *Sornarajah* angeführte Argument, dass Portfolioinvestitionen allein der Gewinnerzielung dienen, nicht gegen eine Einbeziehung in den Investitionsbegriff. Auch Direktinvestitionen dienen letztendlich der Gewinnerzielung, sind also nicht so altruistisch wie

255 *LG&E Energy Corp.*, *LG&E Capital Corp.*, and *LG&E International, Inc.* v. *Argentine Republic*, ICSID Case No. ARB/02/1, Decision on Jurisdiction v. 30. April 2004, Rn. 50.

256 *Ceskoslovenska Obchodni Banka, A.S.* v. *The Slovak Republic*, ICSID Case No. ARB/97/4, Decision on Jurisdiction v. 24. Mai 1999, Rn. 77.

von *Sornarajah* dargestellt. Außerdem treffen nicht nur auf Direktinvestitionen, sondern auch auf Portfolioinvestitionen die anfangs genannten Merkmale einer Investition zu: meist sind Portfolioinvestitionen von gewisser Dauer, auch wenn sie vielleicht kurzfristiger rückgängig gemacht werden können als Direktinvestitionen. Weiter sollen in beiden Fällen einigermaßen regelmäßig Gewinne und Erträge erzielt werden und sowohl der Gaststaat als auch der Investor gehen ein gewisses Risiko ein – auch Portfolioinvestitionen sind nicht vor einem eventuell erheblichen Verlust und wirtschaftlichen Einbußen sicher. Außerdem bedeuten auch Portfolioinvestitionen ein meist nicht unerhebliches Engagement, und das durch den Erwerb der Aktien beigesteuerte Kapital kommt dem im Gaststaat tätigen Unternehmen, an dem die Aktien erworben wurden, und damit zumindest mittelbar auch der eigentlichen Investition und der wirtschaftlichen Entwicklung im Gaststaat zugute.

Damit lässt sich festhalten, dass weder die Rechtsprechung der Schiedsgerichte noch inhaltlich etwas dagegen spricht, Portfolioinvestitionen als Investitionen im Sinne der Investitionsschutzabkommen zu behandeln

bb. Indirekte Investitionen und Investitionen durch Minderheitsaktionäre ohne Kontrolle über die Unternehmensleitung

Nicht weit entfernt von der eben diskutierten Problematik liegt die Frage, ob indirekte Investitionen oder Investitionen, bei denen nur die Minderheit der Aktien erworben wird und keine Kontrolle über die Unternehmensleitung besteht, zu den von den Investitionsschutzverträgen geschützten Investitionen gehören.

Wie eine indirekte Investition aussieht, kann gut am Beispiel von *Enron* illustriert werden: In diesem Fall ging es um die Investition in TGS, einem privatisierten argentinischen Unternehmen. *Enron* war über zwei zu 100% ihr gehörende Gesellschaften zu 50% an CIESA beteiligt, das wiederum TGS mit 55,3% der Aktien kontrollierte; über drei Gesellschaften war *Enron* außerdem zu 75,93% an EDIDESCA beteiligt, dem 10% der Aktien von TGS gehörten.[257] Ähnlich ist der Sachverhalt in *Azurix*: hier ist *Azurix* über zwei zu 100% ihr gehörende Töchter (eine von diesen wiederum über ein zu 100% ihr gehörendes Unternehmen) an zwei Unternehmen beteiligt, die ein weiteres Unternehmen in Argentinien gründeten, das als Konzessionsinhaber auftreten sollte.[258]

257 *Enron Corporation and Ponderosa Assets, L.P.* v. *The Argentine Republic*, ICSID Case No. ARB/01/3, Decision on Jurisdiction v. 14. Januar 2004, Rn. 21; sehr ähnlich ist *Sempra Energy International v. The Argentine Republic*, ICSID Case No. ARB/02/16, Decision on Jurisdiction v. 11. Mai 2005, Rn. 19.

258 *Azurix Corp.* v. *The Argentine Republic*, ICSID Case No. ARB/01/12, Decision on Jurisdiction v. 8. Dezember 2003, in 43 ILM (2004, S. 259, 266, Rn. 20 ff.

Eine indirekte Investition besteht also in der Beteiligung an einem Unternehmen in Form von Aktien oder Anteilsscheinen, die das Unternehmen ausgibt, um seinen Kapitalbedarf zu finanzieren.[259] Beiden Fällen liegt der U.S- argentinische Investitionsschutzvertrag mit dem sehr weiten Investitionsbegriff zugrunde. Dieser ist so weit, dass nach Ansicht des Schiedsgerichts auch indirekte Investitionen geschützt sind:[260] Nach Art. 1 Abs. 1 dieses BITs ist „investment"

> „every kind of investment in the territory of one Party owned or controlled directly or indirectly by nationals or companies of the other Party, such as equity, debt, and service and investment contracts; and includes without limitation: ... (ii) a company or shares of stock or other interests in a company or interests in the assets thereof ...".[261]

In diesem Fall ist recht eindeutig, dass auch indirekte (Minderheits-) Beteiligungen an Unternehmen zu den geschützten Investitionen gehören sollen. In *Waste Management* entschied das Schiedsgericht, dass nach dem (ausdrücklichen) Wortlaut des NAFTA indirekte Beteiligungen an Unternehmen zu den geschützten Investitionen zählen.[262]

Viele Investitionsschutzverträge, unter ihnen die von Deutschland abgeschlossenen, beziehen indirekte Unternehmensbeteiligungen nicht ausdrücklich in den Schutzbereich ein.[263] Es stellt sich mithin die Frage, ob auch ohne eine ausdrückliche Bestimmung im Investitionsschutzvertrag solche indirekten Investitionen geschützt sind.

Diese Frage beantwortet das Schiedsgericht in dem Fall *Siemens* v. *Argentina*.[264] Der zugrundeliegende Investitionsschutzvertrag zwischen Deutschland und Argentinien vom 9. April 1991 enthält keine ausdrückliche Regelung in Bezug auf direkte oder indirekte Investitionen. Hierzu führt das Schiedsgericht aus:

> „The Tribunal observes that there is no explicit reference to direct or indirect investment as such in the Treaty. The definition of „investment" is very broad. ... One

259 *Schokkaert,* Revue de Droit International et de Droit Comparé 2003, S. 327, 329.

260 *Enron Corporation and Ponderosa Assets, L.P.* v. *The Argentine Republic*, ICSID Case No. ARB/01/3, Decision on Jurisdiction v. 14. Januar 2004, Rn. 49; *Azurix Corp.* v. *The Argentine Republic*, ICSID Case No. ARB/01/12, Decision on Jurisdiction v. 8. Dezember 2003, in 43 ILM (2004), S. 259, 275, Rn. 63 ff.

261 Investitionsschutzvertrag zwischen den U.S.A und Argentinien vom 14. November 1991 (Hervorhebungen durch d. Verf.).

262 *Waste Management, Inc. v. United Mexican States*, ICSID Case No. ARB(AF)/00/3, Award v. 30. April 2004, Rn. 77-85.

263 *Sacerdoti*, RdC 1997, S. 251, 319; vgl. z,B. auch die unter II. 1 a. aufgeführten Investitionsschutzverträge von der BRD und Großbritannien. (nicht jedoch die französischen Investitionsschutzverträgen und der U.S. Model BIT).

264 *Siemens AG* v. *The Argentine Republic*, ICSID Case No. ARB/02/8, Decision on Jurisdiction v. 3. August 2004.

> of the categories consists of „shares, rights of participation in companies and other types of participation in companies“. The plain meaning of this provision is that shares held by a German shareholder are protected under the Treaty. The Treaty does not require that there be no interposed companies between the investment and the ultimate owner of the company. Therefore, a literal reading of the Treaty does not support the allegation that the definition of investment excludes indirect investments“.[265]

Auch eine im Anschluss folgende systematische Auslegung durch das Schiedsgericht ergibt nichts anderes: Dass in der Ergänzung zu Art. 4 (bezüglich Enteignungen) im Protokoll im Anhang zum Investitionsschutzvertrag das erste und einzige Mal von einem indirekten Schaden der Kapitalanlage gesprochen und dieser mit einbezogen werde, spreche nicht dagegen, dass in Art. 1 des BIT auch indirekte Investitionen geschützt seien.[266] Schließlich spreche auch die übrige Rechtsprechung der ICSID-Schiedsgerichte dafür, dass indirekte Investitionen durch Aktionäre zu den geschützten Investitionen gehörten. Dabei akzeptiert das Schiedsgericht nicht das Argument Argentiniens, dass bei den anderen Fällen, in denen Investitionen durch Aktionäre geschützt wurden, andere Sachverhalte zugrunde lagen oder ausdrücklich indirekte Investitionen im einschlägigen BIT mit einbezogen waren.[267] Folglich bezieht das Schiedsgericht hier indirekte Investitionen in den Investitionsbegriff ein, selbst wenn der betreffende Investitionsschutzvertrag keine (ausdrückliche) Bestimmung diesbezüglich enthält.

Mit dem Folgeproblem hat sich das Schiedsgericht in *Enron* v. *Argentina* auseinandergesetzt: Wenn jeder (indirekte) Investor, der in ein Unternehmen investiert, das seinerseits in ein Unternehmen investiert usw. wegen des dem am Ende der „Investitionskette“ stehenden Unternehmen entstandenen Schadens vom Gaststaat vor einem Schiedsgericht Schadensersatz verlangen kann, sieht sich dieser möglicherweise sehr vielen Schadensersatzforderungen ausgesetzt. Diesem nicht gewollten Ergebnis kann dem Schiedsgericht zufolge dadurch begegnet werden, dass die vom Staat erforderliche Zustimmung zum Schiedsverfahren begrenzend ausgelegt wird. Wenn der Staat in Bezug auf einen bestimmten Investor oder eine bestimmte Investition (z.B. im Rahmen des Investitionsvertrags zwischen diesem Staat und dem Investor) seine Zustimmung zu einem Schiedsverfahren erteilt hat, nicht aber in Bezug auf einen anderen Investor oder eine andere Investition, sollten die für die letztgenannte Investition geltend gemachten Ansprüche als unzu-

---

265 *Siemens AG* v. *The Argentine Republic*, ICSID Case No. ARB/02/8, Decision on Jurisdiction v. 3. August 2004, Rn. 137.

266 *Siemens AG* v. *The Argentine Republic*, ICSID Case No. ARB/02/8, Decision on Jurisdiction v. 3. August 2004, Rn. 140.

267 *Siemens AG* v. *The Argentine Republic*, ICSID Case No. ARB/02/8, Decision on Jurisdiction v. 3. August 2004, Rn. 142.

lässig abgewiesen werden, da sie nur entfernt mit dem betroffenen Unternehmen verbunden sind.[268] Auf diese Weise könne verhindert werden, dass sich der Staat in vielen Schiedsverfahren gegen die gesamte „Investorenkette" verteidigen muss und gegebenenfalls allen zu Schadensersatz verpflichtet ist. Ob sich durch eine solche begrenzende Auslegung allerdings alle Fälle, in denen eine „Investorenkette" unterschiedliche Schiedsverfahren anstrengt, lösen lassen, erscheint fraglich. Oft erteilt der Gaststaat seine Zustimmung zum Schiedsverfahren bereits im bilateralen Investitionsschutzabkommen.[269] In diesem Fall bezieht sie sich pauschal auf alle ausländischen Investoren, so dass eine eindeutige Auslegung schwer fallen wird.

Bezüglich der Minderheitsaktien ohne Kontrolle über die Unternehmensleitung kann auf die Ausführungen oben (B.II. 2. b. aa.) verwiesen werden.

Im Ergebnis lässt sich festhalten, dass nach der Rechtsprechung der Schiedsgerichte auch indirekte Investitionen nach den Investitionsschutzabkommen geschützte Investitionen darstellen.

cc. Weitere Fälle

In dem Fall *Suez, Sociedad General de Aguas de Barcelona S.A., and InterAguas Servicios Integrales del Agua S.A.* v. *The Argentine Republic* schlossen sich die Kläger im Rahmen der Privatisierung der Wasser- und Abwasserbranche zusammen, um Konzessionen in diesem Bereich zu erwerben. Hierfür mussten sie ein argentinisches Unternehmen errichten, an dem sie Anteile in Höhe von 51,69%, 10,89% bzw. 14,92% hatten.[270] Hier entschied das Schiedsgericht, dass die Anteile an dem argentinischen Unternehmen Investitionen darstellten, da nach beiden einschlägigen BITs (Art. 8 argentinisch – französischer BIT und Art. X argentinisch – spanischer BIT) Aktien und Anteile an Unternehmen ausdrücklich zu den geschützten Investitionen gehörten.[271] Beinahe identisch ist der Fall *Suez, Sociedad General de Aguas de Barcelona S.A., and Vivendi Universal S.A.* v. *The Argentine Republic*, ICSID Case Nr. ARB/03/19 and *AWG Group Ltd.* v. *The Argentine Republic*, UNCITRAL Arbitration, Decision on Jurisdiction v. 3. August

---

268 *Enron Corporation and Ponderosa Assets, L.P.* v. *The Argentine Republic*, ICSID Case No. ARB/01/3, Decision on Jurisdiction v. 14. Januar 2004, Rn. 52.

269 Supra A.II.2, S. 25.

270 *Suez, Sociedad General de Aguas de Barcelona S.A., and InterAguas Servicios Integrales del Agua S.A.* v. *The Argentine Republic*, ICSID Case No. ARB/03/17, Decision on Jurisdiction v. 16. Mai 2006.

271 *Suez, Sociedad General de Aguas de Barcelona S.A., and InterAguas Servicios Integrales del Agua S.A.* v. *The Argentine Republic*, ICSID Case No. ARB/03/17, Decision on Jurisdiction v. 16. Mai 2006, Rn 49.

2006. Sehr ähnlich ist ebenfalls *Gas Natural SDG, S.A. v. The Argentine Republic,* Decision on Jurisdiction v. 17. Juni 2005, ICSID Case Nr. ARB/01/10. In diesem Fall hielt Argentinien der Klage von *Gas Natural*, einem Aktionär des Konzessionsinhabers, entgegen, dass Aktionäre nach dem nationalen Recht der meisten Staaten (genauso wie nach dem Recht Argentiniens) nicht Ansprüche des Unternehmens geltend machen und einklagen könnten und *Gas Natural* als Aktionär kein (direkter) Investor sei. Das Schiedsgericht geht hier nicht auf die Problematik „indirekte Investition" ein, sondern stellt fest, dass die innerstaatlichen Rechte von Aktionären von deren Rechten unter den Investitionsschutzabkommen unterschieden werden müssten. Im einschlägigen BIT zwischen Argentinien und Spanien vom 3. Oktober 1991 seien Aktien und Unternehmensanteile ausdrücklich in die Definition der geschützten Investition einbezogen, so dass es sich bei *Gas Natural* um eine direkte Investition handele.

dd. Zwischenergebnis zu b.

Im Ergebnis lässt sich für die Rechtsprechung der Schiedsgerichte bei der Frage, ob und welche Beteiligungen an Gesellschaften Investitionen darstellen, festhalten, dass die Rechtsprechung die oft weiten Definitionen in den Investitionsschutzabkommen weit auslegt oder diese zumindest nicht einschränkt. Insofern ist die Rechtsprechung „investorenfreundlich", da sie nicht nur direkte, sondern auch Portfolioinvestitionen und indirekte Beteiligungen an Unternehmen als Investition ansieht, selbst wenn dies nicht ausdrücklich im einschlägigen Investitionsschutzvertrag vorgesehen ist, und damit auch diese indirekten Investitionen in den Schutzbereich des Investitionsschutzvertrages einbezieht.

c. Ansprüche auf Geld oder Ansprüche auf Leistungen

Eine weitere Frage ist, ob und unter welchen Voraussetzungen Darlehen oder andere Ansprüche auf Geld oder auf sonstige Leistungen eine Investition darstellen können.

Darlehen werden zwar in den meisten Investitionsschutzabkommen nicht ausdrücklich zu den geschützten Investitionen gezählt. Begriffe wie „assets" (bzw. „Vermögenswerte") oder „monetary receivables or claims" („Ansprüche auf Geld") sind jedoch so weit, dass sie auch Darlehen umfassen.[272] Darlehen stellen folglich eine Investition dar, wenn sie den sonstigen Voraussetzungen an eine Investition genügen, also von einem ausländischen Investor im Staatsgebiet des

272 *Ceskoslovenska Obchodni Banka, A.S.* v. *The Slovak Republic*, ICSID Case No. ARB/97/4, Decision on Jurisdiction v. 24. Mai 1999, Rn. 77.

Gaststaates investiert wurden.[273] Dabei ist nicht erforderlich, dass tatsächlich Vermögen transferiert wurde; typischerweise wird bei vielen internationalen finanziellen Transaktionen Vermögen nicht verschoben, sondern lediglich dem (ausländischen) Begünstigten zur Verfügung gestellt und zugänglich gemacht. Dies reicht nach Ansicht des *Fedax*-Schiedsgerichts aus, wenn die dem Begünstigten im Ausland zur Verfügung gestellten Summen tatsächlich von diesem zu wirtschaftlichen Zwecken in seinem Land eingesetzt wurden.[274] Selbst wenn das Darlehen nach diesen Kriterien für sich genommen nicht den Anforderungen an eine Investition genügte, kann es dennoch als zu einer Investition gehörend qualifiziert werden. Voraussetzung in diesem Fall ist, dass es Teil einer Gesamtinvestition ist, eng mit anderen zu dieser Investition gehörenden Transaktionen zusammenhängt und nicht losgelöst von diesen betrachtet werden kann.[275]

Auch die Verlängerung bzw. Erweiterung („extension“) von Darlehen oder der Erwerb von Anleihen/ Anleihepapieren („bonds“) kann als Investition qualifiziert werden. Voraussetzung ist jedoch immer, dass die Merkmale der Investition vorliegen. Liegen diese nicht vor, handelt es sich bei den Ansprüchen/Kreditinstrumenten um eine bloße wirtschaftliche Transaktion („commercial transaction“) und nicht um eine Investition.

Die zwei folgenden Fälle illustrieren die Schnittstelle zwischen einer wirtschaftlichen Transaktion, die nicht in den Schutzbereich der bilateralen Investitionsschutzabkommen fällt, und einer Investition:

In *Fedax* entschied das Schiedsgericht, dass auch Schuldscheine („promissory notes“) eine Investition sein können und, da auch die weiteren (Tatbestands-) Voraussetzungen einer Investition vorlagen, das Schiedsgericht zuständig war, über derartige Investitionen zu entscheiden.[276] Wichtig war in diesem Fall die Tatsache, dass das den Schuldscheinen zugrunde liegende Darlehen dem Budget Venezuelas für Bauarbeiten und Projekte im nationalen Interesse zugute kam. Aus dieser Zielsetzung und der Natur der Projekte, die durch das Darlehen finanziert wurden (für das die Schuldscheine ausgestellt wurden), schließt das Schiedsgericht, dass der

---

273 *Fedax* v. *Venezuela*, ICSID Case No. ARB/96/3, Decision on Jurisdiction, 11. Juni 1997, 37 ILM (1998), 1378, 1382 u. 84, Rn. 22 u. 29; *Ceskoslovenska Obchodni Banka, A.S.* v. *The Slovak Republic*, ICSID Case No. ARB/97/4, Decision on Jurisdiction v. 24. Mai 1999, Rn. 76 f.

274 *Fedax* v. *Venezuela*, ICSID Case No. ARB/96/3, Decision on Jurisdiction, 11. Juni 1997, 37 ILM (1998), 1378, Rn. 41.

275 *Ceskoslovenska Obchodni Banka, A.S.* v. *The Slovak Republic*, ICSID Case No. ARB/97/4, Decision on Jurisdiction v. 24. Mai 1999, Rn. 79 ff. (insbes. Rn. 82).

276 *Fedax* v. *Venezuela*, ICSID Case No. ARB/96/3, Decision on Jurisdiction v. 11. Juni 1997, 37 ILM (1998), 1378, 1382 ff (insbes. Rn. 137 f.).

Fall keine bloße wirtschaftliche Transaktion, sondern wichtige öffentliche Interessen betrifft und somit eine Investition vorliegt.[277]

In *Joy Mining Machinery Limited* v. *The Arab Republic of Egypt* ging es um die Frage, ob auch Bankbürgschaften oder -garantien eine Investition darstellen können. *Joy Mining Machinery Limited* („*Joy Mining*") schloss mit der „General Organization for Industrial and Mining Projects of the Arab Republic of Egypt" („IMC") einen Vertrag ab, in dem sich das Unternehmen verpflichtete, für ein Projekt, in dem Phosphate für Düngemittel gewonnen wurden, in einem ersten Schritt die hierfür benötigte Ausrüstung teilweise zu ersetzen und in einem zweiten Schritt ein neues System für die Gewinnung von Phosphaten zu errichten.[278] Das Unternehmen gab für jede Vertragsphase schriftliche Garantien hinsichtlich der Vertragserfüllung, Vorauszahlung und Restzahlungen. Diese Garantien sollten abhängig von der Leistung der Ausrüstung und dem Grad der Produktivität wieder freigegeben („released") werden. Da es später bei der Vertragserfüllung zu Schwierigkeiten kam, für die sich die Parteien gegenseitig die Schuld gaben, ging es konkret um die Frage, ob *Joy Mining* einen Anspruch auf Freigabe der Garantien hat.[279] Nach Artikel 1 des zugrunde liegenden Investitionsschutzvertrages zwischen Großbritannien und Ägypten vom 24. Februar 1976 gehören u.a. Bürgschaften und Ansprüche auf Geld zu den vom BIT geschützten Investitionen. Das Schiedsgericht entschied, dass Bankbürgschaften oder -garantien – zumindest im vorliegenden Fall – weder nach dem einschlägigen Investitionsschutzvertrag noch nach Art. 25 der ICSID-Konvention eine Investition darstellen, da die Merkmale der Investition nicht vorlagen, sondern lediglich ein (wenn auch komplexer) Kaufvertrag abgeschlossen worden war.[280] Da Bankbürgschaften lediglich Ausfallhaftungen seien, könnten sie nicht unter den Begriff „Ansprüche auf Geld oder auf Vertragserfüllung, die einen wirtschaftlichen Wert haben" nach Art. 1 (a) (iii) des BIT oder unter „Bürgschaft" nach Art. 1 (a) (i) subsumiert werden:

> „Even if a claim to return of performance and related guarantees has a financial value it cannot amount to recharacterizing as an investment dispute a dispute which in essence concerns a contingent liability."[281]

---

277 *Fedax* v. *Venezuela*, ICSID Case No. ARB/96/3, Decision on Jurisdiction v. 11. Juni 1997, 37 ILM (1998), 1378, 1386 (Rn. 42).

278 *Joy Mining Machinery Limited* v. *The Arab Republic of Egypt,* ICSID Case No. ARB/03/11, Award on Jurisdiction v. 6. August 2004, *Rn.* 16.

279 *Joy Mining Machinery Limited* v. *The Arab Republic of Egypt,* ICSID Case No. ARB/03/11, Award on Jurisdiction v. 6. August 2004, Rn. 16 ff.; Rn. 41.

280 *Joy Mining Machinery Limited* v. *The Arab Republic of Egypt,* ICSID Case No. ARB/03/11, Award on Jurisdiction v. 6. August 2004, *Rn.* 63.

281 *Joy Mining Machinery Limited* v. *The Arab Republic of Egypt,* ICSID Case No. ARB/03/11, Award on Jurisdiction v. 6. August 2004, *Rn.* 47.

Ebenso wenig fiele in diesem Fall die Bankbürgschaft oder -garantie unter den Investitionsbegriff nach Art. 25 der ICSID-Konvention:

> „First, the Tribunal notes that the scope of the Contract is to replace and „procure" longwall mining equipment, this being an element of normal sales contracts. Second, admittedly the Contract involves a number of additional activities mentioned above, such as engineering and design, production and stocking of spare parts and maintenance tools and incidental services such as supervision of installation, inspection, testing and commissioning, training and technical assistance. This is certainly a special feature of contracts relating to the supply of complex equipment. But it does not transform the Contract into an investment, any more than the procurement of highly sophisticated railway or aircraft equipment would, despite the fact that such equipment would require additional activities such as engineering and design, spare parts and incidental services."[282]

Im Anschluss prüfte das Schiedsgericht die Voraussetzungen für eine Investition (wie Dauer, wirtschaftliches Risiko oder einen Beitrag zur wirtschaftlichen Entwicklung des Landes) und kam zu dem Schluss, dass diese alle nicht in einem für eine Investition erforderlichen Ausmaß vorlagen und die Bankgarantien folglich nicht im Rahmen einer Investition, sondern lediglich im Rahmen eines Kaufvertrags gegeben wurden.[283]

Vorschüsse, die dem Investor von Unternehmen des Gaststaates gezahlt wurden, um einen Teil der Vertragskosten zu finanzieren, stehen der Annahme nicht entgegen, dass der Investor Geld investiert hat, insbesondere, wenn der Investor dem Unternehmen für diese Vorschüsse eine Garantie gewähren muss.[284]

Hin und wieder taucht in den Schiedsurteilen die Frage auf, ob auch Aufwendungen, die getätigt wurden, um Investitionsverträge mit dem Gaststaat vorzubereiten oder durchzuführen, Investitionen darstellen. In *Mihaly International Corporation (Mihaly)* v. *Democratic Socialist Republic of Sri Lanka* zählte das Schiedsgericht die in Vorbereitung auf den Abschluss des Investitionsvertrages zwischen *Mihaly* und Sri Lanka getätigten Ausgaben nicht unter „Investition", weil in diesem Fall trotz fortgeschrittener Verhandlungen ein Investitionsvertrag nicht zustande kam.[285] In *SGS Société Générale de Surveillance (SGS)* v. *Islamic*

---

282 *Joy Mining Machinery Limited* v. *The Arab Republic of Egypt,* ICSID Case No. ARB/03/11, Award on Jurisdiction v. 6. August 2004, *Rn.* 55.

283 *Joy Mining Machinery Limited* v. *The Arab Republic of Egypt,* ICSID Case No. ARB/03/11, Award on Jurisdiction v. 6. August 2004, Rn. 56 ff.

284 Vgl. Z.B. *Bayindir Insaat Turizm Ticaret Ve Sanayi A.Ş.* v. *Islamic Republic of Pakistan*, ICSID Case No. ARB/03/29, Decision on Jurisdiction v. 14. November 2005, Rn. 119.

285 *Mihaly International Corporation* v. *Democratic Socialist Republic of Sri Lanka*, ICSID Case No. ARB/00/2, Award v. 15. März 2002, Rn. 32 ff.

Republic of Pakistan dagegen entschied das Schiedsgericht, dass die Aufwendungen von *SGS* eine Investition darstellten.[286] In diesem Fall existierte ein Investitionsvertrag zwischen *SGS* und Pakistan, in dem *SGS* eine öffentlich-rechtliche Konzession erhielt und damit Verpflichtungen einging, zu deren Erfüllung sie in Pakistan Ausgaben in Höhe von etwa U.S. $ 1 Mio tätigen musste.[287] Diese Ausgaben qualifizierte das Schiedsgericht als Investition. In *Consorzio Groupement L.E.S.I. – DIPENTA* c/ *République algérienne démocratique et populaire* (*L.E.S.I.*) entschied das Schiedsgericht ebenfalls, dass Aufwendungen, die in Vorbereitung auf ein Projekt – im konkreten Fall den Bau eines Staudamms – vorgenommen wurden, eine Investition darstellen können:

> „Il ne peut y avoir d'„investissement" que si une partie fait dans le pays concerné des apports ayant une valeur économique. Sans doute peut-il s'agir au premier chef d'engagements financiers, mais ce serait privilégier une interprétation par trop restrictive que de ne pas admettre d'autres sacrifices. Ces apports peuvent donc consister en prêts, en matériaux, en travaux, en services, pour autant qu'ils aient une valeur économique. En d'autres termes, il faut que le contractant ait engagé des dépenses, sous quelque forme que ce soit, afin de poursuivre un objectif économique. De même est-il fréquent que ces investissements soient effectués dans le pays concerné, mais il ne s'agit pas non plus d'une condition absolue. Rien n'empêche en effet que des investissements soient en partie du moins engagés depuis le pays de résidence du contractant mais en vue et dans le cadre du projet à réaliser à l'étranger."[288]

Da *L.E.S.I.* Aufwendungen in Vorbereitung auf das Staudammprojekt getätigt hatte (wenn auch noch im eigenen Land), das gesamte Projekt von einiger Dauer (im Vertrag war eine Mindestdauer von 50 Monaten vorgesehen) und mit Risiken verbunden war, bejahte das Schiedsgericht eine Investition.[289]

Zusammenfassend lässt sich festhalten, dass Darlehen, Maßnahmen der Kreditsicherung wie Schuldscheine oder Bankbürgschaften oder -garantien, geldwerte Leistungen wie Vorschüsse oder Aufwendungen dann eine Investition darstellen können, wenn sie entweder selbst den allgemeinen Voraussetzungen einer Investition (supra B.II.1.) genügen oder zumindest eng verbundener Teil einer Gesam-

286 *SGS Société Générale de Surveillance* v. *Islamic Republic of Pakistan*, ICSID Case No. ARB/01/13, Decision on Jurisdiction v. 6. August 2003, Rn 140.

287 *SGS Société Générale de Surveillance* v. *Islamic Republic of Pakistan*, ICSID Case No. ARB/01/13, Decision on Jurisdiction v. 6. August 2003, Rn. 136; ähnlich: *SGS Société Générale de Surveillance S.A. v. Republic of the Philippines,* ICSID Case No. ARB/02/6, Decision on Jurisdiction v. 29. Januar 2004.

288 *Consorzio Groupement L.E.S.I. – DIPENTA* c/ *République algérienne démocratique et populaire*, CIRDI Nr. ARB/03/08, Sentence v. 10. Januar 2005, Rn. 14.

289 *Consorzio Groupement L.E.S.I. – DIPENTA* c/ *République algérienne démocratique et populaire*, CIRDI Nr. ARB/03/08, Sentence v. 10. Januar 2005, Rn. 13-15.

tinvestition sind, der nicht losgelöst von dieser betrachtet werden kann. Da jede dieser Leistungen auch im Rahmen einer bloßen wirtschaftlichen Transaktion wie einem Kaufvertrag erbracht worden sein kann, muss sorgfältig geprüft werden, ob im konkreten Fall die Merkmale der Investition erfüllt wurden oder beispielsweise ein einfacher Kaufvertrag vorlag.

d. Rechte des geistigen Eigentums

Wie sich aus den oben zitierten BITs ergibt, gehören in diese Kategorie auch Know-How, technische Unterstützung und Ausrüstung sowie die Unterstützung durch Personal.[290] Diese Beiträge haben einen wirtschaftlichen Wert und werden von den Schiedsgerichten ohne ausführliche Begründung als Investition qualifiziert.[291]

e. Öffentlich-rechtliche Konzessionen

In *Telenor Mobile Communications A.S.* v. *The Republic of Hungary* nahm das Schiedsgericht ohne längere Ausführungen an, dass neben der Konzession auch das Telekommunikationsnetzwerk, für das die Konzession gegeben worden war, der Kundenstamm und die Einkommenserwartungen Elemente der in Frage stehenden Investition (nach Art. I des BIT Ungarn – Norwegen) waren.[292]

Nach der Rechtsprechung des Schiedsgerichts in dem Fall *Middle East Cement Shipping and Handling Co S.A.* stellt auch eine „Licence“ (deutsch: Lizenz oder Konzession) eine Investition dar.[293] In dem einschlägigen bilateralen Investitionsschutzvertrag wurden „business concessions“ als Position genannt, die unter anderem eine Investition sein kann. Hierunter zählte das Schiedsgericht auch eine „Licence“.

f. Erträge

In *EnCana Corporation v. Republic of Ecuador* (EnCana) ging es um die Frage, ob (bereits entstandene) Ansprüche auf Steuerrückzahlungen „Erträge“ einer Investition sind und damit nach dem einschlägigen Investitionsschutzvertrag zwischen

290 S. B.II.1.a.

291 Vgl. Z.B. *Bayindir Insaat Turizm Ticaret Ve Sanayi A.Ş.* v. *Islamic Republic of Pakistan*, ICSID Case No. ARB/03/29, Decision on Jurisdiction v. 14. November 2005, Rn. 116.

292 *Telenor Mobile Communications A.S.* v. *The Republic of Hungary*, ICSID Case No. ARB/04/15, Award v. 13. September 2006, Rn. 61 f.

293 *Middle East Cement Shipping and Handling Co. S.A.* v. *Arab Republic of Egypt*, ICSID Case No. ARB/99/6, Award v. 12. April 2002, Rn. 97 ff.

Ecuador und Kanada vom 29. April 1996 ebenso vor entschädigungslosen Enteignungen geschützt sind wie Investitionen selbst. Ecuador argumentierte, dass geschützte Investition von EnCana allein das Sacheigentum ihrer Tochter sei einschließlich des Rechts, Rohöl zu gewinnen und zu exportieren, dass der angebliche Anspruch auf Steuerrückzahlung nach dem Investitionsschutzvertrag jedoch keine Investition bzw. deren Ertrag darstelle.[294] Diese Argumentation ist zunächst einleuchtend, da sich ein Anspruch auf Steuerrückzahlung zumindest nicht unmittelbar aus der getätigten Investition ergibt und damit nicht – wie Zinsen oder Gewinne – unmittelbar und primär deren Ertrag ist. Allerdings ist die Definition nach Ansicht des Schiedsgerichts in dem zugrundeliegenden Investitionsschutzvertrag derart weit, dass es auch Steuerrückzahlungen unter den Begriff subsumiert. Erträge sind in Art. I (j) des BIT definiert als „all amounts yielded by an investment and in particular, though not exclusively, includes profits, interest, capital gains, dividends, royalties, fees or other current income". Das Schiedsgericht unterscheidet zwischen Steuergesetzen, die die Besteuerung für die Zukunft verändern, und solchen, die dies rückwirkend tun.[295] Würden schon entstandene Ansprüche auf Steuerrückzahlung rückwirkend gestrichen, kann der entsprechende Zahlungsanspruch in den weiten Anwendungsbereich der „einer Investition unterfallenden Beträge", also der Erträge einer Investition fallen (und die Streichung eine Enteignung darstellen).[296]

Diese Argumentation ist schwer nachvollziehbar. Zwar ist der Wortlaut tatsächlich sehr weit und die Liste der Positionen, die Erträge sein können, nicht abschließend. Bezieht man allerdings Sinn und Zweck der Regelung und insbesondere die einzelnen Beispiele für Erträge in die Auslegung ein, ergibt sich ein anderes Bild. Erträge sind naturgemäß solche Beträge, die direkt aus der getätigten Investition fließen, also Zinsen, Gewinne, Einnahmen etc. Auch die aufgezählten Beispiele sprechen dafür, dass der Ertrag im unmittelbaren Zusammenhang mit der Investition stehen muss und einen Wertzuwachs bedeutet (aufgezählt sind Gewinne, Zinsen, Kapitalzuwachs, Dividenden und andere Einnahmen). Nach Sinn und Zweck der Definition (i.V.m. Art. VIII des BIT, der auch Erträge vor entschädigungslosen Enteignungen schützt) sollen folglich nur solche Beträge dem gleichen Schutz wie die Investition selbst unterliegen, die direkt aus der Investition erwachsen und einen Gewinn oder Wertzuwachs darstellen.

---

294 *EnCana Corporation* v. *Republic of Ecuador*, UNCITRAL Award v. 3. Februar 2006, Rn. 180.

295 *EnCana Corporation* v. *Republic of Ecuador*, UNCITRAL Award v. 3. Februar 2006, Rn. 183.

296 *EnCana Corporation* v. *Republic of Ecuador*, UNCITRAL Award v. 3. Februar 2006, Rn. 183.

Im konkreten Fall geht es jedoch um angebliche Ansprüche auf Rückzahlung der Mehrwertsteuer. Die Mehrwertsteuer wurde mithin von EnCana oder deren Tochter in einem ersten Schritt abgeführt und soll nun erstattet werden. Hier geht es also nicht um Einnahmen und Gewinne, die sich aus der Investition ergeben, sondern um die Rückerstattung von Steuern (die im Rahmen der Investitionstätigkeit gezahlt wurden), also um den Ausgleich von Ausgaben. Dies stellt aber keine Einnahmen, keinen Gewinn oder Wertzuwachs im eigentlichen Sinn und damit nach Sinn und Zweck der Definition keinen Ertrag dar. Zwar lehnt das Schiedsgericht im Ergebnis eine Enteignung ab (s.u.). Sauberer wäre es allerdings gewesen, schon den Anspruch auf Erstattung der Mehrwertsteuer nicht unter „Ertäge" zu subsumieren und folgerichtig den Enteignungstatbestand gar nicht erst zu prüfen.

Dem Fall *Occidental Exploration and Production Company (Occidental) v. The Republic of Ecuador* lag der gleiche Sachverhalt zugrunde, allerdings war hier, da es sich bei *Occidental* um ein U.S.-amerikanisches Unternehmen handelte, der Investitionsschutzvertrag zwischen den USA und Ecuador vom 27. August 1993 einschlägig.[297] Auch in diesem Fall machte der Kläger geltend, seine Ansprüche auf Rückzahlung der schon entrichteten Mehrwertsteuer stellten eine Investition oder zumindest deren Erträge dar. Diese seien aufgrund der Weigerung Ecuadors, den Rückzahlungsverpflichtungen nachzukommen, enteignet worden.[298] Nach Ansicht dieses Schiedsgerichts ist der Rückzahlungsanspruch für sich genommen keine Investition: „However broad the definition of investment might be under the Treaty it would be quite extraordinary for a company to invest in a refund claim".[299] Zwar legt das Schiedsgericht die Definition von „Investition" oder „Erträge" des Investitionsschutzvertrages nicht genauer aus, da nach seiner Ansicht jedenfalls schon offensichtlich keine Enteignung vorliegt.[300] Allerdings hätte auch eine eingehendere Analyse der Definitionen ergeben, dass der Rückzahlungsanspruch nach dem Investitionsschutzvertrag weder eine Investition noch einen Ertrag der Investition darstellt:

Wie schon erläutert, ist dem Begriff der Investition immanent, dass diese von gewisser Dauer ist, einigermaßen regelmäßige Gewinne und Erträge erzielt werden, sowohl auf Seiten des Investors als auch des Gaststaates ein gewisses Risiko eingegangen wird, der Investor sich wirtschaftlich in erheblichem Ausmaß enga-

297 *Occidental Exploration and Production Company (Occidental) v. The Republic of Ecuador,* Final Award v.1. Juli 2004, UNCITRAL Case No. UN 3467, Rn. 1-6.

298 *Occidental Exploration and Production Company (Occidental) v. The Republic of Ecuador,* Final Award v.1. Juli 2004, UNCITRAL Case No. UN 3467, Rn. 81.

299 *Occidental Exploration and Production Company (Occidental) v. The Republic of Ecuador,* Final Award v.1. Juli 2004, UNCITRAL Case No. UN 3467, Rn. 86.

300 *Occidental Exploration and Production Company (Occidental) v. The Republic of Ecuador,* Final Award v.1. Juli 2004, UNCITRAL Case No. UN 3467, Rn. 80, 86 ff.

giert und schließlich durch die Investition meist die wirtschaftliche Entwicklung des Gaststaates gefördert wird.[301] Dies trifft auf Ansprüche auf Rückzahlung der Mehrwertsteuer nicht zu, da diese aufgrund einer gesetzlich bestehenden Verpflichtung gezahlt werden und der Zahlende mit der Errichtung keine weitergehenden Ziele verfolgen wird. Diese Tatsache schließt aus, die Ansprüche auf Rückzahlung der Mehrwertsteuer unter Artikel 1 (a) (iii) des Investitionsschutzvertrages zu subsumieren, der bestimmt, dass eine Investition auch sein kann:

> „a claim to money or a claim to performance having an economic value, and associated with an investment“ oder (v) „any right conferred by law or contract, and any licences and permits pursuant to law“.

Beide Fallgruppen müssen im Zusammenhang mit der einleitenden Bestimmung unter Artikel 1 (a) gesehen werden, der bestimmt: „(a) „investment“ means every kind of investment in the territory of one party... and includes...“, worauf die Aufzählung der einzelnen Fallgruppen folgt. Daraus folgt, dass es sich bei den einzelnen aufgezählten Positionen um eine Investition handeln muss und die Merkmale einer Investition vorliegen müssen. Dies ist bei einem Anspruch auf Rückzahlung der Mehrwertsteuer gerade nicht der Fall.

Ansprüche auf Rückzahlung der Mehrwertsteuer stellen nach der Definition des Investitionsschutzvertrages auch keine Erträge dar. Nach Artikel 1 (d) des Investitionsschutzvertrages ist ein Ertrag:

> „an amount derived from or associated with an investment, including profit; dividend; interest; capital gain; royalty payment; management; technical assistance or other fee; or returns in kind“.

Danach sind Erträge nur solche Beträge, die sich aus der Investition ergeben und einen Gewinn, Wertzuwachs, Gebühren o.ä. darstellen. Wie bereits erläutert, stellen Ansprüche auf Rückzahlung der Mehrwertsteuer jedoch keinen Gewinn, sondern lediglich Rückflüsse bzw. den Ausgleich schon getätigter Ausgaben dar. Da es sich also auch nach dem Investitionsschutzvertrag zwischen den USA und Ecuador bei Ansprüchen auf Rückzahlung der Mehrwertsteuer nicht um eine Investition oder Erträge einer Investition handelt, hätte das Schiedsgericht gar nicht prüfen müssen, ob eine Enteignung vorlag.

Zusammenfassend ist festzuhalten, dass die Rechtsprechung der Schiedsgerichte bezüglich der Frage, welche Positionen „Erträge“ der Investition sind, und konkret, ob auch Ansprüche auf Rückzahlung von abgeführten Steuern Erträge in

---

301 *Schreuer*, Artikel 25 Rn. 122; *Blackaby/ Paulsson/ Reed*, Guide to ICSID Arbitration, S. 15; *Herdegen*, Internationales Wirtschaftsrecht, S. 217.

diesem Sinne darstellen können, nicht einheitlich ist. Eine Auslegung des Begriffs „Ertrag" spricht dafür, derartige Rückzahlungsansprüche nicht unter den Begriff zu subsumieren.

g. Betrachtung der Gesamtinvestition oder einer Einzelposition?

Abschließend muss erörtert werden, ob es bei der Frage, ob eine Enteignung vorliegt, auf die Gesamtinvestition ankommt oder ob es ausreicht, lediglich die betroffene Einzelposition zu betrachten. Muss also die Gesamtinvestition hinreichend stark beeinträchtigt sein oder wird bei der Prüfung des Ausmaßes der Eigentumsbeeinträchtigung nur auf die betroffene Einzelposition abgestellt?

Diese Frage wird von den Schiedsgerichten nicht immer einheitlich beantwortet.

Besonders deutlich wird dies in den Fällen *EnCana/Ecuador* und *Occidental/ Ecuador*, denen ein sehr ähnlicher Sachverhalt zugrunde liegt. In beiden Fällen ging es (unter anderem) um die Frage, ob die Weigerung Ecuadors, gesetzlich bestehende Ansprüche auf Rückzahlung der Mehrwertsteuer zu erfüllen, eine Enteignung der Investition darstellte. Das Schiedsgericht in *Occidental v. Ecuador* lehnte diese Frage bereits in der Zulässigkeitsprüfung ab, weil seiner Ansicht nach offensichtlich keine Enteignung der Investition vorlag.[302] Zunächst ist nach der Auffassung dieses Schiedsgerichts ein Anspruch auf die Rückzahlung der Mehrwertsteuer keine Investition im Sinne des Investitionsschutzvertrages.[303] Selbst bei der hypothetischen Annahme, dass diese Ansprüche eine Investition darstellten, kommt das Schiedsgericht jedoch nicht zu dem Schluss, dass der Tatbestand der (direkten oder indirekten) Enteignung erfüllt wäre: Nachdem es einige andere Urteile zitierte, die bestimmten, dass der Eingriff in das Eigentum bzw. die Investition hinreichend groß sein müsse, damit eine Enteignung bejaht werden könne, kommt es zu dem Schluss, dass im Fall von *Occidental* die Investition nicht erheblich bzw. nicht in ausreichendem Maße beeinträchtigt wurde.[304] Da die Rückzahlungsansprüche *Occidental* vollständig vorenthalten wurden, kann das Schiedsgericht hier nur die Gesamtinvestition meinen.

Das Schiedsgericht bei *EnCana* hingegen betrachtet die Rückzahlungsansprüche (die nach dessen Ansicht Erträge der Investition darstellen) und untersucht,

---

302 *Occidental Exploration and Production Company v. The Republic of Ecuador,* UNCITRAL Case No. UN 3467, Final Award v.1. Juli 2004, Rn. 80.

303 *Occidental Exploration and Production Company v. The Republic of Ecuador,* UNCITRAL Final Award v. 1. Juli 2004, Rn. 86.

304 *Occidental Exploration and Production Company v. The Republic of Ecuador,* UNCITRAL Award v.1. Juli 2004, Case No. UN 3467, Rn. 86 ff.

ob diese enteignet wurden. Hier betrachtet das Schiedsgericht folglich nicht die Gesamtinvestition, sondern die Einzelposition.[305]

Auch im Fall *Waste Management* prüft das Schiedsgericht, ob die Einzelposition enteignet wurde (nachdem es eine Enteignung der Gesamtinvestition abgelehnt hat):

> „Even if the enterprise of Acaverde was not subjected to conduct in breach of Article 1110 when considered as a whole, it is arguable that the persistent refusal or inability of the City to pay sums due under the Concession Agreement involved an expropriation, or at least measures tantamount to an expropriation, of the sums due."[306]

Das Schiedsgericht in *GAMI v. Mexico* bezieht in die Prüfung, ob die Investition enteignet wurde, lediglich den betroffenen Teil und nicht die gesamte Investition ein:

> „Should Pope&Talbot be understood to mean that property is taken only if it is so affected in its entirety? That question cannot be answered properly before asking: *what property?* The taking of 50 acres of a farm is equally expropriatory whether that is the whole farm or just a fraction. The notion must be understood as this: *the affected property* must be impaired to such an extent that it must be seen as „taken"."[307]

Wenn – was überwiegend der Fall ist – Investitionsschutzabkommen in ihrer Definition einer Investition die einzelnen Arten von Vermögenswerten aufzählen (wie Sacheigentum, Konzessionen, Erträge etc.), spricht jedenfalls der Wortlaut dafür, dass auch jede einzelne Position für sich genommen eine Investition darstellen soll, selbst dann, wenn sie gleichzeitig Teil einer sehr viel umfangreicheren Gesamtinvestition ist. Außerdem sprechen auch Sinn und Zweck der Investitionsschutzabkommen, nämlich der effektive Schutz der Investition, dafür, dass bereits jede einzelne betroffene Position geschützt ist und nicht etwa die Gesamtinvestition ausreichend betroffen sein muss.

Folglich muss bei der Frage, ob eine Enteignung vorliegt, nicht immer auf die Gesamtinvestition geblickt werden (was oft zur Folge hätte, dass in diese nicht in ausreichendem Maße eingegriffen wurde und eine Enteignung abgelehnt werden müsste). Die Prüfung kann sich also auf die Einzelposition beschränken.

---

305 *EnCana v. Republic of Ecuador,* UNCITRAL Award v. 3. Februar 2006, 45 ILM (2006), S. 901, Rn. 182 ff.

306 *Waste Management, Inc. v. United Mexican States*, ICSID Case No. ARB(AF)/00/3, Award v. 30. April 2004, Rn. 163.

307 *GAMI Investments, Inc. v. Mexico,* UNCITRAL Final Award v. 15. November 2004, Rn. 126.

Besteht eine Investition einmal, bleibt sie geschützt, selbst wenn das betreffende Projekt scheitert.[308] Das wird insbesondere deutlich im Rahmen einer Enteignung: auch wenn die ganze Investition endgültig enteignet wurde und lediglich ein Entschädigungsanspruch bleibt, ist der Anspruchsteller immer noch Investor und bleibt seine Investition als solche geschützt.[309]

III. Zwischenergebnis zu Teil B.

Da die ICSID- und UNCITRAL-Schiedsgerichte auf Grundlage von Investitionsschutzabkommen entscheiden, in denen nicht das Eigentum an sich, sondern Investitionen geschützt sind, geht die Bestimmung der geschützten Eigentumsrechte in eine etwas andere Richtung als die des *Iran-U.S. Claims Tribunals*, dessen Rechtsprechung sich auf Eigentum insgesamt und als solches und nicht auf Investitionen bezieht.

Dieser unterschiedliche Ansatz lässt sich dadurch erklären, dass das *Iran-U.S. Claims Tribunal* vor einem ganz anderen Hintergrund errichtet wurde als die ICSID-Konvention, die UNCITRAL-Verfahrensregeln und die (bilateralen) Investitionsschutzabkommen. Das IUSCT wurde nach der iranischen Revolution errichtet, unter anderem, um amerikanischen Staatsbürgern zu ermöglichen, eine Entschädigung für die unterschiedlichen Beeinträchtigungen ihres Eigentums bzw. Eingriffe in ihr Eigentum zu erlangen. Diese Eigentumspositionen waren nicht immer in den Iran investiert worden, oft handelte es sich um Privateigentum der zur Zeit der iranischen Revolution im Iran lebenden Amerikaner. In diesem Zusammenhang bedurfte es folglich einer Definition, die das Eigentum an sich betraf und nicht ausschließlich eine bestimmte Form der Betätigung mit dem Eigentum im Gaststaat einbezog.

Im Gegensatz dazu geht es, wie bereits erläutert, in den (bilateralen) Investitionsschutzabkommen darum, Eigentum oder eigentumsrechtliche Positionen zu schützen, das/die in einem Gaststaat von Ausländern für eine gewisse Dauer und mit einem gewissen wirtschaftlichen Risiko eingesetzt wurde(n), um einigermaßen regelmäßige Gewinne zu erzielen. Insofern geht es ebenso wie beim IUSCT um Eigentum bzw. eigentumsrechtliche Positionen. Allerdings muss dieses Eigentum auf bestimmte Art und Weise im Gaststaat eingesetzt werden, um dem Schutz der bilateralen Investitionsschutzabkommen und nicht „lediglich" dem des allgemeinen Völkerrechts zu unterfallen.

---

308 *Mondev International Ltd. v. The United States of America,* ICSID Case Nr. ARB(AF)/99/2, Award v. 11. Oktober 2002, Rn. 80.

309 *Mondev International Ltd. v. The United States of America,* ICSID Case Nr. ARB(AF)/99/2, Award v. 11. Oktober 2002, Rn. 80.

Die Definitionen der Investition in den Investitionsschutzabkommen sind allgemein recht weit, um neuere Entwicklungen nicht auszuschließen. Die ICSID- und UNCITRAL-Schiedsgerichte legen diese Bestimmungen insgesamt ebenfalls eher weit aus, so dass zum Beispiel auch indirekte Investitionen und Portfolioinvestitionen zu den von den Investitionsschutzabkommen geschützten Investitionen zählen.

In der Sache wird also in beiden genannten Fällen Eigentum geschützt. Im zweiten Fall bedarf es jedoch zusätzlich einer gewissen Art der Betätigung mit dem Eigentum im Gaststaat. Insofern kann auch nicht pauschal gesagt werden, dass die eine oder die andere Definition weiter oder enger ist. Sie haben schlicht die genannten unterschiedlichen Zielrichtungen.

C. Der Enteignungsbegriff

Der kommende Abschnitt, der gleichzeitig den Hauptteil dieser Arbeit darstellt, betrifft den Enteignungsbegriff der internationalen Schiedsgerichte. Die von den Schiedsgerichten festgelegten Tatbestandsvoraussetzungen der Enteignung sollen ermittelt, strukturiert und analysiert werden.

Nach der klassischen Enteignungsdefinition liegt eine Enteignung vor, wenn Eigentumsrechte entzogen oder beeinträchtigt wurden, also der Wert oder die Substanz des Eigentums oder die Verfügungsbefugnis des Eigentümers entzogen wurde.[310] Diese Definition ist jedoch sehr allgemein und daher im Einzelfall nicht besonders aussagekräftig.

Der Begriff der Enteignung ergibt sich – ebenso wie der Begriff des Eigentums – aus unterschiedlichen Völkerrechtsquellen und ist daher nicht immer einheitlich. Zu den den Eigentumsbegriff betreffenden Rechtsquellen gehören Entscheidungen internationaler Gerichte wie des Ständigen Internationalen Gerichtshofs und des IGH, außerdem die in dieser Arbeit betrachteten Investitionsschutzverträge, Verträge zum Schutz der Menschenrechte wie die EMRK (Erstes Zusatzprotokoll), Völkergewohnheitsrecht und allgemeine Rechtsprinzipien, die sich aus den nationalen Rechtsordnungen ergeben.[311]

Die Beantwortung der Frage, wie der Tatbestand der Enteignung nach allen unterschiedlichen Völkerrechtsquellen definiert wird, ist nicht Gegenstand dieser Arbeit und würde ihren Rahmen sprengen. Insofern sei auf die Habilitationsschrift von *Dolzer* verwiesen. In der vorliegenden Arbeit geht es um die Definition der Enteignung in den Investitionsschutzabkommen und die zu diesen Abkommen ergangene Rechtsprechung der internationalen Schiedsgerichte, die die konkreten Tatbestandsvoraussetzungen der Enteignung im Investitionsschutzrecht festlegen.

Die bilateralen Investitionsschutzabkommen verbieten den Staaten nicht per se, eine Investition zu enteignen, sondern erlauben die Enteignung unter bestimmten Voraussetzungen: eine Investition darf nur enteignet werden, wenn die Enteignung einem öffentlichen Zweck dient, nicht diskriminierend ist, gegen Entschädi-

310 *Higgins*, 176 RdC (1982 III), S. 263, 272; *Mouri*, The International Law of Expropriation as Reflected in the Work of the Iran-United States Claims Tribunal, S. 37; *Parisi*, 19 Emory Int'l L. Rev. 2005, S. 383, 386 f.; *Kämmerer*, Bitburger Gespräche, Jahrbuch 2004/I, S. 143, 156.

311 *Dolzer*, Eigentum, Enteignung und Entschädigung im geltenden Völkerrecht, S. 186 ff.

gung erfolgt und (in den neueren Investitionsschutzabkommen zum Teil weitere Voraussetzung:) gerichtlicher Überprüfung unterzogen werden kann.[312]

Die zentrale Frage in Verfahren vor den Schiedsgerichten ist daher sehr häufig, ob eine Enteignung vorliegt, aufgrund derer der Investor gegen den Gaststaat einen Anspruch auf Entschädigung hat. Obwohl die Definition der Enteignung bzw. die Bestimmung von deren Tatbestandsvoraussetzungen so wichtig und fallentscheidend ist, wird in den meisten Investitionsschutzabkommen der Begriff der Enteignung nicht definiert.[313] Haben die Vertragsstaaten im Investitionsschutzabkommen oder einem angehängten Protokoll keine Definition der Enteignung vorgenommen, müssen die Schiedsgerichte die Tatbestandsvoraussetzungen auf Grundlage des allgemeinen Völkerrechts bestimmen.[314]

In einigen Investitionsschutzabkommen oder in deren Protokollen ist der Begriff der Enteignung jedoch definiert: Im Protokoll zu Artikel 3 des Investitionsschutzabkommens zwischen Deutschland und dem Iran vom 11. November 1965 wird die Enteignung definiert als

> „die Entziehung oder Beschränkung jedes als Kapitalanlage im Sinne dieses Vertrags geltenden Vermögenswerts oder -rechts [...], die durch hoheitsrechtliche Maßnahmen und in einem Umfang erfolgt, welche einer Enteignung gleichkommen“.

Das Protokoll des Investitionsschutzabkommens zwischen Deutschland und Portugal vom 16. September 1980 definiert die Enteignung als

> „jede Art einer durch hoheitliche Maßnahmen veranlassten Entziehung oder Beschränkung von Vermögenswerten oder Rechten, die eine Kapitalanlage oder einen Teil davon darstellen, sowie sonstige hoheitliche Maßnahmen, welche die Wirkung einer bleibenden Enteignung haben.“

Im Protokoll zum Investitionsschutzabkommen zwischen Deutschland und Singapur vom 3. Oktober 1973 schließlich ist bestimmt:

> „The term „expropriation“ referred to in paragraph 1 of Article 4 shall also pertain to acts of sovereign power the effects of which are tantamount to expropriation or requisitioning...“.

---

312 UNCTAD Series, Taking of Property, 2000, S. 12 ff.; *Lowenfeld*, International Economic Law, S. 559; *Freer,* 4 YIL 1995, S. 169.

313 *Dolzer/Stevens,* BIT, 1995, S. 98; *LG&E Energy Corp., LG&E Capital Corp. and LG&E International Inc. v. Argentine Republic,* ICSID Case No. ARB/02/1, Decision on Liability v. 3. Oktober 2006, Rn. 185.

314 *von Reyher, S.* 144.

Sehr ähnlich ist die Definition in Artikel 1 Abs. 5 des Investitionsschutzabkommens zwischen Thailand und Nordkorea vom 1. März 2002.[315]

Aus diesen Definitionen geht hervor, dass wesentliches Merkmal der Enteignung – neben der Entziehung oder Beschränkung des Vermögenswertes oder -rechts der Kapitalanlage – ist, dass die fragliche Maßnahme „hoheitlich" ist. Der Staat muss folglich in Ausübung seiner Hoheitsgewalt und nicht wie eine Privatperson gehandelt haben.

Diese grundlegenden Tatbestandsmerkmale für eine Enteignung gelten auch für die Investitionsschutzverträge, die selbst keine Definition der Enteignung vornehmen. Auch wenn viele Investitionsschutzverträge keine Definition der Enteignung vorsehen, sprechen die Formulierungen, die die Enteignung durch den Gaststaat einschränken, dafür, dass allgemein davon ausgegangen wird, dass eine Enteignung nur durch eine staatliche hoheitliche Maßnahme erfolgen kann. Der Investitionsschutzvertrag zwischen Kanada und Ecuador vom 29. April 1996 bestimmt in Artikel VIII bezüglich der Enteignungen:

> „Investments or returns of investors of either contracting Party shall not be nationalized, expropriated or subjected to measures having an effect equivalent to nationalization or expropriation (hereinafter referred to as „expropriation")..."

und definiert in Artikel I i), was unter einer (enteignenden) „Maßnahme" zu verstehen ist: „measure includes any law, regulation, procedure, requirement or practice". Bei den hier aufgezählten staatlichen Maßnahmen handelt es sich ausschließlich um hoheitliche staatliche Maßnahmen. Daraus kann geschlossen werden, dass die Parteien davon ausgingen, dass eine Enteignung eine hoheitliche Maßnahme voraussetzt, auch wenn sie dies nicht ausdrücklich im Investitionsschutzvertrag festlegten. Bestimmungen, dass Investitionen weder enteignet noch anderen enteignenden „Maßnahmen" unterworfen werden dürften (ohne Entschädigung etc.) lassen sich so oder ähnlich, oft ohne Definition von „Maßnahme"/measure, in vielen Investitionsschutzabkommen finden.[316] Art. 1110 NAFTA sieht ebenfalls vor, dass die Vertragsstaaten nicht ohne Entschädigung etc. eine Investition enteignen oder „Maßnahmen" ergreifen dürfen, die einer Enteignung gleichkommen. Auch wenn nicht näher definiert ist, was eine „Maßnahme" darstellen soll, die einer Enteignung gleichkommt, ist davon auszugehen, dass die Staaten annahmen, dass

---

315 „The term „expropriation" shall also include acts of sovereign power which are tantamount to expropriation, as well as measures of nationalization".

316 Z.B. BIT Chile-United Kingdom vom 8. Januar 1996, Artikel 4 Abs. 1; BIT China-Japan vom 27. August 1988, Artikel 5 Abs. 2; BIT Frankreich-Indien vom 2. September 1997, Artikel 6 Abs. 1; BIT Deutschland-Nigeria vom 28. März 2000, Artikel 5 Abs. 2.

einer Enteignung und enteignenden Maßnahmen nur hoheitliche Rechtsakte zugrunde liegen können. Dies ergibt sich schon aus dem allgemeinen Völkerrecht, in dem ebenfalls Tatbestandsvoraussetzung für eine Enteignung ist, dass der Staat hoheitlich handelt.[317] Diese Voraussetzung gilt für alle Arten von Enteignung: sowohl die „klassische" direkte Enteignung als auch die neuere Form der indirekten Enteignung setzen eine hoheitliche Maßnahme voraus.[318]

Diese beiden Merkmale – der Hoheitsakt und die ausreichende Beeinträchtigung des Eigentumsrechts durch diesen Hoheitsakt –, sind zwar konstituierende Elemente der Enteignung, reichen jedoch allein nicht aus für eine hinreichend konkrete Definition. Die internationalen Schiedsgerichte haben in ihren Urteilen die Tatbestandsvoraussetzungen für eine Enteignung weiter konkretisiert.

Die Rechtsprechung zu den Tatbestandsvoraussetzungen und dem Begriff der Enteignung soll im Folgenden strukturiert und analysiert werden. Hierbei wird in einem ersten Schritt im Überblick auf die Rechtsprechung des *Iran-U.S. Claims Tribunal* eingegangen (I.), da diese in den „modernen" Schiedsurteilen immer noch zitiert und übernommen wird.[319] Unter II. wird dann ausführlich die Rechtsprechung der „modernen" Schiedsgerichte betrachtet.

Wie bereits angedeutet kann eine Enteignung unterschiedliche Formen annehmen. Einerseits kann eine Enteignung in Form der „klassischen" direkten Enteignung auftreten. Andererseits kann die staatliche Maßnahme derart ausgestaltet werden, dass das Eigentum „nur" indirekt beeinträchtigt wird. Kommen die Auswirkungen dieser Beeinträchtigung im Ergebnis denen einer direkten Enteignung gleich, kann eine indirekte Enteignung vorliegen. Da beide Formen der Enteignung unterschiedlich ausgestaltet sind und unterschiedliche Tatbestandsvoraussetzungen haben,[320] sollen sie unter II. getrennt untersucht werden. Zwar behandelte das *Iran-U.S. Claims Tribunal* in seiner Rechtsprechung sowohl direkte als auch indirekte Enteignungen. Da es im Großteil der Fälle des *Iran-U.S. Claims Tribu-*

317 UNCTAD Series, Taking of Property, 2000, S. 3 f.; *Dolzer*, in *Graf Vitzthum (Hrsg.)*, Völkerrecht, VI.Rn. 43, S. 519; *Hobe/Kimminich*, Einführung in das Völkerrecht, Kap. 12.7, S. 387; *Ipsen*, Völkerrecht, § 47 Rn. 16.

318 UNCTAD Series, Taking of Property, 2000, S. 3 f.; *Dolzer*, in *Graf Vitzthum (Hrsg.)*, Völkerrecht, VI.Rn. 43, S. 519; *Hobe/Kimminich*, Einführung in das Völkerrecht, Kap. 12.7, S. 387; *Ipsen*, Völkerrecht, § 47 Rn. 16.

319 Z.B. *Occidental Exploration and Production Company v. The Republic of Ecuador*, UNCITRAL Case No. UN 3467, Final Award vom 1. Juli 2004, Rn. 88; *Tokios Tokeles v. Ukraine*, ICSID Case No. ARB/02/18, Decision on Jurisdiction v. 29. April 2004, Rn. 92.

320 *OECD, Directorate for Financial and Enterprise Affairs,* Working Papers on International Investment Number 2004/4, „Indirect Investment" and the „Right to Regulate" in International Investment Law, S. 3 f.

nals um indirekte Enteignungen geht[321] und die aktuellen Schiedsverfahren ebenfalls ganz überwiegend indirekte Enteignungen betreffen und deswegen auch nur die für den Tatbestand der indirekten Enteignung relevanten Fälle des *Iran-U.S. Claims Tribunals* zitieren, soll sich unter I. die Darstellung der Rechtsprechung dieses Schiedsgerichts auf indirekte Enteignungen beschränken.

I. Enteignungen nach dem „Iran-U.S. Claims Tribunal"

Die Rechtsprechung des *Iran-U.S. Claims Tribunal* (IUSCT) zu entschädigungspflichtigen Enteignungen im Völkerrecht stellte wichtige Präzedenzfälle zu diesem Thema auf. Dies liegt nicht nur an der großen Zahl der vom IUSCT entschiedenen Fälle – gerade im Vergleich zu den anderen Schiedsgerichten –, sondern auch daran, dass den Fällen trotz des gleichen Hintergrundes, der iranischen Revolution, sehr unterschiedliche Tatsachen zugrunde lagen und das Gericht so die Möglichkeit hatte, eine zusammenhängende und mehr oder minder einheitliche Rechtsprechung zu den Tatbestandsvoraussetzungen der (indirekten) Enteignung zu schaffen.[322] Insofern wird die Rechtsprechung des *Iran-U.S. Claims Tribunal* zu entschädigungspflichtigen Enteignungen – insbesondere indirekten Enteignungen – als legitime und wertvolle Völkerrechtsquelle angesehen.[323] Vereinzelt wird jedoch die Autorität des *Iran-U.S. Claims Tribunal*, Präzendenzfälle zum Enteignungstatbestand aufgestellt zu haben, angezweifelt.[324] Nach dieser Ansicht waren die Umstände der iranischen Revolution und der damit einhergehenden Enteignungen einzigartig und lassen sich nicht auf die heutige Investitionsschiedsgerichtsbarkeit übertragen.[325] Trotz dieses Einwandes ziehen die modernen Schiedsgerichte immer wieder die Rechtsprechung des *Iran-U.S. Claims Tribunals* zur Bestimmung der Tatbestandsvoraussetzungen heran.[326]

---

321 *Brunetti,* 5 Int'l L. F. D. Int'l (2003), S. 150, 152.

322 *Aldrich,* 88 AJIL (1994), 585, 586; *Brunetti,* 5 Int'l L.F.D. Int'l (2003), S. 150, 152 f.; *ders.,* 2 Chi. J. Int'l L 2001, S. 203 ff.

323 *Brunetti,* 2 Chi. J. Int'l L. 2001, S. 203 ff.

324 *Byrne,* CYIL 2000, S. 89, 93.

325 *Byrne,* CYIL 2000, S. 89, 93.

326 Z.B. *Compañía de Aguas del Aconquija S.A.& Vivendi Universal S.A. v. Argentina,* ICSID Case No. ARB/97/3, Award v. 20. August 2007, Rn. 7.5.24 ff. (S. 231 ff.); *GAMI Investments, Inc. v. Mexico,* UNCITRAL Final Award v. 15. November 2004, Rn. 123; *Generation Ukraine, Inc. v. Ukraine,* ICSID Case No. ARB/00/9, Award v. 16. September 2003, Rn. 20.22 (S. 87); *CMS Gas Transmission Co. v. The Argentine Republic,* ICSID Case No. ARB/01/8, Award v. 12. Mai 2005, 44 ILM 2005, S. 1205 ff., Rn. 262.

In seinen Urteilen unterscheidet das Schiedsgericht oft nicht präzise zwischen den Begriffen „Enteignung“, „Aneignung“, „Eigentumsentzug“ und „anderen Maßnahmen, die Eigentumsrechte beeinträchtigen“.[327] Diese Ungenauigkeit lässt sich vielleicht damit erklären, dass das IUSCT gemäß Artikel II Nr. 1 der Claims Settlement Declaration vom 19. Januar 1981 nicht nur zuständig war für Klagen aufgrund von Enteignungen, sondern auch für solche aufgrund von „allen anderen Maßnahmen, die Eigentumsrechte beeinträchtigen“. Insofern bestand nicht die Notwendigkeit, die Art der Eigentumsbeeinträchtigung präzise zu benennen.

Oft wird in der Literatur die Rechtsprechung des IUSCT nach Fallgruppen dargestellt, die nach der Art des jeweiligen Eingriffs bzw. der jeweiligen Maßnahme gebildet werden. So werden zum Beispiel die Fallgruppen „Einsetzen einer neuen Firmenleitung durch den Staat“[328], die „physische Wegnahme/Beschlagnahme von Eigentum“[329], „Eingriffe in Bankkonten“[330] usw. gebildet. Da viele dieser Fallgruppen jedoch vor dem Hintergrund der iranischen Revolution zu sehen sind und es in dieser Arbeit darum gehen soll, einen allgemeinen Enteignungsbegriff zu entwickeln, wird hier anders strukturiert: Es soll eine systematische, abstrakte Darstellung der Tatbestandsvoraussetzungen der Enteignung anhand der Rechtsprechung des IUSCT erarbeitet werden.

Wie bereits erwähnt ging es in nur relativ wenigen vom IUSCT entschiedenen Fällen um direkte Enteignungen, so dass der Großteil der Schiedsurteile des IUSCT indirekte Enteignungen betrifft.[331] Die folgenden Ausführungen beziehen sich daher auf indirekte Enteignungen.

Zunächst ist festzuhalten, dass das Schiedsgericht hinsichtlich der Enteignung von Sacheigentum im Vergleich zu der Enteignung von Forderungen von den gleichen Tatbestandsvoraussetzungen ausgeht und beide Arten von Eigentum gleich behandelt.[332]

Nach der Rechtsprechung des IUSCT ist anerkannt, dass nicht nur die „klassischen“ Enteignungen, d.h. direkten Enteignungen, sondern auch „*de facto*“ oder „indirekte“ Enteignungen, also solche Eigentumsbeeinträchtigungen, in denen der Eigentümer zwar nicht den Eigentumstitel verliert, in denen sein Eigentum jedoch erheblich beeinträchtigt wird, entschädigungspflichtige Enteignungen im

---

327 *Brower/Brueschke,* The Iran-United States Claims Tribunal, S. 380.

328 *Brower/Brueschke,* The Iran-United States Claims Tribunal, S. 395; *Aldrich,* The Jurisprudence of the Iran-United States Claims Tribunal, S. 174; *ders.,* 88 AJIL 1994, 585, 588.

329 *Brower/Brueschke,* The Iran-United States Claims Tribunal, S. 384; *Aldrich,* 88 AJIL 1994, 585, 598.

330 *Brower/Brueschke,* The Iran-United States Claims Tribunal, S. 392; *Aldrich,* The Jurisprudence of the Iran-United States Claims Tribunal, S. 210.

331 *Brunetti,* 5 Int'l L. F. D. Int'l (2003), S. 150, 152.

332 *Brower,* RdC 1990 V, S. 123, 291 f.

Sinne des Völkerrechts darstellen.[333] Insbesondere gehört es nicht zu den Tatbestandsvoraussetzungen einer Enteignung, dass der betroffene Eigentümer seinen Eigentumstitel verliert:

> „A deprivation or taking of property may occur under international law through interference by a state in the use of property or with the enjoyment of its benefits, even where legal title to the property is not effected.“[334]

Ähnlich formulierte dies das Schiedsgericht auch in *Dames and Moore v. The Islamic Republic of Iran* bezüglich der Wegnahme und Gebrauchsentziehung des Eigentums: auch in diesem Fall war nicht erforderlich, dass der formale Eigentumstitel übertragen oder aufgehoben wurde.[335]

Zunächst bedarf es nach der Rechtsprechung des IUSCT einer ausreichenden Beeinträchtigung des Eigentums: Nach dem Schiedsurteil des IUSCT in *Harza Engineering Co. v. Islamic Republic of Iran* muss die Beeinträchtigung des Eigentums über das vernünftige Maß hinaus gehen („unreasonable interference“), um eine Enteignung darstellen zu können. Das traf in diesem Fall auf die Nichteinlösung von Schecks durch eine Bank aufgrund gesetzlich festgelegter Identifikationserfordernisse, denen der Kläger aber nicht nachgekommen war, nicht zu.[336]

In *Malek v. Iran* entschied das IUSCT, dass für eine derartige Beeinträchtigung nicht ausreichte, dass iranische Staatsorgane ihre Autos auf dem fremden Grundstück abstellten, eine physische Veränderung des Grundstücks wie Bebauungen demgegenüber eine für eine Enteignung mehr als ausreichende Beeinträchtigung dargestellt hätte.[337]

Was genau eine „unreasonable interference“ darstellt, wird jedoch nicht definiert. Nach Ansicht von *Parisi* ist „unreasonable interference“ eine Maßnahme, die im Vergleich zu dem mit ihr verfolgten Zweck unverhältnismäßig ist. Andersherum stellen Maßnahmen, die im Rahmen der „police power“ eines Staates vorgenommen werden und erforderlich sind, um einen wichtigen öffentlichen Zweck zu verfolgen, keine Enteignung dar.[338] Allerdings belegt *Parisi* dieses Ergebnis

---

333 *Dames and Moore v. The Islamic Republic of Iran,* Award No. 97-54-3 v. 20. Dezember 1983, 4 IUSCTR, S. 212, 223.

334 *Tippetts, Abbett, McCarthy, Stratton v. TAMS-AFFA,* Case No. 7, Award v. 22. Juni 1984, S. 219, 225; sehr ähnliche Formulierung: *Sola Tiles, Inc. v. The Government of the Islamic Republic of Iran,* Award v. 22. April 1987, 14 IUSCTR, 223, 231.

335 *Dames and Moore v. The Islamic Republic of Iran,* Award No. 97-54-3 v. 20. Dezember 1983, 4 IUSCTR, S. 212.

336 *Harza Engineering Co. v. Islamic Republic of Iran*, in 1 IUSCTR (1982) 499, 504 f.

337 *Reza Said Malek v. The Government of the Islamic Republic of Iran,* 28 IUSCTR 246, 290 (1992).

338 *Parisi,* 19 Emory Int'l L.Rev. (2005), S. 383, 395.

nicht anhand der Rechtsprechung des *Iran-U.S. Claims Tribunal*, sondern der U.S.-Rechtsprechung. Das Kriterium der Verhältnismäßigkeit ergibt sich jedoch nicht aus der Rechtsprechung des *Iran-U.S. Claims Tribunals*, auch wenn dieses in „unreasonable interference" hineingelesen werden kann.

Das IUSCT hat sich in diesem Zusammenhang zum erforderlichen Ausmaß der wirtschaftlichen Beeinträchtigung geäußert: Demnach sei es anerkannt im Völkerrecht, dass staatliche Maßnahmen Eigentumsrechte in einem solchen Maß beeinträchtigen können, dass diese nutzlos werden und folglich als enteignet angesehen werden müssen.[339] Somit reicht eine bloße Wertminderung für eine Enteignung noch nicht aus.[340] Eine ausreichende Beeinträchtigung liegt nur vor, wenn dem Eigentümer wesentliche bzw. grundlegende Eigentumsrechte entzogen wurden („deprived of fundamental rights of ownership").[341]

Neben dem ausreichenden Ausmaß der Beeinträchtigung ist nach der Rechtsprechung dieses Schiedsgerichts erforderlich, dass der Eingriff nicht nur vorübergehend ist. Hiernach muss der Eingriff dauerhaft sein oder zumindest nicht nur für einen kurzen Zeitraum andauern:

> „While assumption of control over property by a government does not automatically and immediately justify a conclusion that the property has been taken by the government, thus requiring compensation under international law, such a conclusion is warranted whenever events demonstrate that the owner was deprived of fundemental rights of ownership and it appears that this deprivation is not merely ephemeral."[342]

Bezüglich der Enteignungsabsicht ist die Rechtsprechung des IUSCT nicht einheitlich. In *Tippetts, Abbett, McCarthy, Stratton v. TAMS AFFA Consulting Engineers of Iran* entschied das Schiedsgericht, dass die Enteignungsabsicht des Staates weniger wichtig sei als die Auswirkungen der Maßnahmen auf den Eigentümer und auch die Form oder Art der Maßnahmen weniger wichtig als ihre Auswirkungen. Derselben Ansicht war auch das Schiedsgericht in *Starrett Housing Corp. v. Iran* und *Aldrich* in seiner Concurring Opinion zu *ITT Industries, Inc. v. The Islamic Republic of Iran*.[343] Unabhängig von der Frage, welchen Ausmaßes die Beein-

---

339 *Starrett Housing Corp. v. The Government of the Islamic Republic of Iran,* 4 IUSCTR (1983) 122, 154.

340 *Parisi,* 19 Emory Int'l L. Rev. (2005), S. 383, 396.

341 *Tippetts, Abbett, McCarthy, Stratton v. TAMS-AFFA,* Case No. 7, Award v. 22. Juni 1984, 6 IUSCTR, S. 219, 225.

342 *Tippetts, Abbett, McCarthy, Stratton v. TAMS-AFFA,* Case No. 7, Award v. 22. Juni 1984, 6 IUSCTR, S. 219, 225; *ITT Industries, Inc. v. The Islamic Republic of Iran,* Case No. 156, Award on Agreed Terms v. 26.Mai 1983, 2 IUSCTR, S. 348, 351 f.

343 *Starrett Housing Corp., Starrett Systems, Inc., Starrett Housing International, Inc. v. The Government of the Islamic republic of Iran,* Case No. 24, Award v. 19. Dezember

trächtigung genau sein muss, um überhaupt eine Enteignung darstellen zu können, kommt es danach bei der Prüfung, ob eine Enteignung vorliegt, immer vorrangig auf die Auswirkungen der Maßnahmen auf den Eigentümer und nicht auf die Form oder Art der Maßnahme an:

> „The intent of the government is less important than the effects of the measures on the owner, and the form of the measures of control or interference is less important than the reality of their impact“.[344]

Im Anschluss an diese Ausführungen ging das Schiedsgericht folglich lediglich auf die Auswirkungen der Maßnahmen auf den Eigentümer und nicht auf eine eventuelle Enteignungsabsicht oder darauf ein, in welcher Form konkret die staatlichen Maßnahmen erlassen worden waren.[345]

In *Sea-Land Service, Inc. v. Iran* führte das Schiedsgericht demgegenüber aus:

> „A finding of expropriation would require, at the very least, that the Tribunal be satisfied that there was deliberate governmental interference with the conduct of Sea Land's operation, the effect of which was to deprive Sea-Land of the use and benefit of its investment“.[346]

Dieser Satz, in dem das Schiedsgericht fordert, dass der Staat vorsätzlich oder gezielt in das Eigentum des Unternehmens eingreifen muss, scheint auf den ersten Blick im Widerspruch zu der eben dargestellten Rechtsprechung der anderen Schiedsgerichte zu stehen. Allerdings sind die Ausführungen vor dem Hintergrund des konkreten Falls zu sehen: *Sea-Land Service* behauptete, der Iran habe das Unternehmen bzw. den Betrieb des Container Terminals dadurch enteignet, dass iranische Beamte ab einem bestimmten Zeitpunkt (September 1978) die erforderlichen Maßnahmen wie Inspektionen an Bord der Schiffe, Zollinspektionen, damit die Ware in den Iran eingeführt werden durfte, etc. erst sehr verzögert durchführten, wodurch der Containerbetrieb massiv behindert wurde. Nach Ansicht des IUSCT basierten diese Schwierigkeiten der Behörde auf einem Umbruch in und teilweise Auflöung der Behörde, eine Situation, die in der gesamten Verwaltung

1983, 4 IUSCTR, S. 122, 144 ff.; Concurring Opinion *Aldrich, ITT Industries v. The Islamic Republic of Iran,* 2 IUSCTR, S. 348, 352 (1983).

344 *ITT Industries v. The Islamic Republic of Iran,* 2 IUSCTR 348, 352 (1983); *Tippets, Abbett, McCarthy, Stratton v. TAMS-AFFA,* Award v. 22. Juni 1984, 6 IUSCTR (19984), S. 219, 225 f.

345 *ITT Industries v. The Islamic Republic of Iran,* 2 IUSCTR 348, 352 (1983).

346 *Sea-Land Service, Inc. v. The Islamic Republic of Iran,* Case No. 33, Award v. 20. Juni 1984, 6 IUSCTR, S. 149, 166.

im Iran in den Monaten vor der Revolution existierte.[347] Da das Schiedsgericht in diesem Fall davon ausging, dass sich die „Maßnahmen“ nicht gezielt gegen *Sea-Land Service* richteten, verneinte es eine Enteignung. Die Konstellation in diesem Fall ist also anders als in den anderen Fällen. Hier geht es darum, dass ein Unternehmen wirtschaftliche Einbußen hinnehmen musste, weil sich bereits in den Monaten vor der iranischen Revolution die Verwaltung im Umbruch befand und nicht mehr oder nur noch schlecht funktionierte. Insofern ist fraglich, ob in diesem Zusammenhang überhaupt von „Maßnahmen“ gegen das Unternehmen gesprochen werden kann, da es aufgrund des allgemeinen Chaos' und nicht aufgrund eines Plans, dem Unternehmen wirtschaftlich zu schaden zu den großen Verzögerungen kam. So ist auch der Satz des Schiedsgerichtes zu verstehen.

Zusammenfassend ist festzuhalten, dass nach der Rechtsprechung des *Iran-U.S. Claims Tribunals* die Tatbestandsvoraussetzungen für eine Enteignung sind, dass das Eigentum in ausreichendem Maße beeinträchtigt wurde und dass der Eingriff von gewisser Dauer ist, während das Schiedsgericht die Enteignungsabsicht zwar erwähnt, ihr jedoch nur nachrangige Bedeutung als Tatbestandsmerkmal einräumt und diese auch oft nicht prüft.

Diese Tatbestandsvoraussetzungen lassen sich, wie im Folgenden zu zeigen sein wird, auch in der Rechtsprechung der „modernen“ Schiedsgerichte wiederfinden.

II. Enteignungen nach der Rechtsprechung der „modernen“ Schiedsgerichte

1. Direkte Enteignungen

Eine direkte Enteignung liegt nach der in der völkerrechtlichen Literatur anerkannten Definition vor, wenn durch Gesetzgebung oder Verwaltungshandeln ein Eigentumsrecht und der Besitz durch physische Wegnahme entzogen wird.[348]

Im Vergleich zur indirekten Enteignung stellt die direkte Enteignung heutzutage sowohl tatsächlich als auch in den Schiedsverfahren eher die Ausnahme dar.[349] Eine direkte Enteignung – im Vergleich zu einer indirekten Enteignung – ist offensichtlich und relativ leicht zu erkennen, da es eines formellen Rechtsaktes

347 *Sea-Land Service, Inc. v. The Islamic Republic of Iran,* Case No. 33, Award v. 20. Juni 1984, 6 IUSCTR, S. 149, 164 ff.

348 *Wegen/Raible*, SchiedsVZ 2006, S. 225, 227; *Parisi*, 19 Emory Int'l L. Rev. 383, 387; *Christie*, 38 BYIL (1962), 307.

349 *Dolzer*/Schreuer, Principles of International Investment Law, S. 92; Vicuna, 5 Int'l L.F.D. Int'l (2003), S. 188, 189; *Telenor Mobile Communications A.S. v. Republic of Hungary,* ICSID Case No. ARB/04/15, Award v. 13. September 2006, Rn. 69.

oder einer Maßnahme bedarf, der/die bestimmt, dass dem Eigentümer der Titel entzogen wird.[350]

Obwohl die große Mehrzahl der aktuellen internationalen Schiedsverfahren die indirekte Enteignung betrifft, gehen einige Schiedsgerichte, um die indirekte Enteignung von der direkten Enteignung abzugrenzen, auf den Tatbestand der direkten Enteignung ein.

Daraus ergeben sich folgende Tatbestandsvoraussetzungen für die direkte Enteignung:

a. Eigentumsentzug durch hoheitliche Maßnahme

Erstes Merkmal der direkten Enteignung ist, dass Eigentum durch eine hoheitliche staatliche Maßnahme entzogen wird, in der Regel durch Maßnahmen des Verwaltungsrechts. In dem Fall *Lauder v. Czech Republic* definierte das Schiedsgericht die direkte Enteignung wie folgt: „In general, expropriation means the coercive appropriation by the State of private property, usually by means of individual administrative measures."[351]

In *LG&E* beschrieb das Schiedsgericht die direkte Enteignung als „the forcible appropriation by the State of tangible or intangible property of individuals by means of administrative or legislative action."[352] Danach kann die enteignende staatliche Maßnahme also in Form einer Maßnahme der Verwaltung oder eines Gesetzes vorgenommen werden.

In anderen Schiedsurteilen wird weniger die Art der staatlichen Maßnahme als der Verlust des Eigentumsrechts hervorgehoben. In *Telenor* führt das Schiedsgericht aus: „Direct expropriation involves the seizure of the investor's property",[353] während das Schiedsgericht in dem Fall *Occidental* „transfer of title to a given property" als entscheidendes Merkmal der klassischen direkten Enteignung im Völkerrecht ansieht.[354] Insofern kann sich der Eigentumsverlust also sowohl durch vollständigen Entzug des Eigentumsgegenstandes als auch durch Übertragung des

---

350 *Dolzer/Schreuer*, Principles of International Investment Law, S. 92; *Gudofsky*, 21 Nw. J. Int'l L.&Bus. (2000), S. 243, 255 ff.

351 *Ronald S. Lauder v. The Czech Republic,* UNCITRAL Final Award v. 3. September 2001, Rn. 200.

352 *LG&E Energy Corp., LG&E Capital Corp. and LG&E International Inc. v Argentine Republic,* ICSID Case No. ARB/02/1, Decision on Liability v. 3. Oktober 2006, Rn. 187.

353 *Telenor Mobile Communications A.S. v. The Republic of Hungary,* ICSID Case No. ARB/04/15, Award v. 13. September 2006, Rn. 63.

354 *Occidental Exploration and Production Company v. The Republic of Ecuador,* UNCITRAL Final Award v. 1. Juli 2004, Rn. 85.

Eigentumstitels verwirklichen. So spricht das Schiedsgericht in dem Fall *Metalclad* von „outright seizure or formal or obligatory transfer of title".[355]

Als erste Voraussetzung für den Tatbestand der direkten Enteignung lässt sich somit festhalten, dass der vollständige Verlust des Eigentumsgegenstandes oder des Eigentumstitels durch eine hoheitliche staatliche Maßnahme erforderlich ist, die sowohl durch administratives als auch legislatives Handeln vorgenommen werden kann.

b. Aneignung des entzogenen Eigentums durch den Staat?

Zum Teil wird zudem als Tatbestandsvoraussetzung angesehen, dass über den bloßen Entzug des Eigentumsrechts hinaus für eine direkte Enteignung erforderlich ist, dass sich der Staat das Eigentum oder zumindest ein wesentliches Element bzw. eine wesentliche Komponente des Eigentumsrechts aneignet.[356] Die Aneignung durch den Staat kann hier dadurch erfolgen, dass der Staat das Eigentum auf sich selbst überträgt, aber auch dadurch, dass er das Eigentum auf einen dritten Begünstigten überträgt.

In dem Fall *Enron* führte das Schiedsgericht aus:

> „In fact, the Tribunal does not believe there can be a direct form of expropriation if at least some essential component of property rights has not been transferred to a different beneficiary, in particular the State."[357]

Nahezu identisch ist die Formulierung des Schiedsgerichts in dem Fall *Sempra*.[358] Auch aus der Formulierung in dem bereits erwähnten Fall *Lauder* ergibt sich, dass das Schiedsgericht davon ausgeht, dass der Staat sich das enteignete Eigentum aneignet.[359] Das Gleiche gilt für die oben bereits zitierten Ausführungen im Fall *LG&E*.[360]

---

355 *Metalclad Corporation v. United Mexican States,* ICSID Case No. ARB(AF)/97/1, Award v. 30. August 2000, Rn. 103.

356 *Enron Corporation and Ponderosa Assets v. Argentina,* ICSID Case No. ARB/01/3, Award v. 22. Mai 2007, Rn. 243; *LG&E Energy Corp., LG&E Capital Corp. and LG&E International Inc. v Argentine Republic,* ICSID Case No. ARB/02/1, Decision on Liability v. 3. Oktober 2006, Rn. 187; *Sempra Energy International v. Argentine Republic,* ICSID Case No. ARB/02/16, Award v. 28. September 2007, Rn. 280.

357 *Enron Corporation Ponderosa Assets, L.P v. Argentine Republic,* ICSID Case No. ARB/01/3, Award v. 22. Mai 2007, Rn. 243.

358 *Sempra Energy International v. Argentine Republic,* ICSID Case No. ARB/02/16, Award v. 28. September 2007, Rn. 280.

359 *Ronald S. Lauder v. The Czech Republic,* UNCITRAL Final Award v. 3. September 2001, Rn. 200.

360 *LG&E Energy Corp., LG&E Capital Corp. and LG&E International Inc. v Argentine Republic,* ICSID Case No. ARB/02/1, Decision on Liability v. 3. Oktober 2006, Rn. 187; C. II.1.b., S. 100f.

Da bei der direkten Enteignung dem Eigentümer die Investition entzogen oder zumindest der Eigentumstitel übertragen wird, liegt nahe, dass entweder der Staat oder eine dritte Person insofern hiervon profitiert, sich der Staat das entzogene Eigentum mithin aneignen muss. Selbst wenn das Eigentum entzogen wird, um im Anschluss zerstört zu werden, kann von einer Aneignung gesprochen werden, da in der Regel nur der Eigentümer über eine derartige „Nutzung“ seines Eigentums verfügen kann.

Im Ergebnis lässt sich also festhalten, dass die direkte Enteignung neben dem bloßen Entzug des Eigentums bzw. des Eigentumstitels eine Aneignung des Eigentums durch den Staat voraussetzt, die dadurch verwirklicht werden kann, dass der Staat das Eigentum auf sich oder einen Dritten überträgt.

c. Enteignungsabsicht

Nach der Rechtsprechung einiger Schiedsgerichte ist für die direkte Enteignung außerdem Voraussetzung, dass der Eigentumstransfer bzw. die direkte Enteignung vorsätzlich vorgenommen wurde. In *Sempra Energy* führte das Schiedsgericht aus:

> „It is at this point that the intention to expropriate becomes relevant, and the parties have discussed this matter with clear attention. The Tribunal is persuaded that while many damages can be inflicted unintentionally, and as such will be entitled to compensation if liability is found to exist, a transfer of property and ownership requires positive intent. This is not a question of formality, but rather one of establishing a causal link between the measure in question and the title to property.“[361]

Aus den Ausführungen des Schiedsgerichts in *Metalclad* ergibt sich ebenfalls, dass die Enteignungsabsicht erforderlich ist. Das Schiedsgericht umschreibt die direkte Enteignung als „open, deliberate and acknowledged takings of property“.[362]

Diese Tatbestandsvoraussetzung ergibt sich aus einem wesentlichen Element der direkten Enteignung, der Übertragung von Eigentumsrechten. Eine solche Übertragung kann, wie das Schiedsgericht in *Sempra Energy* überzeugend erklärt, nicht „aus Versehen“ oder unabsichtlich vorgenommen werden, sondern erfordert von Natur aus absichtliches Handeln.

Der Tatbestand der direkten Enteignung setzt folglich neben den bereits genannten Tatbestandsvoraussetzungen Absicht in Hinblick auf den Eigentumsentzug voraus.

---

361 *Sempra Energy International v. Argentine Republic,* ICSID Case No. ARB/02/16, Award v. 28. September 2007, Rn. 282.

362 *Metalclad Corporation v. United Mexican States,* ICSID Case No. ARB(AF)/97/1, Award v. 30. August 2000, Rn. 103.

d. Zwischenergebnis

Zusammenfassend lässt sich für die Tatbestandsvoraussetzungen der direkten Enteignung festhalten, dass zunächst ein Eigentumsentzug durch eine hoheitliche Maßnahme erforderlich ist. Zudem muss der Staat sich das entzogene Eigentum aneignen. Schließlich setzt der Tatbestand der direkten Enteignung voraus, dass der Staat mit Enteignungsabsicht gehandelt hat.

2. Indirekte Enteignungen

Ob eine indirekte Enteignung vorliegt, ist deutlich schwieriger zu bestimmen als eine direkte Enteignung. In dem Fall *Compañía del Desarrollo de Santa Elena*, in dem es um eine direkte Enteignung ging, formulierte das Schiedsgericht die Problematik so:

> „As is well known, there is a wide spectrum of measures that a state may take in asserting control over property, extending from limited regulation of its use to a complete and formal deprivation of the owner's legal title. Likewise, the period of time involved in the process may vary – from an immediate and comprehensive taking to one that only gradually and by small steps reaches a condition in which it can be said that the owner has truly lost all the attributes of ownership. It is clear, however, that a measure or series of measures can still eventually amount to a taking, though the individual steps in the process do not formally purport to amount to a taking or to transfer of title. What has to be identified is the extent to which the measures taken have deprived the owner of the normal control of his property. A decree which heralds a process of administrative and judicial considerations of the issue in a manner that effectively freezes or blights the possibility for the owner reasonably to exploit the economic potential of the property, can, if the process thus triggered is not carried out within a reasonable time, properly be identified as the actual act of taking".[363]

Dem Schiedsgericht ging es hier also darum, deutlich zu machen, dass im Gegensatz zur direkten Enteignung die Maßnahmen bei einer indirekten sehr unterschiedlich aussehen können und auch der zeitliche Rahmen innerhalb derer die (indirekte) Enteignung vollendet wird, variieren kann und dass es auch Fälle geben kann, in denen die einzelne Maßnahme für sich genommen noch keine Enteignung darstellt, jedoch mehrere zusammenhängende Maßnahmen in der Gesamtschau sehr wohl eine indirekte Enteignung sein können.

---

363 *Compañía del Desarrollo de Santa Elena, S.A. v. The Republic of Costa Rica,* ICSID Case No. ARB/96/1, Award v. 17. Februar 2000, 39 I.L.M. 1317, 1329 f. (2000).

Wann eine indirekte Enteignung vorliegt, soll im folgenden Abschnitt untersucht werden. Dafür soll auf die von der Rechtsprechung der internationalen Schiedsgerichte festgelegten Tatbestandsvoraussetzungen der indirekten Enteignung eingegangen werden.

Hierbei soll zunächst ein Blick auf die in der Rechtsprechung und Literatur zum Teil unterschiedlich verwendeten Begriffe geworfen werden, im Anschluss soll die von der Bestimmung der Tatbestandsvoraussetzungen berührte Interessenslage betrachtet werden. Danach wird untersucht, welche allgemeinen Voraussetzungen an eine für den Tatbestand der indirekten Enteignung relevante Maßnahme gestellt werden. Schließlich werden, nach der Feststellung, dass nicht jede Eigentumsbeeinträchtigung eine indirekte Enteignung darstellt, die Tatbestandsvoraussetzungen der indirekten Enteignung bestimmt. Abschließend soll auf die Kritik in der Literatur an der internationalen Schiedsgerichtsbarkeit eingegangen werden.

Allgemein ist heute im Völkerrecht anerkannt, dass das Eigentum nicht nur vor direkten Enteignungen, sondern auch vor indirekten Enteignungen geschützt ist.[364] Auch die bilateralen Investitionsschutzabkommen schützen die ausländische Investition ganz überwiegend sowohl vor direkten Enteignungen, als auch vor indirekten Enteignungen.[365] Zwar unterscheiden sich beide Formen der Enteignung in ihrem Tatbestand und Erscheinungsbild; sie werden jedoch, in Bezug auf die Verantwortlichkeit des enteignenden Staates und seine Verpflichtung, Entschädigung zu zahlen, also bezüglich der Rechtsfolgen, im Völkerrecht gleich behandelt.[366] Wie bereits erwähnt betrifft die Mehrzahl der aktuellen Fälle vor den Schiedsgerichten die indirekte Enteignung; nur ausnahmsweise kommen noch direkte Enteignungen in diesem Zusammenhang vor.[367]

---

364 *Gudofsky*, 21 Nw. J. Int'l L.&Bus. (2000), S. 243, 253; *Reed/Paulsson/Douglas*, Guide to ICSID Arbitration, S. 52; *Newcombe,* 20 ICSID Review 2005, S. 1, 9 f.; *Banz,* Völkerrechtlicher Eigentumsschutz durch Investitionsschutzabkommen, S. 138; *Lévesque,* 33 R.G.D. 2003, S. 39, 41.

365 *OECD, Directorate for Financial and Enterprise Affairs,* Working Papers on International Investment Number 2004/4, „Indirect Investment" and the „Right to Regulate" in International Investment Law, S. 6; *Wagner,* 29 Golden Gate U.L.Rev. (1999), S. 465, 473.

366 *Reisman/Sloane,* 74 BYIL 2003, S. 115, 121; *Appleton,* 11 N.Y.U. Envtl. L.J. 2002, S. 35, 41 f.

367 *Hóber,* 14 Am. Rev. Int'l Arb. 2003, S. 377, 381; *Paulsson/Douglas,* in: Horn, Arbitrating Foreign Investment Disputes, S. 145, 151; *Bergmann,* Die völkerrechtliche Entschädigung im Falle der Enteignung vertragsrechtlciher Positionen, S. 23.

a. Begriffsbestimmungen

aa. Indirekte Enteignungen

Ebenso wenig, wie die bilateralen Investitionsschutzverträge die direkte Enteignung definieren, enthalten sie eine Definition der indirekten Enteignung:

> „*De facto* expropriation (or indirect expropriation) is not clearly defined in treaties, but can be understood as the negative effect of government measures on the investor's property rights, which does not involve a transfer of property but a deprivation of the enjoyment of the property.“[368]

Danach setzt die direkte Enteignung im Gegensatz zur indirekten Enteignung die Übertragung von Eigentumsrechten auf den Staat oder einen Dritten voraus, wohingegen bei der indirekten Enteignung eine bloße sonstige Beeinträchtigung des Eigentums ausreicht.[369] Beide Arten von Enteignung schließen sich aufgrund ihrer unterschiedlichen Natur und Auswirkungen gegenseitig aus: eine staatliche Maßnahme kann nicht gleichzeitig eine direkte und eine indirekte Enteignung darstellen.[370]

Im Unterschied zur direkten Enteignung verliert der Eigentümer bei der indirekten Enteignung nicht unbedingt seinen Eigentumstitel oder den Besitz. Die staatliche Maßnahme verletzt vielmehr die Substanz des Eigentums oder höhlt dieses aus.[371] Im Ergebnis wird das Eigentum bei einer indirekten Enteignung also beeinträchtigt, mit der Folge, dass der Investor es nicht mehr oder nur noch sehr eingeschränkt nutzen oder verwerten kann, selbst wenn er Eigentumstitel oder Besitz behält.

Der Begriff „indirekte Enteignung“ wird nicht einheitlich verwendet.[372] Häufig wird „indirekte Enteignung“ als Oberbegriff für zwei Unterformen der indirekten Enteignungen angewendet: einerseits der sogenannten „schleichenden“, graduellen Enteignung („creeping expropriation“), andererseits der *de facto*-Enteignung.[373] Die „creeping expropriation“ zeichnet sich dadurch aus, dass diese

---

368 *Parkerings-Compagniet AS v. Republic of Lithuania,* ICSID Case No. ARB/05/8, Award v. 11. September 2007, Rn. 437.

369 Vgl. z.B. auch *Enron Corporation Ponderosa Assets, L.P. v. The Argentine Republic,* ICSID Case No. ARB/01/3, Award v. 22. Mai 2007, Rn. 243.

370 *Enron Corporation Ponderosa Assets, L.P. v. The Argentine Republic,* ICSID Case No. ARB/01/3, Award v. 22. Mai 2007, Rn. 250.

371 *Gudofsky*, 21 Nw. J. Int'l L.&Bus. (2000), S. 243, 257 f.

372 *Reisman/Sloane,* 74 BYIL 2003, S. 115, 119.

373 *LG&E Energy Corp., LG&E Capital Corp. and LG&E International Inc. v. Argentine Republic,* ICSID Case No. ARB/02/1, Decision on Liability v. 3. Oktober 2006, Rn. 188; *Generation Ukraine, Inc. v. Ukraine,* ICSID Case No. ARB/00/9, Award v. 16. September 2003, Rn. 20.22 (S. 87).

sich nicht aus einer einzigen Maßnahme ergibt, da die einzelne Maßnahme für sich genommen nicht ausreichte, sondern aus mehreren Maßnahmen, deren Zusammenwirken erst den Tatbestand der indirekten Enteignung erfüllt:[374]

> „By definition, creeping expropriation refers to a process, to steps that eventually have the effect of an expropriation. If the process stops before it reaches that point, then expropriation would not occur. This does not necessarily mean that no adverse effects would have occurred. Obviously, each step must have an adverse effect but by itself may not be significant or considered an illegal act. The last step in a creeping expropriation that tilts the balance is similar to the straw that breaks the camel's back. The preceding straws may not have had a perceptible effect but are part of the process that led to the break".[375]

Die *de facto*-Enteignung wird so definiert, dass sie sich sowohl aus einer einzigen Maßnahme als auch aus zeitlich dicht beieinander liegenden oder zeitgleichen Maßnahmen ergeben kann.[376] In *Tecmed v. Mexico* definiert das Schiedsgericht beispielsweise die *de facto*-Enteignung als Handlungen oder Gesetze, die das Vermögen auf Dritte übertragen, die vom Staat zu unterscheiden sind oder solche Handlungen oder Gesetze, die dem Investor zwar den Wert seiner Investition entziehen, ohne diesen jedoch auf irgendjemanden zu übertragen.[377] Den Unterschied zur direkten Entegnung sieht das Schiedsgericht darin, dass bei der indirekten Enteignung der Eigentümer nicht explizit enteignet wird, also insbesondere nicht seinen Eigentumstitel verliert.[378] Dennoch komme die Auswirkung Maßnahme derjenigen bei einer direkten Enteignung sehr nahe.

Obwohl oft beide Arten von indirekter Enteignung, also die schleichende und die *de facto*- Enteignung, im Rahmen dieser Definitionen begrifflich voneinander unterschieden werden, handelt es sich wohl eher um Umschreibungen der jeweiligen Form der indirekten Enteignung als um wirklich streng voneinander zu trennende Kategorien. Wie das nachfolgende Zitat verdeutlicht, werden die Begriffe

---

374 *Enron Corporation and Ponderosa Assets v. Argentina,* ICSID Case No. ARB/01/3, Award v. 22. Mai 2007, Rn. 244; *LG&E Energy Corp., LG&E Capital Corp. and LG&E International Inc. v. Argentine Republic,* ICSID Case No. ARB/02/1, Decision on Liability v. 3. Oktober 2006, Rn. 188.

375 *Siemens v. Argentina,* ICSID Case No. ARB/02/8, Award v. 6. Februar 2007, Rn. 263.

376 *LG&E Energy Corp., LG&E Capital Corp. and LG&E International Inc. v. Argentine Republic,* ICSID Case No. ARB/02/1, Decision on Liability v. 3. Oktober 2006, Rn. 188.

377 *Tecnicas Medioambientales Tecmed S.A. v. The United Mexican States,* ICSID Case No. ARB (AF)/00/2, Award v. 29. Mai 2003, Rn. 113; zur Übertragung des Vermögenswerts auf Dritte siehe C.II.2.c.

378 *Tecnicas Medioambientales Tecmed S.A. v. The United Mexican States,* ICSID Case No. ARB (AF)/00/2, Award v. 29. Mai 2003, Rn. 114.

„indirekte", „schleichende" und „*de facto-*" Enteignung von den Schiedsgerichten häufig austauschbar verwendet:

> „The concept of indirect expropriation (or „*de facto*" or „*creeping*") expropriation is not clearly defined. Indirect expropriation or nationalization is a measure that does not involve an overt taking, but that effectively neutralized the enjoyment of the property".[379]

Ebenso wird „indirect expropriation" und „measure tantamount to expropriation" gleichgesetzt.[380]

Allerdings ist diese Begriffsbestimmung nicht unumstritten, da die Begriffe zum Teil anders verwendet bzw. teilweise inhaltlich unterschiedlich verstanden und ausgelegt werden.

Sacerdoti unterscheidet *de facto*-Enteignungen, die direkt in das Eigentum eingriffen und deshalb keine indirekte Enteignung darstellten, einerseits und „creeping", d.h. schleichende Enteignungen, die eine indirekte Enteignung darstellen, andererseits.[381] *De Facto*-Enteignungen seien solche Maßnahmen, die kein formales staatliches Handeln (insbesondere keinen Verwaltungsakt) darstellten, keinen offenen Wegnahmeakt enthielten, aber dennoch effektiv das Eigentum beeinträchtigten.[382] Eine schleichende Enteignung dagegen sei eine indirekte Enteignung und müsse von der *de facto*-Enteignung unterschieden werden. Die Definition der schleichenden Enteignung entspricht dabei der bereits aufgeführten Definition.[383]

Heiskanen weist ebenfalls darauf hin, dass eine *de facto*-Enteignung eine Enteignung sei, die ohne gesetzliche Grundlage vorgenommen werde, allerdings direkt in das Eigentum eingreife und daher keine indirekte Enteignung sei:

> „Taking is a direct and immediate object of such measures, and the informal nature of the act, or the mere absence of a statutory justification, is not an adequate reason to describe them as „indirect"."[384]

---

379 *Ronald S. Lauder v. Czech Republic*, UNCITRAL Final Award v. 3.Sept. 2001, Rn. 200; siehe auch *Weston,* 16 Va.J.Int'l L. 1975, S. 103, 105 f.; *Higgins,* 176 Receuil des Cours 1982 (III), S. 259, 322; *Dolzer/Stevens,* Bilateral Investment Treaties, S. 99; *Schill,* RIW 2005, S. 330, 332; *Fortier/Drymer,* 19 ICSID Review 2004, S. 293, 294, 297; *Newcombe,* 20 ICSID Review 2005, S. 1, 10.

380 Z.B. *Marvin Feldman v. Mexico,* ICSID Case No. ARB(AF)/99/1, Award v. 16. Dezember 2002, Rn. 100.

381 *Sacerdoti,* 269 Recueil des Cours 1997, S. 251, 382 f.

382 *Sacerdoti,* 269 Recueil des Cours 1997, S. 251, 382.

383 Vgl. *Sacerdoti,* 269 Recueil des Cours 1997, S. 251, 383.

384 *Heiskanen,* 5 Int'l L.F.D. Int'l (2003), S. 176, 179 f.

Stanley schließlich unterscheidet nicht zwischen direkter und indirekter Enteignung, sondern spricht von „formal (de Jure) expropriation" und „de facto takings".[385]

Diese Definitionen widersprechen sich. *Sacerdoti* und *Heiskanen* bestimmen die indirekte Enteignung formal danach, ob direkt oder indirekt in das Eigentum eingegriffen wird. Im erstgenannten Definitionsansatz und insbesondere in *Tecmed* dagegen bestimmt sich die Unterscheidung zwischen direkter und indirekter Enteignung nicht nach dem Eingriff in das Eigentum, sondern eher danach, ob eine Enteignung im klassischen Sinne gegeben ist (dann: direkte Enteignung) oder ob eine andere Form des Eingriffs vorliegt (dann: indirekte Enteignung). Nach dieser Definition werden folglich alle Eingriffe in das Eigentum, die keine klassische Enteignung oder Verstaatlichung darstellen, in die Kategorie der indirekten Enteignung eingeordnet, unabhängig davon, ob tatsächlich nur indirekt in das Eigentum eingegriffen wurde.

Da die Schiedsgerichte – wie das Zitat in *Lauder* verdeutlicht – die Begriffe „indirekte Enteignung", „schleichende Enteignung" und „*de facto*-Enteignung" meist nicht genau unterscheiden, soll in dieser Arbeit ebenfalls der Begriff „indirekte Enteignung" für alle Formen der Enteignung, die keine direkte, d.h. keine klassische Enteignung darstellen, verwendet werden. Insofern erfasst der Begriff sowohl „*de facto*"- Enteignungen als auch schleichende Enteignungen.

bb. Regulatory Measures

Schwierigkeiten bereitet den Schiedsgerichten insbesondere die Abgrenzung zwischen „regulatory measures" (Inhalts- und Schrankenbestimmungen), die nicht entschädigungsbedürftig sind, und indirekten Enteignungen, die einer Entschädigung bedürfen. Überwiegend wird der Begriff „regulatory measure" sowohl auf Gesetze und Verordnungen als auch auf regelnde Maßnahmen der Verwaltung, also nach der deutschen Terminologie auf Verwaltungsakte bezogen.[386] In diesem Fall entspricht der Begriff „regulatory measure" dem deutschen Begriff der Inhalts- und Schrankenbestimmung.[387]

385 *Stanley,* 15 Emory Int'l L. Rev. 2001, S. 349, 361 ff.

386 *OECD, Directorate for Financial and Enterprise Affairs,* Working Papers on International Investment Number 2004/4, „Indirect Investment" and the „Right to Regulate" in International Investment Law, S. 2; s.a. *Paulsson/Douglas,* in: Horn, Arbitrating Foreign Investment Disputes, S. 145, 154 ff.; *Schill,* RIW 2005, S. 330, 332 ff; *Parisi,* 19 Emory Int'l L. Rev. (2005), S. 383, 394 ff.; *Happ,* SchiedsVZ 2005, S. 21, 24.

387 *Schill,* RIW 2005, S. 330, 332.

Nach der Definition in *Black's Law Dictionary* fallen folglich sowohl Gesetze als auch Verordnungen oder Verwaltungsakte unter den Begriff der „regulation".[388] *Parisi* führt als Beispiel für „regulations" Steuern und Maßnahmen zum Schutz der Gesundheit der Bevölkerung und der öffentlichen Sicherheit und Ordnung auf und redet sowohl von „government acts" als auch von „regulatory laws".[389] Damit bezieht er sowohl Verordnungen und Verwaltungsakte als auch Gesetze in den Begriff der „regulatory measures" ein. Da überwiegend nicht zwischen den einzelnen Arten von regelnden Maßnahmen unterschieden wird und die Abgrenzungsschwierigkeiten zwischen einer indirekten Enteignung und einer „regulatory measure" alle drei Arten von staatlicher Handlung betreffen, soll auch hier nicht zwischen den Kategorien unterschieden werden und der Begriff einheitlich für alle Kategorien angewendet werden.

Bereits aus der Definition der „regulatory measures" geht hervor, dass der Begriff die wichtigsten staatlichen Handlungsformen und damit eine Vielzahl der staatlichen Maßnahmen erfasst. Nicht in die Definitition der regulatorischen Maßnahme fällt insbesondere faktisches Verwaltungshandeln. Wie sich im Folgenden zeigen wird, betreffen die aktuellen Schiedsurteile zum großen Teil „regulatory measures" bzw. die Frage, wie diese von einer indirekten Enteignung abgegrenzt werden können. Aus diesem Grund wird im Folgenden die Rechtsprechung der Schiedsgerichte zu den „regulatory measures" dargestellt und erörtert. Ergeben sich für die übrigen, nicht unter den Begriff der „regulations" fallenden staatlichen Maßnahmen Besonderheiten, wird hierauf hingewiesen. Einige besondere Fallgruppen werden im Anschluss gesondert dargestellt.

cc. Abgrenzung zwischen indirekter Enteignung und „regulatory measures"

Da der indirekten Enteignung oft staatliche Maßnahmen zugrunde liegen, die nicht auf die Beeinträchtigung des Eigentums abzielen, sondern nur einen bestimmten Bereich regeln sollen oder einfach faktisch ohne formalen Rechtsakt in das Eigentum eingreifen oder die Beeinträchtigung nur mittelbar bewirken, ist die Grenze zwischen einer zulässigen staatlichen Regelung bzw. sonstigen Maßnahmen, die keiner Entschädigung bedürfen, und einer indirekten Enteignung, die entschädigt werden muss, häufig schwierig zu bestimmen.

In den Schiedsurteilen wurden Kriterien zur Unterscheidung zwischen einer indirekten Enteignung und sonstigen staatlichen Maßnahmen ohne Enteignungs-

388 *Garner (Ed.),* Black's Law Dictionary, „regulation", S. 1289, „regulation": „1. The act or process of controlling by rule or restriction 2. BYLAW <...corporate regulation> 3. A rule or order, having legal force, issued by an administrative agency or a local government...".

389 *Parisi,* 19 Emory Int'l L. Rev. (2005), S. 383, 394 f.

charakter entwickelt. Aufgrund der unterschiedlichen Formen, in denen der Staat handelt und durch welche Eigentum beeinträchtigt werden kann, ist es nahezu unmöglich, eine einzige feste Formel zu finden, die alle indirekten Enteignungen umfasst. *Paulsson* und *Douglas* vergleichen den Versuch, eine feste Formel für die indirekte Enteignung aufzustellen, mit der Suche nach der alchemistischen Formel: „Just as the quest for the alchemic formula no longer attracts research funding, the search for the chimerical rule on indirect expropriation need not preoccupy counsel and arbitrators."[390]

Einerseits wird beklagt, dass die Rechtsprechung der internationalen Schiedsgerichte zu den Tatbestandsvoraussetzungen der indirekten Enteignung oft uneinheitlich und widersprüchlich sei und deshalb das Ergebnis des Schiedsspruches oft unvorhersehbar sei.[391] Andererseits wird aber auch die Ansicht vertreten, dass die Rechtsprechung der Schiedsgerichte ausgeglichen und recht einheitlich sei.[392]

Hier sollen die von den Schiedsgerichten entwickelten Kriterien analysiert und so strukturiert werden, dass sich ein möglichst zusammenhängendes Bild der für eine indirekte Enteignung erforderlichen Voraussetzungen ergibt. Dabei wird auf Unterschiede in der Rechtsprechung eingegangen. Selbst wenn die Rechtsprechung der internationalen Schiedsgerichte nicht einheitlich und widerspruchsfrei ist, soll dennoch der Versuch unternommen werden, allgemeine Kriterien aufzustellen und zu strukturieren, die der Abgrenzung zwischen einer indirekten Enteignung und sonstigen staatlichen Maßnahmen dienen. Dies soll auch zur Rechtssicherheit beitragen, an der sowohl dem Investor als auch dem Gaststaat gelegen ist:

> „True enough, state measures that can potentially impact upon an investor's rights in its investment are too varied to fit into a neat formula. The test for indirect expropriation undoubtedly must be flexible enough to keep a pace, for example, with the new realities of major investment in privatized public services as states retreat from their role as providers to assume a more regulatory function. But it is also imperative that states be in a position to make rational and informed decisions in the public interest concerning measures that might have an impact on foreign investment activity and their ability to do so would be severely undermined if the circumstances giving rise to expropriation defied any generalization. Just like investors, states have a strong interest in legal certainty."[393]

---

390 *Paulsson/Douglas,* in: Horn, Arbitrating Investment Disputes, S. 145, 146 f.

391 *Dolzer,* 11 N.Y.U. Envtl. L.J. (2002), S. 64 f.; *Heiskanen,* 5 Int'l L.F.D. Int'l (2003), S. 176 f.; *Brower,* ASIL 2003, S. 251; *Subedi,* 40 Int'l Law. 2006, S. 121.

392 *Gurudevan,* 6 San Diego Int'l L.J. 2005, S. 399, 403; *Gaillard,* Revue de l'Arbitrage 2003, S. 853, 856.

393 *Paulsson/Douglas,* Indirect Expropriation in Investment Treaty Arbitrations, in: *Horn (Hrsg.),* Arbitrating Foreign Investment Disputes – Procedural and Substantive Legal Aspects, S. 145 f.

Auf die Frage, ob die Rechtsprechung der Schiedsgerichte bezüglich der Tatbestandsvoraussetzungen der indirekten Enteignung und der Abgrenzung der indirekten Enteignung von der regulatorischen Maßnahme uneinheitlich und unvorhersehbar ist oder nicht, soll in einem abschließenden bewertenden Teil eingegangen werden.[394]

b. Bei der Bestimmung des Tatbestandes zugrunde liegende Interessenlage

Wie sich bei dem vorangehenden Zitat bereits andeutet, stehen sich bei der Bestimmung des Tatbestandes der indirekten Enteignung das Interesse des Investors einerseits und das des Gaststaates andererseits gegenüber.

Kern des von der Tatbestandsbestimmung betroffenen staatlichen Interesses ist dabei die Souveränität des Gaststaates, auf der, genau wie das restliche Völkerrecht, das internationale Investitionsrecht basiert.[395] Dem steht das Eigentumsrecht des Investors gegenüber, an dessen Schutz der Investor interessiert ist. Das private Eigentum ist ebenfalls ein im Völkerrecht anerkanntes Recht.[396]

Gemeinsam ist das Interesse an möglichst hoher Rechtssicherheit und Vorhersehbarkeit hinsichtlich der Bestimmung, welche Maßnahmen eine entschädigungsbedürftige Enteignung darstellen und welche Maßnahmen zwar das Eigentum beeinträchtigen, aber keiner Entschädigung bedürfen. Ansonsten sind die Interessen bei der Bestimmung des Tatbestandes der indirekten Enteignung eher entgegengesetzt[397]: Einerseits ist es das Interesse der Investors, seine Investition möglichst vollumfänglich vor Beeinträchtigungen durch den Gaststaat geschützt zu sehen. Dem steht andererseits das Interesse des Gaststaates gegenüber, seinen Handlungsspielraum und damit seine Souveränität möglichst wenig einzuschränken, um innerhalb seines Staatsgebietes Maßnahmen im öffentlichen Interesse treffen zu können, ohne Entschädigung zahlen zu müssen.[398] *Dolzer* und *Stevens* beschreiben die Situation insofern sehr treffend:

> „The determination of what may constitute indirect expropriation is naturally of significance both to the investor and to the host State. Thus, to the investor, the line of demarcation between measures for which no compensation is due and actions qualifying as indirect expropriations may well make the difference between the burden to operate (or abandon) a non-profitable enterprise and the right to receive full compensation [...]. For the host State, the definition determines the scope of the

---

394 Siehe D.
395 *Horchani,* Journal du Droit International 2004, S. 367, 368.
396 *Ederington,* 13 Am. U. Int'l L. Rev. (1997), S. 263, 264.
397 *Fortier/Drymer,* 19 ICSID Review 2004, S. 293, 298.
398 *Brunetti,* 5 Int'l L.F.D. Int'l (2003), S. 150; *Lowe,* 55 Current Legal Problems 2002, S. 447, 457 f.

State's power to enact legislation that regulates the rights and obligations of owners in instances where compensation may fall due. It could thus be argued that the State is prevented from taking any such measures where these cannot be covered by public financial resources."[399]

Während dem Investor folglich daran gelegen ist, dass der Tatbestand der indirekten Enteignung möglichst weit gefasst ist und damit möglichst viele staatliche Maßnahmen eine indirekte Enteignung darstellen können, ohne dass weitere Voraussetzungen erfüllt sein müssen, entspricht dem Interesse des Gaststaates, Maßnahmen, die im öffentlichen Interesse vorgenommen wurden, wie solche des Sicherheits- und Ordnungsrechts oder im Rahmen von Umwelt-, Verbraucherschutz oder Ähnlichem erlassene Gesetze, von vornherein aus dem Tatbestand der indirekten Enteignung auszuschließen.

Um einen gerechten Ausgleich dieser beiden Interessen zu erreichen, muss einerseits sichergestellt sein, dass nicht die Gemeinschaft für jedes wirtschaftliche Risiko, welches eine Auslandsinvestition mit sich bringt, haftet.[400] Andererseits kann Investoren auch nicht zugemutet werden, jede übermäßige Beschränkung ihrer Investition durch regulatorische Maßnahmen entschädigungslos hinzunehmen.[401] *Fortier* und *Drymer* zitieren in diesem Zusammenhang den Richter Brandeis des United States Supreme Court: „if regulation goes too far it will be recognized as a taking."[402]

Nach Ansicht von *Newcombe* stellt die Frage, wer im konkreten Fall das Risiko zu tragen hat, die grundlegende Frage bei der Abgrenzung einer regulatorischen Maßnahme von einer indirekten Enteignung dar.[403]

Das Schiedsgericht in dem Fall *Generation Ukraine* konkretisierte das von dem Investor zu tragende Risiko dahingehend, dass er nicht sofort bei jeder dem Gaststaat zurechenbaren Beeinträchtigung seiner Investition, sei sie auch noch so gewichtig, eine Enteignung gelten machen könne.[404] Vielmehr müsse er sich zunächst selbst bemühen, die Beeinträchtigung zu beseitigen, indem er die belastende staatliche Maßnahme zu beseitigen versuche oder auf innerstaatlichem Wege Ersatz verlange.

„The fact that an investment has become worthless obviously does not mean that there was an act of expropriation; investment always entails risk. Nor is it sufficient

399 *Dolzer/Stevens,* Bilateral Investment Treaties, S. 99 f.
400 *Fortier/Drymer,* 19 ICSID Review 2004, S. 293, 298.
401 *Fortier/Drymer,* 19 ICSID Review 2004, S. 293, 298.
402 *Fortier/Drymer,* 19 ICSID Review 2004, S. 293, 298.
403 *Newcombe,* 20 ICSID Review 2005, S. 1, 7.
404 *Generation Ukraine, Inc. v. Ukraine,* ICSID Case No. ARB/00/9, Award v. 16. September 2003, Rn. 20.30 (S. 90 f.).

for the disappointed investor to point to some governmental initiative, or inaction, which might have contributed to his ill fortune. Yet again, it is not enough for an investor to seize upon an act of maladministration, no matter how low the level of the relevant governmental authority; to abandon his investment without any effort at overturning the administrative fault; and thus to claim an international delict on the theory that there had been an uncompensated virtual expropriation. In such instances, an international tribunal may deem that the failure to seek redress from national authorities disqualifies the international claim, not because there is a requirement of exhaustion of local remedies but because the very reality of conduct tantamount to expropriation is doubtful in the absence of a reasonable - not necessarily exhaustive - effort by the investor to obtain correction.“[405]

Damit verlangt das Schiedsgericht ausdrücklich keine Erschöpfung des innerstaatlichen Rechtswegs, sondern legt die Risikoverteilung bei einer Eigentumsbeeinträchtigung dahingehend fest, dass der Investor zunächst selbst zumutbare/vernünftige („reasonable“) Anstrengungen unternehmen muss, um die Beeinträchtigung zu beseitigen. Tut er dies nicht, muss er das verwirklichte Risiko selbst tragen.

Insgesamt lässt sich feststellen, dass die Schiedsgerichte der dargestellten Interessenlage bei der Prüfung, ob eine indirekte Enteignung vorliegt, auf unterschiedliche Weise und mit unterschiedlichen Schwerpunkten Rechnung tragen.[406]

c. Für den Tatbestand der indirekten Enteignung relevante Maßnahmen

Ebenso wie bei der direkten Enteignung ist zunächst Voraussetzung, dass der Staat in Ausübung seiner Hoheitsgewalt und nicht als gleichgestellter Vertragspartner gehandelt hat.[407] Handelt er lediglich als gleichgestellter Wirtschaftbeteiligter, kommt der Tatbestand der indirekten Enteignung von vornherein nicht in Frage.

Die Frage, ob der Gaststaat den Investor auch durch eine Vertragsverletzung enteignen kann, ist mehrfach in internationalen Schiedsverfahren aufgetaucht. Investoren machen in diesem Zusammenhang immer wieder geltend, enteignet worden zu sein.

Dass eine bloße Vertragsverletzung durch den Staat keine indirekte Enteignung darstellt, auch wenn der Investor hierdurch erhebliche finanzielle Verluste

---

405 *Generation Ukraine, Inc. v. Ukraine*, ICSID Case No. ARB/00/9, Award v. 16. September 2003, Rn. 20.30 (S. 90 f.).

406 *Brunetti,* 5 Int'l L.F.D. Int'l (2003), S. 150, 151.

407 *Parkerings-Compagniet AS v. Republic of Lithuania,* ICSID Case No. ARB/05/8, Award v. 11.09.2007, Rn. 443.

erleidet, ist in der Rechtsprechung der internationalen Schiedsgerichte unstrittig und wurde in zahlreichen Schiedsurteilen immer wieder bestätigt.[408]

In *Waste Management v. Mexico* stellte das Schiedsgericht fest: „[A]n enterprise is not expropriated just because its debts are not paid or other contractual obligations to it are breached.“[409] Für eine indirekte Enteignung sei mehr erforderlich, nämlich eine „outright repudiation of the transaction“. Es sei nicht die Funktion des Artikels 1110 NAFTA, im Fall eines gescheiterten Geschäfts für eine Entschädigung zu sorgen, wenn nicht der Staat willkürlich in die Investition eingegriffen habe.[410]

> „The mere non-performance of a contractual obligation is not to be equated with a taking of property, nor (unless accompanied by other elements) is it tantamount to expropriation. Any private party can fail to perform its contracts, whereas nationalization and expropriation are inherently governmental acts, as is envisaged by the use of the term „measure“ in Article 1110 (1).“[411]

Ähnlich formulierte das Schiedsgericht in *Consortium R.F.C.C. c. Royaume du Maroc*:

> „Pour qu'il y ait droit à compensation il faut que la personne de l'exproprié prouve qu'il a été l'objet de mesures prises par l'Etat agissant non comme cocontractant mais comme autorité publique. Les décisions aux cas d'expropriation indirecte mentionnent toutes l' ‚interférence' de l'Etat d'accueil dans l'exercice normal, par l'investisseur, de ses droits économiques. Or un Etat cocontractant n' ‚interfère' pas, mais ‚exécute' un contrat. S'il peut mal exécuter ledit contrat cela ne sera pas sanctionné par les dispositions du traité relatives a l'expropriation ou à la nationalisation à moins qu'il ne soit prouvé que l'Etat ou son émanation soit sorti(e) de son

---

408 *Waste Management, Inc. v. United Mexican States,* ICSID Case No. ARB(AF)/00/3, Award v. 30. April 2004, 43 ILM (2004), S. 967, 999, Rn. 160; *Consortium R.F.C.C. v. Kingdom of Morocco,* ICSID Case No. ARB/00/6, Award v. 22. Dezember 2003, Rn. 65; *SGS Société Générale de Surveillance v. Republic of the Philippines,* ICSID Case No. AEB/02/6, Decision on Objections to Jurisdiction v. 29. Januar 2004, Rn. 161; *Salini Costruttori S.p.A. and Italstrade S.p.A. v. The Hashemite Kingdom of Jordan,* ICSID Case No. ARB/02/13, Decision on Jurisdiction v. 29. November 2004, Rn. 155; *Siemens AG v. The Argentine Republic,* ICSID Case No. ARB/02/8, Award v. 6. Februar 2007, Rn. 253; *Parkerings-Compagniet AS v. Republic of Lithuania,* ICSID Case No. ARB/05/8, Award v. 11.09.2007 Rn. 443 ff.; *Azurix Corp. v. The Argentine Republic*, ICSID Case No. ARB/01/12, Final Award v. 14. Juli 2006, Rn. 315.

409 *Waste Management, Inc. v. United Mexican States,* ICSID Case No. ARB(AF)/00/3, Award v. 30. April 2004, 43 ILM (2004), S. 967, 999, Rn. 160.

410 *Waste Management, Inc. v. United Mexican States,* ICSID Case No. ARB(AF)/00/3, Award v. 30. April 2004, 43 ILM (2004), S. 967, 999, Rn. 160.

411 *Waste Management, Inc. v. United Mexican States,* ICSID Case No. ARB(AF)/00/3, Award v. 30. April 2004, 43 ILM (2004), S. 967, 1002, Rn. 174.

rôle de simple cocontractant(e) pour prendre le rôle bien spécifique de Puissance Publique."[412]

Ebenso entschied das Schiedsgericht in *SGS v. Philippines*, dass es für den Tatbestand der Enteignung einer hoheitlichen Maßnahme bedürfe.[413]

Auch nach der Ansicht des Schiedsgerichts in *Azurix Corp. v. The Argentine Republic* stellt normalerweise ein Vertragsbruch oder eine Vertragsverletzung durch den Staat keine Enteignung dar.[414] Ob jedoch eine Vertragsverletzung oder mehrere solcher Vertragsverletzungen als Maßnahmen angesehen werden könnten, die einer Enteignung gleichkämen, hinge davon ab, ob der Staat die Vertragsverletzung in Ausübung seiner Souveränität oder Hoheitsgewalt begangen habe oder aber als einfache Vertragspartei.

Das Schiedsgericht in *Siemens v. Argentina* verallgemeinerte seine Ausführungen und bezog sie auf jegliche Form der Staatenverantwortlichkeit. Danach setze die völkerrechtliche Verantwortlichkeit von Staaten voraus, dass der Staat auch als solcher, also in Ausübung seiner staatlichen Hoheitsgewalt handele.[415] Auch *Leben* sieht das internationale Investitionsrecht und die dort begründeten Verpflichtungen als Unterfall der allgemeinen völkerrechtlichen Staatenverantwortlichkeit an,[416] was die Einordnung des Schiedsgerichts in *Siemens v. Argentina* bestätigt. In die gleiche Richtung geht die Einordnung der internationalen Investitionsschiedsgerichtsbarkeit nicht in die Kategorie „commercial arbitration", sondern vielmehr in die Kategorie „Verwaltungsrecht", da es in den Streitigkeiten um staatliche Hoheitsakte und nicht um privatrechtliches Handeln ginge.[417]

Eine Enteignung setzt folglich voraus, dass der Staat hoheitlich, also als Staat gehandelt hat. Hat er nicht als Träger von Hoheitsgewalt, sondern als privater Wirtschaftsteilnehmer agiert, kommt ein Vertragsbruch oder ähnliches in Frage, gegen den sich der Investor nur privatrechtlich wehren kann, jedoch keine Enteignung, gegen die er nach Maßgabe des Investitionsschutzvertrages vorgehen könnte.

Neben der sich aus den dargestellten Ausführungen der Schiedsgerichte ergebenden Erklärung, dass der Tatbestand der Enteignung eine hoheitliche staatliche

412 *Consortium R.F.C.C. v. Kingdom of Moraocco,* ICSID Case No. ARB/00/6, Award v. 22. Dezember 2003, Rn. 65.

413 *SGS Société Générale de Surveillance v. Republic of the Philippines,* ICSID Case No. ARB/02/6, Decision on Objections to Jurisdiction v. 29. Januar 2004, Rn. 161.

414 *Azurix Corp. v. The Argentine Republic,* ICSID Case No. ARB/01/12, Award v. 14. Juli 2006, Rn. 315.

415 *Siemens AG v. The Argentine Republic,* ICSID Case No. ARB/02/8, Award v. 6. Februar 2007, Rn. 253.

416 *Leben,* Annuaire Français de Droit International 2004, S. 683 ff.

417 *Van Harten/Loughlin,* 17 EJIL 2006, S. 121 ff.

Maßnahme voraussetzt, weisen einige Schiedsgerichte in diesem Zusammenhang auch auf einen anderen Aspekt hin. Das Schiedsgericht in *Impregilo*, beispielsweise, begründet das Erfordernis der hoheitlichen staatlichen Maßnahme in Bezug auf den bilateralen Investitionsschutzvertrag:

> „In order that the alleged breach of contract may constitute a violation of the BIT, it must be the result of behaviour going beyond that which an ordinary contracting party could adopt. Only the State in the exercise of its sovereign authority (*„puissance publique“*), and not as a contracting party, may breach the obligations assumed under the BIT. In other words, the investment protection treaty only provides a remedy to the investor where the investor proves that the alleged damages were a consequence of the behaviour of the Host State acting in breach of the obligations it had assumed under the treaty.“[418]

Auf bilateraler Ebene können nur Staaten handeln, so dass ein Verstoß gegen ein bilaterales Investitionsschutzabkommen voraussetzt, dass der Staat als Staat, also hoheitlich handelt.

Zusammenfassend lässt sich also festhalten, dass der Tatbestand der indirekten Enteignung – ebenso wie derjenige der direkten Enteignung – erfordert, dass der Staat hoheitlich handelt.

Mit diesem ersten Ergebnis sind jedoch noch nicht alle Fragen bezüglich der Anforderungen an die staatliche „Maßnahme“ geklärt.

Was genau eine für den Enteignungstatbestand relevante „Maßnahme“ darstellt, wird in vielen bilateralen Investitionsschutzabkommen nicht definiert.[419] Insbesondere geht es bei der Bestimmung des Begriffs der „Maßnahme“ um die Frage, ob nicht nur – was unstreitig ist – legislative und exekutive Akte eine für die Enteignung relevante Maßnahme darstellen, sondern ob auch Akte der Judika-

---

418 *Impregilo S.p.A. v. Islamic republic of Pakistan,* ICSID Case No. ARB/03/3, Decision on Jurisdiction v. 22. April 2005, Rn. 260.

419 So z.B. nicht im Investitionsschutzvertrag zwischen Thailand und Nordkorea v. 1. März 2002; zwischen Jordanien und Italien v. 21. Juli 1996; zwischen Kanada und der Tschechoslowakei v. 15. November 1990; zwischen den Niederlanden und Venezuela; zwischen der Bundesrepublik Deutschland und Argentinien v. v. 9. April 1991; zwischenFrankreich und Argentinien v. 3. Juli 1991; zwischen der BRD und Timor-Leste v. 10. August 2005; zwischen Frankreich und Albanien v. 13. Juni 1995; zwischen den USA und Ecuador v. 27. August 1993; zwischen Großbritannien und Bosnien Herzwgowina v. 2. Oktober 2002; zwischen Großbritannien und Venezuela v. 15. März 1995; zwischen Japan und Bangladesh v. 10. November 1998; zwischen China und Japan v. 27. August 1988; zwischen Frankreich und ElSalvador v. 20. September 1978; zwischen Frankreich und Zaire v. 5. Oktober 1972; zwischen der BRD und Botswana v. 23. Mai 2000; zwischen Großbritannien und Armenien v. 27. Mai 1993; zwischen Indonesien und Norwegen v. 26. November 1991.

tive, also insbesondere Gerichtsurteile, „Maßnahmen“ darstellen können, die den Tatbestand der indirekten Enteignung erfüllen.[420]

Zu den wenigen Investitionsschutzabkommen, die „measure“ definieren, gehören das bilaterale Investitionsschutzabkommen zwischen Kanada und Ecuador v. 29. April 1996 und das NAFTA. Beide sind in ihrem Wortlaut identisch. Artikel 1 (i) des Investitionsschutzabkommen zwischen Kanada und Ecuador und Artikel 201 Absatz 1 des NAFTA bestimmen: „'measure' includes any law, regulation, procedure, requirement or practice“. Den gleichen Wortlaut enthält jetzt auch Artikel 1 des US-Model BIT von 2004, welcher als Vorlage für zukünftig abgeschlossene Investitionsschutzabkommen dient. Nach dem Wortlaut lassen sich Gerichtsurteile oder zumindest Gerichtsverfahren unter „measure“ und konkret unter „procedure“ subsumieren.

In der Rechtsprechung der internationalen Schiedsgerichte kommen nicht viele Fälle vor, in denen es um die Frage geht, ob auch Gerichtsurteile oder gerichtliche Verfahren „enteignende Maßnahmen“ darstellen können. Einer der wenigen Fälle zu diesem Problem ist *Loewen v. USA*. In dem Fall *Loewen* ging es um die Frage, ob auch ein gerichtliches Urteil eine relevante Maßnahme nach Kapitel 11 NAFTA ist, zu dem auch Artikel 1110 NAFTA gehört .[421] In der Decision on Jurisdiction entschied das Schiedsgericht:

> „the conduct of an organ of the State shall be considered as an act of the State under International law whether the organ be legislative, executive or judicial, whatever position it holds in the organization of the State.“[422]

In dem anschließenden Urteil konkretisierte das Schiedsgericht seine Ausführungen dahingehend, dass nur endgültige, unanfechtbare Urteile im Rahmen des Kapitel 11 NAFTA (also auch für den Tatbestand der Enteignung) relevante Maßnahmen darstellen könnten, also zuvor der innerstaatliche Rechtsweg erschöpft worden sein müsse, bevor materiell eine Verletzung von Völkerrecht bzw. des Kapitel 11 NAFTA durch ein Gerichtsurteil geltend gemacht werden könne.[423] Auch wenn das Schiedsgericht seine Ausführungen nicht konkret auf die indirekte Enteignung bezog, sondern allgemein auf die Verletzung von Völkerrecht, können diese auch auf den Tatbestand der indirekten Enteignung übertragen werden. Nach dem Schiedsurteil im Fall *Loewen* kommt folglich die Erfüllung des Tatbestandes

---

420 *Turk,* 1 Int'l L.&Mgmt. Rev. 2005, S. 41, 52 f.

421 *Loewen Group, Inc. and Raymond L. Loewen v. United States of America,* ICSID Case No. ARB(AF)/98/3, Decision on Jurisdiction v. 5. Januar 2001, Rn. 39 ff.

422 *Loewen Group, Inc. and Raymond L. Loewen v. United States of America,* ICSID Case No. ARB(AF)/98/3, Decision on Jurisdiction v. 5. Januar 2001, Rn. 70.

423 *Loewen Group, Inc. and Raymond L. Loewen v. United States of America,* ICSID Case No. ARB(AF)/98/3, Award v. 26. Juni 2003, Rn. 165 ff.

der indirekten Enteignung durch ein Gerichtsurteil erst nach Erschöpfung des innerstaatlichen Rechtswegs in Frage. Zur Begründung führt das Schiedsgericht an, dass es sich bei dem Erfordernis der Erschöpfung des innerstaatlichen Rechtswegs um einen wichtigen völkerrechtlichen Grundsatz handele.[424] Deswegen könne den Parteien des NAFTA nicht unterstellt werden, dass sie stillschweigend von diesem Grundsatz abgewichen seien.[425] Allerdings entspricht dieses Urteil, wenn es von einem allgemeinen Grundsatz für alle staatlichen Maßnahmen ausgeht, nicht der Rechtsprechung der Mehrheit der übrigen Schiedsgerichte.[426]

Auch in dem Fall *Azinian v. Mexico* ging das Schiedsgericht auf die Frage ein, ob ein Gerichtsurteil eine Enteignung darstellen kann.[427] Hier führte das Schiedsgericht aus, dass grundsätzlich ein Gerichtsurteil eine Enteignung sein könne. Allerdings müsse geltend gemacht und bewiesen werden, dass das Urteil als solches selbst den Tatbestand der Enteignung begründe.[428] Dies sei jedoch nur der Fall, wenn das Urteil einen „denial of justice" oder „pretence of form" darstelle.

Ein weiterer Fall ist *Noble Ventures v. Romania*.[429] In diesem Fall stellte sich das Schiedsgericht die Frage, ob ein gerichtliches Insolvenzverfahren eine Enteignung im Sinne des bilateralen Investitionsschutzabkommens darstellen kann. Da das Unternehmen nach Ansicht des Schiedsgerichts bereits zum Zeitpunkt *de facto* insolvent war – es konnte seinen Zahlungsverpflichtungen, insbesondere gegenüber seinen Arbeitnehmern, nicht mehr nachkommen – wurde nicht mehr in werthaltiges Eigentum eingegriffen. Daraus folge, dass das gerichtliche Insolvenzverfahren keine Enteignung dargestellt habe.[430] Da das Schiedsgericht hier eine Enteignung mit der Begründung ablehnt, dass das Unternehmen wertlos war und deswegen durch das gerichtliche Verfahren nicht mehr in werthaltiges Eigentum eingegriffen werden konnte, kann der Schluss gezogen werden, dass es implizit davon ausgeht, dass grundsätzlich gerichtliche Verfahren eine Enteignung darstellen können. Ansonsten hätte es von vornherein die Möglichkeit einer Enteignung durch ein gerichtliches Verfahren ablehnen müssen.

424 *Loewen Group, Inc. and Raymond L. Loewen v. United States of America,* ICSID Case No. ARB(AF)/98/3, Award v. 26. Juni 2003, Rn. 158 ff.

425 *Loewen Group, Inc. and Raymond L. Loewen v. United States of America,* ICSID Case No. ARB(AF)/98/3, Award v. 26. Juni 2003, Rn. 158 ff.

426 Vgl. A.III.1.

427 *Robert Azinian, Kenneth Davitian and Ellen Baca v. Mexico,* ICSID Case No. ARB(AF)/97/2, Award v. 1. November 1999, Rn. 97 ff.

428 *Robert Azinian, Kenneth Davitian and Ellen Baca v. Mexico,* ICSID Case No. ARB(AF)/97/2, Award v. 1. November 1999, Rn. 99.

429 *Noble Ventures v. Romania,* ICSID Case No. ARB/01/11, Award v. 12. Oktober 2005, Rn. 211 ff.

430 *Noble Ventures v. Romania,* ICSID Case No. ARB/01/11, Award v. 12. Oktober 2005, Rn. 215 f.

Bezüglich der Frage, welche staatlichen „Maßnahmen“ für den Tatbestand der indirekten Enteignung relevant werden, kann mithin davon ausgegangen werden, dass nicht nur legislative und exekutive Akte, sondern auch solche der Judikative erfasst werden. Allerdings gilt für Akte der Judikative wohl, dass nur das gesamte Verfahren oder das letztinstanzliche Urteil eine Enteignung darstellen kann, was heißt, dass zunächst der innerstaatliche Rechtsweg erschöpft worden sein muss.

Einige Schiedsgerichte haben sich darüber hinaus mit der Frage beschäftigt, ob „measure“ nur aktives Handeln oder auch ein Unterlassen durch den Staat umfasst. In *CME v. Czech Republic* entschied das Schiedsgericht, dass es keinen Unterschied mache, ob sich die Enteignung durch ein Handeln oder ein Unterlassen verwirklicht habe.[431] Diesem Ergebnis schließt sich auch das Schiedsgericht in *Eureko v. Poland* an.[432]

Allerdings ist das Unterlassen als „Maßnahme“ nur relevant, wenn der Staat zu einer (bestimmten) Handlung verpflichtet war: In dem Fall *MTD v. Chile* stellte sich die Frage, ob eine vom Gaststaat nicht durchgeführte Gesetzesänderung den Investor indirekt enteignete. In diesem Fall wurde die Investition von *MTD* zwar als solche genehmigt (es ging um die Planung und Errichtung einer kompletten Gemeinde auf bisher landwirtschaftlich genutztem Land).[433] Jedoch wurde der Antrag, die Nutzungsverordnung von einem rein landwirtschaftlichen Gebiet in ein Wohngebiet umzuändern, abgelehnt. Da *MTD* hierauf keinen Anspruch hatte, lag nach Ansicht des Schiedsgerichts kein relevantes Unterlassen und damit keine Enteignung vor.[434]

Im Gegensatz dazu behauptet das Schiedsgericht in *Olguín v. Paraguay* ohne nähere Begründung, dass ein Unterlassen auf keinen Fall eine indirekte Enteignung darstellen könne, da eine indirekte Enteignung immer eine gezielte Handlung erfordere.[435] Diese Position kann, insbesondere mangels näherer Erklärung, nicht überzeugen.

Eine Enteignung kann folglich nach der Rechtsprechung der Mehrheit der Schiedsgerichte auch durch ein Unterlassen erfolgen, wenn eine entsprechende Handlungspflicht des Staates bestand. Pflichtwidriges Unterlassen wird in diesem Fall einer aktiven staatlichen Handlung gleichgesetzt.

---

431 *CME Czech Republic B.V. v. The Czech Republic,* UNCITRAL Partial Award v. 13. September 2001, Rn. 605.

432 *Eureko B.V. v. The Republic of Poland,* Partial Award v. 19. August 2005, Rn. 186.

433 *MTD Equity Sdn. Bhd. And MTD Chile S.A. v. Republic of Chile,* ICSID Case No. ARB/01/7, Award v. 25. Mai 2004, Rn. 39 ff.

434 *MTD Equity Sdn. Bhd. And MTD Chile S.A. v. Republic of Chile,* ICSID Case No. ARB/01/7, Award v. 25. Mai 2004, Rn. 214.

435 *Eudoro Armando Olguín v. Paraguay,* ICSID Case No. ARB(AF)/98/5, Award v. 26. Juli 2001, Rn. 84.

Einige wenige Schiedsgerichte, wie das in dem Fall *Tecmed*, nennen, wenn sie den Tatbestand der Enteignung definieren, die Möglichkeit des Staates, das Vermögen auf Dritte zu übertragen.[436]

> Although formally an expropriation means a forcible taking by the Government of tangible or intangible property owned by private persons by means of administrative or legislative action to that effect, the term also covers a number of situations defined as de facto expropriation, where such actions or laws transfer assets to third parties different from the expropriating State or where such laws or actions deprive persons of their ownership over such assets, without allocating such assets to third parties or to the Government.[437]

In dem Fall *S.D. Myers* formulierte das Schiedsgericht etwas anders, ging aber offenbar ebenfalls von der Möglichkeit aus, dass bei einer Enteignung der Staat das Eigentum auch auf jemand anderen als sich selbst übertragen kann:

> In general, the term „expropriation" carries with it the connotation of a „taking" by a governmental-type authority of a person's „property" with a view to transferring ownership of that property to another person, usually the authority that exercised its de jure or *de facto* power to do the „taking".[438]

Derartige Formulierungen sind jedoch die Ausnahme. In den meisten anderen Schiedsurteilen wird die Variante, dass der Staat privates Vermögen auf Dritte überträgt und dadurch enteignet, nicht erwähnt. Keines der Schiedsgerichte, die die Übertragung von Vermögenswerten auf Dritte nannten, ging in seinen Ausführungen auf diese Möglichkeit ein oder führte Näheres hierzu aus – in keiner der Fallkonstellationen kam es auf dieses Kriterium an. Insofern lassen sich derartige Formulierungen wohl damit erklären, dass die Schiedsgerichte von einer weiten Enteignungsdefinition ausgehend bestimmte Varianten nicht von vornherein ausschließen wollten. Da die Übertragung des Vermögenswerts auf Dritte in keinem der Fälle eine Rolle spielte und es in jedem der Urteile bei dieser abstrakten Formulierung ohne weitere Erklärungen blieb, soll diese Möglichkeit auch in dieser Arbeit nicht näher vertieft werden.

---

436 *Sempra Energy International v. Argentine Republic,* ICSID Case No. ARB/02/16, Award v. 28. September 2007, Rn. 280; *Enron Corporation Ponderosa Assets, L.P v. Argentine Republic,* ICSID Case No. ARB/01/3, Award v. 22. Mai 2007, Rn. 243; *Tecnicas Medioambientales Tecmed S.A. v. The United Mexican States,* ICSID Case No. ARB (AF)/00/2, Award v. 29. Mai 2003, Rn. 113; *S.D.Myers, Inc. v. Canada,* UNCITRAL Partial Award v. 13.11.2000, Rn. 280.

437 *Tecnicas Medioambientales Tecmed S.A. v. The United Mexican States,* ICSID Case No. ARB (AF)/00/2, Award v. 29. Mai 2003, Rn. 113.

438 *S.D.Myers, Inc. v. Canada,* UNCITRAL Partial Award v. 13.11.2000, Rn. 280.

d. Grundsatz: nicht jede Beeinträchtigung des Eigentums stellt eine indirekte Enteignung dar

Der erste Grundsatz, von dem die internationalen Schiedsgerichte bei der Bestimmung der indirekten Enteignung ausgehen, besagt, dass nicht jede Beeinträchtigung des Eigentums eine indirekte Enteignung darstellt.[439] Erforderlich für eine indirekte Enteignung ist vielmehr, dass das Eigentum bzw. die Investition in ausreichendem Maße beeinträchtigt wurde.[440] Auf die Frage, wann dies der Fall ist und ob es noch weiterer Voraussetzungen bedarf, wird weiter unten eingegangen.[441]

In die gleiche Richtung geht der zweite Grundsatz, der die souveräne Regelungskompetenz des Staates betont. Nach diesem Grundsatz, von dem die Schiedsgerichte im Rahmen der Prüfung einer indirekten Enteignung ausgehen, stellen staatliche „regulatorische" Maßnahmen, die im Rahmen der „legitimate exercise of police power" getroffen werden und nicht diskriminierend sind, keine Enteignung dar und bedürfen keiner Entschädigung:[442]

> „The principle that the State's exercise of its sovereign powers within the framework of its police power may cause economic damage to those subject to its powers as administrator without entitling them to any compensation whatsoever is undisputable."[443]

„Police Power" ist dabei zu verstehen als „[t]he inherent and plenary power of a sovereign to make all laws necessary and proper to preserve the public security,

---

439 *Fortier/Drymer,* 19 ICSID Review 2004, S. 293, 301.

440 *Pope&Talbot* v. *The Government of Canada,* Interim Award vom 26. Juni 2000, Rn. 101 f; *Enron Corporation and Ponderosa Assets v. Argentina,* ICSID Case No. ARB/01/3, Award v. 22 Mai 2007, Rn. 245 f.; *LG&E Energy Corp., LG&E Capital Corp. and LG&E International Inc. v. Argentine Republic,* ICSID Case No. ARB/02/1, Decision on Liability v. 3. Oktober 2006, Rn. 189 ff.; *Gudofsky,* 21 Nw. J. Int'l L.&Bus. (2000), S. 243, 286.

441 Vgl. C.II.2.e.

442 *Saluka Investments BV v. The Czech Republic,*UNCITRAL Partial Award v. 17. März 2006, Rn. 262 ff.; *Methanex Corporation v. United States of America,* UNCITRAL Final Award v. 3. August 2005, 44 ILM 1343,1456; *Tecnicas Medioambientales Tecmed S.A. v. United Mexican States,* ICSID Case No. ARB(AF)/00/2, Award v. 29. Mai 2003, Rn. 119; *Azurix Corporation v. Argentine Republic,* ICSID Case No. ARB/01/12, Final Award v. 14. Juli 2006, *Rn.* 310; s.a. *Christie,* 38 BYIL (1962), S. 307, 335,338; *Weston,* 16 Va.J.Int'l L. 1975, S. 103, 121.

443 *Tecnicas Medioambientales Tecmed S.A. v. United Mexican States,* ICSID Case No. ARB(AF)/00/2, Award v. 29. Mai 2003, Rn. 119; so ähnlich auch: *Marvin Feldman v. Mexico,* ICSID Case No. ARB(AF)/99/1, Award v. 16. Dezember 2002, Rn. 103.

order, health, morality, and justice,"[444] also das souveräne Recht des Staates, innerhalb seiner weiten legislativen und exekutiven Befugnisse, Aufgaben und Kompetenzen in Verfolgung des öffentlichen Wohls alle erforderlichen Maßnahmen zu ergreifen.[445] Zum Teil wird in diesem Zusammenhang deswegen auch der Begriff „regulatory power" verwendet.[446] Hierzu zählen Maßnahmen, die der Sicherheit, Gesundheit, dem Sozialstaat bzw. dem Wohlstand dienen sollen.[447]

Welche mit den Maßnahmen verfolgten Zwecke und Ziele im Völkerrecht als zur „regulatory power" des Staates zählend anerkannt sind, kann sich insbesondere aus völkerrechtlichen Verträgen und Völkergewohnheitsrecht ergeben.[448] Neben den bereits aufgezählten anerkannten Zielen können nach einer Ansicht aufgrund der großen Mitgliederzahl der ILO (International Labour Organisation) auch die Stärkung der Arbeitnehmerrechte (wie Sicherheitsvorschriften oder Vorschriften bezüglich guter Arbeitsbedingungen) gezählt werden.[449] Ebenso gehörten hierzu aufgrund der sowohl bei den entwickelten Ländern als auch bei den Entwicklungsländern gestiegenen Bedeutung des Umweltschutzes Vorschriften zum Umweltschutz.[450] *Sornarajah* geht in seiner Aufzählung noch über die bereits genannten Bereiche hinaus: seiner Meinung nach stellen Maßnahmen im Rahmen von „antitrust, consumer protection, securities, environmental protection, land planning and other legislation" keine indirekte Enteignung dar, weil sie für das effektive Funktionieren des Staates essentiell seien.[451]

Nach anderer Ansicht betrifft die „police power" jedoch nur die traditionell zur „police power" gezählten Maßnahmen wie Maßnahmen während des Krieges und solche bezüglich der Währung.[452] Maßnahmen zum Umweltschutz gehörten nicht zur „police power", die auch nicht auf weitere derartige Ziele ausgedehnt werden sollte.[453] Diese Ansicht kann so nicht überzeugen. Die Auslegung, welche Maßnahmen zur „police power" gehören, ist zu eng und nicht mehr zeitgemäß. Außerdem

---

444 *Garner (Ed.),* Black's Law Dictionary, „police power", S. 1178; s.a. *Banks,* 5 NAFTA: L.&Bus. Rev.Am. 1999, S. 499, 510.

445 *Vicuna,* 5 Int'l L.F.D. Int'l 2003, S. 188, 190; *Lowe,* 55 Current Legal Problems 2002, S. 447, 450.

446 *Marvin Feldman v. Mexico,* ICSID Case No. ARB(AF)/99/1, Award v. 16.12.2002, Rn. 112.

447 *Gudofsky,* 21 Nw. J. Int'l L.&Bus. (2000), S. 243, 287 f.; *Stanley,* 15 Emory Int'l L. Rev. 2001, S. 349, 373.

448 *Weiner,* 5 Int'l L.F.D. Int'l (2003), S. 166, 173 f.

449 *Weiner,* 5 Int'l L.F.D. Int'l (2003), S. 166, 174.

450 *Wagner,* 29 Golden Gate U.L.Rev. (1999), S. 465, 527 f.; *Weiner,* 5 Int'l L.F.D. Int'l (2003), S. 166, 174.

451 *Sornarajah,* The International Law on Foreign Investment (1994), S. 283.

452 *Turk,* 1 Int'l L.&Mgmt. Rev. 2005, S. 41, 69.

453 *Turk,* 1 Int'l L.&Mgmt. Rev. 2005, S. 41, 69.

scheint der Autor davon auszugehen, dass Maßnahmen, die im Rahmen der „police power“ des Staates ergriffen wurden, immer außerhalb des Tatbestandes der Enteignung liegen und somit nie entschädigungsfähig sind. Wäre dies der Fall, bestünde, wie vom Autor wohl befürchtet, tatsächlich eine gewisse Missbrauchsgefahr und deswegen Schutzbedürftigkeit des Investors. Nach der in dieser Arbeit getroffenen Einordnung handelt es sich jedoch lediglich um einen Grundsatz, dass „police powers measures“ außerhalb des Tatbestandes der Enteignung liegen. Dies bedeutet, dass grundsätzlich derartige Maßnahmen keine Enteignung darstellen, ausnahmsweise unter bestimmten Voraussetzungen allerdings doch den Tatbestand der indirekten Enteignung erfüllen können. Da nach dieser Einordnung Maßnahmen zum Umweltschutz nicht per se vom Tatbestand der indirekten Enteignung ausgeschlossen sind, ist eine Missbrauchsgefahr gering, da gerade missbräuchliche Maßnahmen oder solche, die den Investor übermäßig belasten, eine indirekte Enteignung darstellen. Insofern spricht nichts dagegen, sie zu den „police powers measures“ zu zählen.

Grundsätzlich haben Staaten innerhalb dieses Rahmens einen großen Ermessensspielraum, Maßnahmen in Verfolgung der anerkannten legitimen Zwecke im öffentlichen Interesse zu ergreifen.[454]

Hinsichtlich des souveränen Rechts des Staates, Maßnahmen im Rahmen seiner exekutiven und legislativen Befugnisse zu treffen, bestehen keinerlei Zweifel:[455]

> „It is well established that the mere exercise by government of regulatory powers that create impediments to business or entail the payment of taxes or other levies does not of itself constitute expropriation. Any investor entering into a concession agreement must be aware that investment involves risks and that in some degree the investor's activities are likely to be regulated and payments made for which the investor does not receive compensating advantages. These are all part of the price the investor has to pay for securing the concession.“[456]

In *Saluka Investment v. Czech Republic* vertritt das Schiedsgericht die Ansicht, dieser Grundsatz, dass der Staat nicht enteignet und damit keine Entschädigung schuldet, wenn er im Rahmen seiner hoheitlichen Aufgaben allgemeine Regelungen erlässt und dabei das Eigentum eines Investors beeinträchtigt, stelle Völkergewohnheitsrecht dar.[457] Das Schiedsgericht zitiert das Urteil von *Methanex Corp.*

---

454 *Waelde/Kolo*, 50 Int' Comp. L. Qu. (2001), S. 811, 828; *Stanley*, 15 Emory Int'l L. Rev. 2001, S. 349, 374.

455 *Vicuna*, 5 Int'l L.F.D. Int'l (2003), S. 188, 190; *Fortier/Drymer*, 19 ICSID Review 2004, S. 293, 301.

456 *Telenor Mobile Communications A.S. v. The Republic of Hungary*, ICSID Case No. ARB/04/15, Award v. 13. September 2006, Rn. 64.

457 *Saluka Investments BV v. The Czech Republic*,UNCITRAL Partial Award v. 17. März 2006, Rn. 262 ff.

v. United States of America, in dem das dortige Schiedsgericht ebenfalls davon ausging, dass dieser Grundsatz Völkergewohnheitsrecht sei.

Der Grundsatz ist an sich anerkannt und es kann gerade in Hinblick auf den Grundsatz der Souveränität der Staaten gut vertreten werden, dass er Teil des Völkergewohnheitsrechts ist.[458] Zum Beispiel führt auch das IUSCT aus, es sei „an accepted principle of international law that a State is not liable for economic injury which is a consequence of a bona fide ‚regulation' within the accepted police power of states".[459] Die Frage, über die in diesem Zusammenhang gestritten wird, ist vielmehr, wie weit dieser Grundsatz geht, also wann eine Maßnahme, die im Rahmen der „police power" des Staates ergriffen wurde, in eine Enteignung umschlägt.[460]

So ist nach Ansicht des Schiedsgerichts im Fall *Saluka* die „police power" nicht absolut und unbegrenzt und muss daher das Völkerrecht eine umfassende („comprehensive") und endgültige Regel darüber aufstellen, welche Regelungen zulässig sind und in die Regelungskompetenz (police or regulatory power) des Staates fallen und damit keine Entschädigung erfordern, selbst wenn sie Eigentum beeinträchtigen.

> „In other words, it has yet to draw a bright and easily distinguishable line between non-compensable regulations on the one hand and, on the other, measures that have the effect of depriving foreign investors of their investment and are thus unlawful and compensable in international law."[461]

Die Frage, an welcher Stelle der Punkt „police powers" behandelt wird, wird allerdings in der Literatur zum Teil unterschiedlich bewertet.

Teilweise wird erst auf die „police powers measure" eingegangen, nachdem der Tatbestand der Enteignung bejaht wurde. In diesem Fall wird die „police powers measure" als Ausnahme zu der grundsätzlich bei Vorliegen einer Enteignung bestehenden Entschädigungspflicht gesehen.[462] Nach dieser Ansicht würde also in einem ersten Schritt geprüft, ob eine indirekte Enteignung vorliegt, die grundsätzlich entschädigungspflichtig ist. In einem zweiten Schritt würde untersucht, ob die das Eigentum beschränkende Maßnahme im Rahmen der „police powers"

---

458 *Vicuna*, 5 Int'l L.F.D. Int'l (2003), S. 188, 190; *Weiner*, 5 Int'l L.F.D. Int'l (2003), S. 166, 168.

459 *Sedco, Inc. v National Iranian Oil Co.*, 9 Iran-U.S. Claims Tribunal Reports, 248, 275 (1985).

460 Vgl. C.II.2.e.cc.

461 *Saluka Investments v. Czech Republic,* UNCITRAL Partial Award v. 17. März 2006, Rn. 263.

462 *Gudofsky,* 21 Nw. J. Int'l L.&Bus. (2000), S. 243, 287 ff., 298.

des Staates erging, so dass ausnahmsweise doch keine Entschädigungspflicht für den Staat besteht.[463]

Von den Schiedsgerichten wird die Frage der „police powers measure" im Rahmen des Tatbestandes der indirekten Enteignung diskutiert.[464] In *Saluka* führt das Schiedsgericht beispielsweise aus:

> „In the opinion of the Tribunal, the principle that a State does not commit an expropriation and is thus not liable to pay compensation to a dispossessed alien investor when it adopts general regulations that are „commonly accepted as within the police power of States" forms part of customary international law today."[465]

Danach liegt also schon der Tatbestand der indirekten Enteignung nicht vor, wenn allgemeine Maßnahmen im Rahmen der „police powers" des Staates getroffen werden.

Nach der Rechtsprechung der Schiedsgerichte stellen regulatorische Maßnahmen, die im Rahmen der „police powers" des Staates erlassen wurden, grundsätzlich keine (entschädigungspflichtige) Enteignung dar, selbst wenn sie die Investition nicht unerheblich beeinträchtigen.[466] Dieser Punkt kann folglich nicht erst bei der Frage der Entschädigungspflicht diskutiert werden, sondern ist im Rahmen des Tatbestandes zu prüfen. Für dieses Ergebnis spricht auch die Tatsache, dass selbst die Befürworter der anderen Ansicht wiederum Ausnahmen von der von ihnen so bewerteten Ausnahme von der Entschädigungspflicht vorsehen: im Fall einer „outright or complete destruction of property", im Fall von unverhältnismäßigen, willkürlichen oder diskriminierenden Maßnahmen soll, selbst wenn sie im Rahmen der „police powers" des Staates erlassen wurden, dennoch ein Entschädigungsanspruch bestehen.[467] Dann erscheint es aber einleuchtender, die „police powers measure" im Rahmen des Tatbestandes zu prüfen und, wenn der Tatbestand der indirekten Enteignung erfüllt ist, den Entschädigungsanspruch zu gewähren, da im Prinzip – wie im Folgenden zu zeigen sein wird – die indirekte Enteignung ähnliche Tatbestandsvoraussetzungen hat wie die eben genannten „Ausnahme-Kriterien".

---

463 *Gudofsky,* 21 Nw. J. Int'l L.&Bus. (2000), S. 243, 298.

464 *Saluka Investments BV v. The Czech Republic,*UNCITRAL Partial Award v. 17. März 2006, Rn. 262 ff.; *Methanex Corporation v. United States of America,* UNCITRAL Final Award v. 3. August 2005, 44 ILM 1343,1456; *Tecnicas Medioambientales Tecmed S.A. v. United Mexican States,* ICSID Case No. ARB(AF)/00/2, Award v. 29. Mai 2003, Rn. 119.

465 *Saluka Investments BV v. The Czech Republic,*UNCITRAL Partial Award v. 17. März 2006, Rn.262.

466 *Marvin Feldman v. Mexico,* ICSID Case No ARB(AF)/99/1, Award v. 16. Dezember 2002, Rn. 112; *Brownlie,* Principles of Public International Law, S. 509.

467 *Gudofsky,* 21 Nw. J. Int'l L.&Bus. (2000), S. 243, 290 ff.

Folglich wird hier von dem Grundsatz ausgegangen, dass regulatorische Maßnahmen, die im öffentlichen Interesse und im Rahmen der „police powers" des Staates ergriffen wurden, jedoch die Investition beeinträchtigen, keine Enteignung darstellen und keiner Entschädigung bedürfen.

Allerdings handelt es sich hier lediglich um einen Grundsatz. Das heißt andersherum auch, dass Maßnahmen, die im Rahmen der „police power" des Staates ergriffen wurden, nicht von vornherein gänzlich vom Tatbestand der indirekten Enteignung ausgeschlossen sind.[468] Unter bestimmten Voraussetzungen, auf die in dem nächsten Unterpunkt eingegangen wird, können diese Maßnahmen ausnahmsweise eine Enteignung darstellen.

Die Ausübung staatlicher Befugnisse ist nicht unbegrenzt möglich. So muss der Staat rechtmäßig handeln und dürfen durch seine Maßnahmen nicht andere Rechte oder seine Pflichten verletzt werden.[469] Insofern muss sich der Staat auch an vertraglichen Vereinbarungen festhalten lassen und kann sich, wenn der Tatbestand der Enteignung erfüllt ist, nicht unter Berufung auf seine Regelungskompetenz der Entschädigungszahlung entziehen:

> „It is the Tribunal's understanding of the basic international law principles that while a sovereign State possesses the inherent right to regulate its domestic affairs, the exercise of such right is not unlimited and must have its boundaries. As rightly pointed out by the Claimants, the rule of law, which includes treaty obligations, provides such boundaries. Therefore, when a State enters into a bilateral investment treaty like the one in this case, it becomes bound by it and the investment-protection obligations it undertook therein must be honored rather than be ignored by a later argument of the state's right to regulate."[470]

Die Aussage des Schiedsgerichts bezieht sich hier auf die Argumentation des Gaststaates, der sich auf seine souveräne Regelungskompetenz beruft.[471] In diesem Zusammenhang ist diese Aussage zu sehen. Nach Ansicht des Schiedsgerichts kann sich der Gaststaat nicht auf seine Regelungskompetenz berufen und sich damit seiner Entschädigungspflicht entziehen, wenn der Tatbestand der indirekten Enteignung erfüllt ist. In diesem Fall besteht aufgrund des Investitionsschutzvertrages die Pflicht, eine Entschädigung zu zahlen.

Unter bestimmten Voraussetzungen können regulatorische Maßnahmen bzw. Gesetze nach der Rechtsprechung der internationalen Schiedsgerichte folglich eine

---

468 *Pope&Talbot Inc. v. The Government of Canada,* Interim Award v. 26. Juni 2000.

469 *Vicuna,* 5 Int'l L.F.D. Int'l (2003), S. 188, 191.

470 *ADC Affiliate Limited and ADC& ADMC Management Limited v. The Republic of Hungary,* ICSID Case No. ARB/03/16, Award v. 2.10.2006, Rn. 423.

471 *ADC Affiliate Limited and ADC& ADMC Management Limited v. The Republic of Hungary,* ICSID Case No. ARB/03/16, Award v. 2.10.2006, Rn. 423.

indirekte Enteignung darstellen. Diese Maßnahmen, selbst wenn sie zu Zwecken der öffentlichen Sicherheit, des Umweltschutzes oder eines anderen öffentlichen Interesses ergriffen wurden, sind also nicht per se vom Tatbestand der indirekten Enteignung ausgeschlossen.[472] Fraglich ist in diesem Zusammenhang, welche (Tatbestands-)Voraussetzungen erfüllt sein müssen, damit eine regulatorische (oder sonstige staatliche) Maßnahme eine indirekte Enteignung darstellen kann, oder nach der Formulierung von *Parisi*:

> „Thus, the question left unanswered is: at what point along the continuum of interference does a host government expropriate rather than exercise its police powers through implementing regulatory measures?"[473]

e. Ausnahme: Fall der indirekten Enteignung – Voraussetzungen –

Unter bestimmten Voraussetzungen stellen regulatorische Maßnahmen, die die Investition des ausländischen Investors beeinträchtigten, eine indirekte Enteignung dar.

Da die Schiedsgerichte zunächst auf der Grundlage des bilateralen Investitionsschutzvertrages zwischen dem Gaststaat und dem Heimatstaat des Investors entscheiden, sollen auch hier in einem ersten Schritt die Bestimmungen in den bilateralen Investitionsschutzverträgen zur Abgrenzung zwischen einer regulatorischen Maßnahme und einer Enteignung untersucht werden.

Die meisten bilateralen Investitionsschutzabkommen und auch das NAFTA enthalten keine Bestimmungen bezüglich der Abgrenzung der regulatorischen Maßnahme von der indirekten Enteignung bzw. deren Verhältnis zueinander.[474]

In einigen Investitionsschutzabkommen sind jedoch Bestimmungen bezüglich staatlicher Maßnahmen für den Umweltschutz getroffen worden:

---

472 *Tecnicas Medioambientales Tecmed S.A. v. United Mexican States,* ICSID Case No. ARB(AF)/00/2, Award v. 29. Mai 2003, Rn. 121.

473 *Parisi,* 19 Emory Int'l L.Rev. (2005), S. 383, 390; s.a. *Waelde/Kolo,* 50 Int'l Comp. L. Qu. 2001, S. 811, 825.

474 So z.B. das Investitionsschutzabkommen zwischen Großbritannien und Bosnien Herzwgowina vom 2.10.2002; zwischen Großbritannien und Venezuela vom 15.03.1995; zwischen Großbritannien und Armenien vom 27.03.1993; zwischen Frankreich und Albanien vo 13.06.1995; zwischen der BRD und Afghanistan vom 19. und 20.04.2005; zwischen der BRD und Timor Leste vom 10.08.2005, zwischen der BRD und Argentinien vom 9.04.1991; wischen Argentinien und Frankreich vom 3.07.1991; zwischen den Niederlanden und Venezuela; zwischen Jordanien und Italien v. 21.07.1996; zwischen Thailand und Nordkorea vom 1.03.2002; s.a. *Parisi,* 19 Emory Int'l L.Rev (2005), S. 383, 384.

Artikel 1114 NAFTA bestimmt:

„Nothing in this Chapter shall be construed to prevent a Party from adopting, maintaining or enforcing any measure otherwise consistent with this Chapter that it considers appropriate to ensure that investment activity in its territory is undertaken in a manner sensitive to environmental concerns.“

Ähnliches ist in dem Investitionsschutzvertrag zwischen Kanada und Ecuador vom 29. April 1996 festgelegt. Artikel XVII dieses Investitionsschutzvertrages sieht in Absatz 3 vor:

„Provided that such measures are not applied in an arbitrary or unjustifiable manner, or do not constitute a disguised restriction on international trade or investment, nothing in this Agreement shall be construed to prevent a Contracting Party from adopting or maintaining measures, including environmental measures:
(a) necessary to ensure compliance with laws and regulations that are not inconsistent with the provisions of this Agreement;
(b) necessary to protect human, animal or plant life and health; or
(c) relating to the conservation of living or non-living exhaustible natural ressources.“[475]

In diesem Investitionsschutzvertrag wird also dem jeweiligen Gaststaat ausdrücklich erlaubt, Maßnahmen zum Schutz seiner Bevölkerung oder der Umwelt zu ergreifen; im NAFTA bezieht sich diese ausdrückliche Erlaubnis nur auf Maßnahmen im Rahmen des Umweltschutzes.

Allerdings wird hierdurch weder die Grenze zwischen einer regulatorischen Maßnahme und einer indirekten Enteignung festgelegt noch gesagt, dass derartige erlaubte Maßnahmen in keinem Fall eine entschädigungsbedürftige Enteignung darstellen können.[476] Auch Enteignungen sind unter bestimmten Voraussetzungen erlaubt, jedoch entschädigungspflichtig. Insofern kann hier also nicht darauf geschlossen werden, dass derartige Maßnahmen entschädigungsfähig oder nicht entschädigungsfähig sind.

Bezüglich des NAFTA besteht ein weiterer Ansatz, Indizien für die Abgrenzung einer regulatorischen Maßnahme von der indirekten Enteignung festzulegen. Artikel 1110 Absatz 8 des NAFTA bestimmt:

„For purposes of this Article and for greater certainty, a non-discriminatory measure of general application shall not be considered a measure tantamount to an ex-

475 Dieser Artikel ist den Ausnahmegründen des Art. XX GATT sehr ähnlich.
476 Zum NAFTA: *Turk,* 1 Int'l L.&Mgmt. Rev. 2005, S. 41, 68 f.; *Baughen,* 18 J. Envtl. L. 2006, S. 207, 222.

propriation of a debt security or loan covered by this Chapter solely on the ground that the measure imposes costs on the debtor that cause it to default on the debt."

Banks schließt aus der Formulierung „for greater certainty", dass die hier aufgezählten Maßnahmen lediglich ein Beispiel sind für eine allgemeinere Kategorie von Maßnahmen, die alle außerhalb des Tatbestandes der indirekten Enteignung liegen.[477] Nach seiner Ansicht könnten die in Artikel 1110 Absatz 8 NAFTA genannten Maßnahmen eine große Spannbreite an regulatorischen Maßnahmen umfassen, wie rein um- oder neuverteilende Gesetze bis hin zu Vorschriften über die technische Produktion oder die Produktqualität.[478] Beschränkt sich diese Auslegung allein auf die Art der Maßnahme, ist sie durchaus nachvollziehbar. Soweit *Banks* Artikel 1110 Absatz 8 NAFTA jedoch auf weitere Formen von Investitionen übertragen wollte, überzeugt dieser Ansatz nicht: Artikel 1110 Absatz 8 NAFTA ist ausdrücklich auf Investitionen in Form von „debt security or loan" beschränkt, so dass dieser Absatz nicht oder zumindest nicht ohne weiteres auch für die anderen Formen von Investitionen anwendbar ist. Insofern lassen sich die eventuell in diesem Absatz genannten Kriterien für die Abgrenzung zwischen einer regulatorischen Maßnahme und einer indirekten Enteignung nicht auf die übrigen Formen der Investition übertragen, so dass Artikel 1110 Absatz 8 NAFTA nicht bei der Suche nach allgemeinen Kriterien für die Abgrenzung zwischen einer regulatorischen Maßnahme und einer indirekten Enteignung weiterhilft.

Lediglich in dem Model BIT 2004 der USA und dem kanadischen Model FIPA (Foreign Investment Protection Agreement) von 2003 sind nähere Bestimmungen zu regulatorischen Maßnahmen vorgesehen.

Annex 13 (1) des kanadischen Model FIPA bestimmt:

„Except in rare circumstances, such as when a measure or series of measures are so severe in the light of their purpose that they cannot be reasonably viewed as having been adopted and applied in good faith, non-discriminatory measures of a Party that are designed and applied to protect legitimate public welfare objectives, such as health, safety and the environment, do not constitute indirect expropriation."

Nahezu identisch, allerdings ohne das erklärende Beispiel („such as..."), ist die Bestimmung in Annex B des U.S.-amerikanischen Model BITs.

Danach sind folglich „regulatorische Maßnahmen" grundsätzlich keine indirekte Enteignung. In welchem Fall eine regulatorische Maßnahme ausnahmsweise doch eine indirekte Enteignung darstellen kann, führt nur das kanadische Model FIPA näher aus. Nach dieser Bestimmung ist eine regulatorische Maß-

477 *Banks,* 5 NAFTA: L.&Bus. Rev.Am. 1999, S. 499, 512.
478 *Banks,* 5 NAFTA: L.&Bus. Rev.Am. 1999, S. 499, 512 f.

nahme dann eine indirekte Enteignung, wenn die Maßnahmen im Verhältnis zu ihrem Zweck die Investition so stark beeinträchtigen, dass vernünftigerweise nicht davon ausgegangen werden kann, dass diese Maßnahme „in good faith" ergriffen oder angewendet wurde. Mit anderen Worten: sind die regulatorischen Maßnahmen unverhältnismäßig – und kann deswegen nicht davon ausgegangen werden, dass sie in gutem Glauben ergriffen wurden –, stellen sie eine indirekte Enteignung dar.

Da diese Bestimmung jedoch nur im kanadischen Model FIPA vorkommt, kann nicht darauf geschlossen werden, dass sie für alle Investitionsschutzabkommen gilt. Insofern kommt es für die Abgrenzung zwischen regulatorischer Maßnahme und indirekter Enteignung auf die Rechtsprechung der Schiedsgerichte an.

Bezüglich der Abgrenzung von regulatorischen Maßnahmen, die keine Enteignung darstellen, und indirekten Enteignungen ist die Rechtsprechung der Schiedsgerichte nicht einheitlich. Die Urteile stimmen jedoch insgesamt darin überein, dass sie beide Kategorien nicht als aliud behandeln.[479] Die regulatorische Maßnahme ist nach dieser Rechtsprechung nichts völlig anderes im Vergleich zur indirekten Enteignung, sondern einfach ein „Weniger" an Eingriff:

> „Expropriations tend to involve the deprivation of ownership rights; regulations a lesser interference. The distinction between expropriation and regulation screens out most potential cases of complaints concerning economic intervention by a state and reduces the risk that governments will be subject to claims as they go about their business of managing public affairs."[480]

Regulatorische Maßnahmen, die die ausländische Investition beeinträchtigen, können nur dann eine indirekte Enteignung darstellen, wenn der Eingriff in das Eigentum ausreichend intensiv ist. Überschreitet die Beeinträchtigung des Eigentums die erforderliche Schwelle nicht, ist in der internationalen Schiedsgerichtsbarkeit anerkannt, dass diese Maßnahmen keine Enteignung sind.[481] In *Feldman v. Mexico* führte das Schiedsgericht hierzu aus:

> „Not all governmental regulatory activity that makes it difficult or impossible for an investor to carry out a particular business, change in the law or change in the application of existing laws that makes it uneconomical to continue a particular business is an expropriation [...]. Governments, in their exercise of regulatory power, frequently change their laws and regulations in response to changing economic circumstances or changing political, economic or social considerations. Those

---

479 *Schill,* RIW 2005, S. 330, 332; *Hóber,* 14 Am. Rev. Int'l Arb. 2003, S. 377, 382.
480 *S.D.Myers, Inc. v. Canada,* UNCITRAL Partial Award v. 13.11.2000, Rn. 282.
481 *S.D.Myers, Inc. v. Canada,* UNCITRAL Partial Award v. 13.11.2000, Rn. 281.

changes may well make certain activities less profitable or even uneconomic to continue."[482]

Nach der Rechtsprechung der „modernen" Schiedsgerichte – genau wie nach derjenigen des *Iran-U.S. Claims Tribunal* – setzt der Tatbestand der indirekten Enteignung zunächst voraus, dass die Investition in ausreichendem Maße beeinträchtigt wurde.[483] Uneinheitlich sind die Urteile allerdings hinsichtlich der Frage, ob das Kriterium der ausreichenden Beeinträchtigung genügt, um die indirekte Enteignung zu bejahen – was dem Interesse des Investors Vorzug geben würde – oder ob die Maßnahme zugleich unverhältnismäßig sein muss, um eine indirekte Enteignung darstellen zu können. Im letzteren Fall würde auch der Zweck der staatlichen Maßnahme mit einbezogen und damit dem Interesse des Gaststaates Rechnung getragen, Maßnahmen im öffentlichen Interesse zu ergreifen.[484]

Wie diese beiden Kriterien – die ausreichende Beeinträchtigung der Investition und die Verhältnismäßigkeit der Maßnahme – nach der Rechtsprechung der Schiedsgerichte konkret aussehen und ob sich das zweite Kriterium für alle staatlichen Maßnahmen verallgemeinern lässt, soll in den folgenden beiden Abschnitten untersucht werden. Die Ausführungen betreffen, wenn sie nicht ausdrücklich auf eine bestimmte Art der indirekten Enteignung beschränkt werden, alle Formen der indirekten Enteignung, also sowohl „regulatory expropriation" als auch sonstige indirekte Enteignungen.

aa. Intensität des Eingriffs in das Eigentum

Der Eingriff in das Eigentum des Investors muss ausreichend intensiv sein, um überhaupt eine Enteignung darstellen zu können.[485] Die Intensität des Eingriffs ergibt sich dabei aus mehreren Aspekten. Einerseits spielt das Ausmaß der wirt-

482 *Marvin Feldman v. Mexico,* ICSID Case No. ARB(AF)/99/1, Award v. 16.12.2002, Rn. 112.

483 *Pope&Talbot Inc. v. The Government of Canada,* Interim Award v. 26.06.2000, Rn. 100 ff.; *CMS Gas Transmission Company v. The Republic of Argentina,* ICSID Case No. ARB/01/8, Award v. 12.05.2005, Rn. 262 f.; *Enron and Ponderosa Assets v. Argentina,* ICSID Case No. ARB/01/3, Award v. 22 05.2007, Rn. 245; *Tecnicas Medioambientales Tecmed S.A. v.The United Mexican States,* ICSID Case No. ARB(AF)/00/2, Award v. 29.5.2003, Rn. 115 f.; *LG&E Energy Corp., LG&E Capital Corp., LG&E International Inc. v. Argentine Republic,* ICSID Case No. ARB/02/1, Decision on Liability v. 3.10.2006, Rn. 189 ff.; *Fireman's Fund Insurance Company v. Mexico,* ICSID Case No. ARB(AF)/02/1 (NAFTA), Final Award v. 17. 07.2007, Rn. 205 ff.; *M.C.I. Power Group L.C. v. Republic of Ecuador,* ICSID Case No. ARB/03/6, Award v. 31. 07 2007, Rn. 300.

484 *Brunetti,* 5 Int'l L.F.D. Int'l (2003), S. 150, 151.

485 *Nouvel,* Revue Générale de Droit International Public 2002, S. 79, 83.

schaftlichen Beeinträchtigung der Investition durch die Maßnahme, andererseits die Frage, ob die Maßnahme überhaupt berechtigte Erwartungen des Investors beeinträchtigte, sowie die Dauer des Eingriffs eine Rolle.[486]

(1) Hinreichende Beeinträchtigung des Eigentums

Nach der Rechtsprechung der meisten internationalen Schiedsgerichte ist zunächst Voraussetzung, dass das Eigentum in ausreichendem Maße beeinträchtigt worden ist, damit überhaupt von einer Enteignung gesprochen werden kann.[487]

Bereits aus vielen bilateralen Investitionsschutzabkommen ergibt sich, dass die Auswirkungen der Maßnahme auf die Investition bei der Bestimmung, ob eine indirekte Enteignung vorliegt, eine wesentliche Rolle spielen.[488] So schützen viele Investitionsschutzabkommen nicht nur vor direkten Enteignungen und Verstaatlichungen, sondern auch vor solchen Maßnahmen, deren Auswirkung derjenigen einer Enteignung gleichkommt. Zum Beispiel bestimmt das Investitionsschutzabkommen zwischen Thailand und Nordkorea vom 1. März 2002 in Artikel 6 Absatz 1:

> „Investments of investors of either Contracting Party shall not be expropriated, nationalized or subjected to measures having effect equivalent to nationalization or expropriation (hereinafter referred to as „expropriation“)...“.

Ähnlich sind auch die Formulierungen in Artikel 4 Absatz 2 des Investitionsschutzabkommens zwischen Jordanien und Italien vom 21. Juli 1996, Artikel VIII Absatz 1 des Investitionsschutzabkommens zwischen Kanada und Ecuador vom 29. April 1996, Artikel 6 des Investitionsschutzabkommen zwischen den Niederlanden und Venezuela, Artikel 5 Absatz 1 des Investitionsschutzabkommens

---

486 *LG&E Energy Corp., LG&E Capital Corp. and LG&E International Inc. v. Argentine Republic,* ICSID Case No. ARB/02/1, Decision on Liability v. 3. Oktober 2006, Rn. 190.

487 *Pope&Talbot* v. *The Government of Canada*, Interim Award vom 26. Juni 2000, Rn. 100; *Enron Corporation and Ponderosa Assets v. Argentina,* ICSID Case No. ARB/01/3, Award v. 22 Mai 2007, Rn. 245; *LG&E Capital Corp. and LG&E International Inc. v. Argentine Republic,* ICSID Case No. ARB/02/1, Decision on Liability v. 3. Oktober 2006, Rn. 188; *CMS Gas Transmission Comp. V. Argentina*, ICSID Case No. ARB/01/08, Final Award v. 12. Mai 2005, Rn. 263; *Telenor Mobile Communications A.S. v. The Republic of Hungary,* ICSID Case No. ARB/04/15, Award v. 13.09.2006, Rn. 47 (3); *M.C.I. Power Group L.C. v. Ecuador*, ICSID Case No. ARB/03/6, Award v. 31. Juli 2007, Rn. 300; *CME Czech Republic B.V. (The Netherlands) v. The Czech Republic,* UNCITRAL (Partial) Award v. 13.09.2001, Rn. 604; *Ronald S. Lauder v. The Czech Republic,* UNCITRAL Final Award v. 3.09.2001, Rn. 200.

488 *Dolzer/Stevens,* Bilatreal Investment Treaties, S. 100.

zwischen dem Vereinigten Königreich und Bosnien Herzegowina vom 2. Oktober 2002 oder Artikel 6 Absatz 1 des US-amerikanischen Model BITs von 2004.

Artikel 5 Absatz 2 des Investitionsschutzabkommens zwischen Frankreich und Argentinien vom 3. Juli 1991 bestimmt die Art der Auswirkungen, die eine indirekte Enteignung oder eine „sonstige" Maßnahme haben muss, konkreter:

> „Les Parties contractantes ne prennent pas, directement ou indirectement, de mesures d'expropriation ou de nationalisation, ni tout autre mesure équivalente ayant un effet similaire de dépossession, ...".

Ähnlich deutlich ist auch Artikel 5 Absatz 2 des Investitionsschutzabkommens zwischen Frankreich und Albanien vom 13. Juni 1995.

Aus derartigen Formulierungen ergibt sich, dass die bilateralen Investitionsschutzabkommen voraussetzen, dass die Maßnahmen eine der Enteignung ähnliche Auswirkung von Besitz- oder Eigentumsentzug haben. Daraus folgt, dass auch bei der indirekten Enteignung eine solche Auswirkung auf das Eigentum vorausgesetzt wird, wie sie für die direkte Enteignung typisch ist.

Etwas weniger eindeutig sind hingegen einige Investitionsschutzabkommen, die die Bundesrepublik Deutschland abgeschlossen hat. Hierzu gehören beispielsweise das Investitionsschutzabkommen mit Argentinien vom 9. April 1991 und zwei neuere bilaterale Investitionsschutzabkommen mit Timor Leste (vom 10. August 2005) einerseits und mit Afghanistan (vom 19. und 20. April 2005) andererseits. Diese bestimmen jeweils in Artikel 4 Absatz 2:

> „Kapitalanlagen von Investoren eines Vertragsstaats dürfen im Hoheitsgebiet des anderen Vertragsstaats nur zum allgemeinen Wohl und gegen Entschädigung direkt oder indirekt enteignet, verstaatlicht oder anderen Maßnahmen unterworfen werden, die in ihren Auswirkungen einer Enteignung oder Verstaatlichung gleichkommen."

Diese Formulierung scheint – genau wie die Bestimmung im Investitionsschutzabkommen zwischen Frankreich und Argentinien – eher darauf hinzudeuten, dass zwischen indirekten Enteignungen und anderen Maßnahmen, deren Auswirkungen denen einer Enteignung gleichkommen, unterschieden wird. Da allerdings die indirekte Enteignung offenbar von ihren Auswirkungen der direkten Enteignung gleichgestellt wird (bezüglich der Auswirkungen, die die andere Maßnahme haben muss, wird nicht mehr zwischen den unterschiedlichen Formen der Enteignung differenziert), kann auch hier davon ausgegangen werden, dass eine indirekte Enteignung – ebenso wie die sonstigen Maßnahmen – voraussetzt, dass das Eigentum in ausreichendem Maße beeinträchtigt wurde.

Gleiches gilt für die betreffende Bestimmung im NAFTA. Artikel 1110 des NAFTA bestimmt:

> „No Party may directly or indirectly nationalize or expropriate an investment of an investor of another Party in its territory or take a measure tantamount to nationalization or expropriation of such an investment („expropriation"),..."

Zu dieser Bestimmung haben internationale Schiedsgerichte wiederholt entschieden, dass „tantamount" nichts anderes als „equivalent" bedeute, dass also die Maßnahme insgesamt und in ihren Auswirkungen einer Enteignung gleichkommen müsse.[489]

In dem Fall *Pope&Talbot*, welcher auf Grundlage des NAFTA entschieden wurde, ging es um die Frage, ob der Tatbestand der indirekten Enteignung erfüllt wurde.[490] Die Streitigkeit zwischen *Pope&Talbot* und Kanada entstand daraus, dass Kanada aufgrund eines Übereinkommens mit den USA ein Gesetz erließ, das Exporte von Weichholz („softwood lumber") in die USA einschränkte. Das Gesetz sah vor, dass die Zölle progressiv anstiegen, wenn festgelegte Kontingente überschritten wurden. *Pope&Talbot* sah sich aufgrund des Gesetzes enteignet, da seine Geschäfte, seine Expansion und seine gesamte Ertragskraft bzw. Rentabilität geschädigt worden seien. Kanada verneinte eine Enteignung, weil weder die Betriebsstätten, der Gewinn noch Aktien entzogen worden seien, *Pope&Talbot* weiterhin erhebliche Mengen an Weichholz in die USA exportiere und insgesamt gewinnbringend wirtschafte. In einem ersten Schritt stellte das Schiedsgericht fest, dass die Investition von *Pope&Talbot* durch die Exportbeschränkung beeinträchtigt wurde und dass staatliche Regelungen, auch wenn sie innerhalb der „police powers" des Staates getroffen wurden und nicht diskriminierend sind, nicht von vornherein außerhalb des Enteignungstatbestandes liegen.[491] Danach prüfte es, ob diese Maßnahme auch den Tatbestand der indirekten Enteignung erfüllt, wobei es analysierte, ob die in Frage stehende staatliche Maßnahme die Investition von *Pope&Talbot* ausreichend beeinträchtigte.[492] Nachdem es diverse Beispiele aufzählte, die seiner Ansicht nach eine ausreichende Beeinträchtigung des Eigentums und damit eine indirekte Enteignung hätten darstellen können – wie der Verlust der Kontrolle über die Investition oder die Einflussnahme auf die Unternehmensleitung

---

489 *Pope&Talbot* v. *The Government of Canada*, Interim Award vom 26. Juni 2000, Rn. 104; *S.D.Myers, Inc. v. Canada,* UNCITRAL Partial Award v. 13.11.2000, Rn. 285.

490 *Pope&Talbot* v. *The Government of Canada*, Interim Award vom 26. Juni 2000.

491 *Pope&Talbot* v. *The Government of Canada*, Interim Award vom 26. Juni 2000, Rn. 97 ff.

492 *Pope&Talbot* v. *The Government of Canada*, Interim Award vom 26. Juni 2000, Rn. 100.

oder auf Aktivitäten der Aktionäre –, kam das Schiedsgericht zu dem Schluss, dass in diesem Fall keine derartigen Beeinträchtigungen der Investition gegeben waren und daher keine indirekte Enteignung vorlag.[493] Das NAFTA-Schiedsgericht ging folglich davon aus, dass die Exportbeschränkungen nicht in ausreichendem Maße in die Investition von *Pope&Talbot* eingriffen bzw. diese nicht ausreichend beeinträchtigten und somit keine Enteignung vorlag:[494]

> „Even accepting (for the purpose of this analysis) the allegations of the investor concerning diminished profits, the tribunal concludes that the degree of interference with the Investment's operations due to the Export Control Regime does not rise to an expropriation (creeping or otherwise) within the meaning of Article 1110. While it may sometimes be uncertain whether a particular interference with business activities amounts to an expropriation, the test is whether the interference is sufficiently restrictive to support a conclusion that the property has been „taken" from the owner."[495]

Diese Rechtsprechung wird in zahlreichen anderen Schiedsurteilen zitiert.[496] Nach Ansicht des Schiedsgerichts in *Enron Corporation and Ponderosa Assets v. Argentina* stellt die Rechtsprechung in *Pope&Talbot* den geltenden Standard hinsichtlich des ausreichenden Eingriffs bei indirekten Enteignungen auf:

> „Substantial deprivation results in that light from depriving the investor of the control of the investment, managing the day-to-day operations of the company, arrest and detention of company officials or employees, supervision of the work of officials, interfering in the administration, impeding the distribution of dividends, interfering in the appointment of officials and managers, or depriving the company of its control in total or in part."[497]

---

493 *Pope&Talbot* v. *The Government of Canada*, Interim Award vom 26. Juni 2000, Rn. 100.

494 *Pope&Talbot* v. *The Government of Canada*, Interim Award vom 26. Juni 2000, Rn. 96.

495 *Pope&Talbot* v. *The Government of Canada*, Interim Award vom 26. Juni 2000, Rn. 102.

496 *Sempra Energy International v. Argentine Republic,* ICSID Case No. ARB/02/16, Award v. 28. September 2007, Rn. 284; *Enron Corporation and Ponderosa Assets v. Argentina,* ICSID Case No. ARB/01/3, Award v. 22. Mai 2007, Rn. 245; *PSEG Global Inc. and Konya Ilgin Elektrik Üretim ve Ticaret Limited Srketi v. Republik of Turkey,* ICSID Case No. ARB/02/5, Award v. 19. Januar 2007, Rn. 278; *LG&E Energy Corp., LG&E Capital Corp. and LG&E International Inc. v. Argentine Republic,* ICSID Case No. ARB/02/1, Decision on Liability v. 3. Oktober 2006, Rn. 188; *CMS Gas Transmission Comp. V. Argentina*, ICSID Case No. ARB/01/08, Final Award v. 12. Mai 2005, Rn. 263.

497 *Enron Corporation and Ponderosa Assets v. Argentina,* ICSID Case No. ARB/01/3, Award v. 22 Mai 2007, Rn. 245.

Auch bei *Enron* lag keine derartige Beeinträchtigung des Eigentums vor.[498] Ebenfalls vor dem Hintergrund der argentinischen Finanzkrise spielt der Fall *Sempra Energy International v. Argentine Republic.*[499] Auch hier geht das Schiedsgericht davon aus, dass wesentliche Tatbestandsvoraussetzung der indirekten Enteignung ist, dass die Investition in ausreichendem Maße beeinträchtigt wurde: nach diesem Urteil ist für einen ausreichenden Eingriff erforderlich, dass der Investor die Kontrolle über das Management und die wirtschaftlichen Vorgänge verliert oder dass der Wert der Investition nihiliert wurde.[500] Vor demselben Hintergrund trug sich auch der Fall *CMS v. Argentina* zu.[501] In diesem Fall führt das Schiedsgericht ebenfalls aus, dass es für eine indirekte Enteignung eines wesentlichen Eingriffs in das Eigentum bedarf.[502]

Auch in *Telenor v. Hungary* legte das Schiedsgericht fest, dass erste wesentliche Voraussetzung für das Vorliegen einer indirekten Enteignung die wesentliche Beeinträchtigung des Eigentums ist.[503]

In dem Fall *GAMI v. Mexico* ging es um die Frage, ob die direkte Enteignung von Produktionsanlagen eines Unternehmens eine indirekte Enteignung eines anderen Unternehmens darstellen kann, das Aktien an dem ersten Unternehmen hat, da diese durch die Maßnahmen weniger wert waren.[504] *GAMI* hatte einen Aktienanteil in Höhe von 14,8% an *GAM*, einem mexikanischen Unternehmen, das Zucker herstellte. Mexiko enteignete 5 Mühlen von *GAM*, die nahezu die Gesamtheit der GAM gehörenden Produktionsanlagen darstellten. *GAMI* verklagte Mexiko vor dem Schiedsgericht u.a. wegen *de facto*-Enteignung seiner Aktien. Obwohl sich die Maßnahmen Mexikos nicht gegen *GAMIs* Aktien an *GAM* richteten, machte *GAMI* geltend, dass Mexiko diese enteignet habe, da die Enteignung der Mühlen von *GAM* den Wert der Aktien in einem solchen Ausmaß schädigten, dass dies einer Enteignung gleichkäme.[505]

---

498 *Enron Corporation and Ponderosa Assets v. Argentina,* ICSID Case No. ARB/01/3, Award v. 22 Mai 2007, Rn. 246.

499 *Sempra Energy International v. Argentine Republic,* ICSID Case No. ARB/02/16, Award v. 28 09.2007.

500 *Sempra Energy International v. Argentine Republic,* ICSID Case No. ARB/02/16, Award v. 28 09.2007 Rn. 285.

501 *CMS Gas Transmission Company v. The Argentine Republic,* ICSID Case No. ARB/01/8, Award v. 12. Mai 2005, 44 ILM (2005), S. 1205 ff., Rn. 53 ff.

502 *CMS Gas Transmission Company v. The Argentine Republic,* ICSID Case No. ARB/01/8, Award v. 12. Mai 2005, 44 ILM (2005), S. 1205 ff., Rn. 262.

503 *Telenor Mobile Communications A.S. v. The Republic of Hungary,* ICSID Case No. ARB/04/15, Award v. 13. September 2006, Rn. 64 ff.

504 *GAMI Investments, Inc.* v. *The Government of the United Mexican States*, Final Award v. 15. November 2004, UNCITRAL Arbitration, 44 ILM (2005), S. 545-568.

505 *GAMI Investments, Inc.* v. *The Government of the United Mexican States*, Final Award v. 15. November 2004, UNCITRAL Arbitration, 44 ILM (2005), S. 545, 551, Rn. 35.

Das Schiedsgericht führte aus, dass die Voraussetzung für das Vorliegen einer indirekten Enteignung sei, dass die Aktien von *GAMI* derart beeinträchtigt seien, dass sie als enteignet angesehen werden müssten.[506] Dabei ist nach seiner Ansicht auch eine teilweise Wertvernichtung ausreichend.[507] Das Schiedsgericht lehnte allerdings im Ergebnis eine Enteignung ab, da *GAMI* weder konkret angegeben noch bewiesen hatte, in welchem Ausmaß die Aktien an Wert verloren hatten. *GAMI* hatte insbesondere nicht bewiesen, dass der Wert der Aktien noch immer stark beeinträchtigt war, obwohl die Enteignungen von mexikanischen Gerichten entweder rückgängig gemacht worden waren oder Entschädigungen hierfür ausstanden.[508]

Auch nach der Rechtsprechung des Schiedsgerichts in *M.C.I. Power Group L.C. v. Ecuador* ist entscheidende Voraussetzung für das Vorliegen einer Enteignung, dass eine wesentliche Beeinträchtigung des Eigentums vorliegt. Notwendig sei eine „substantial interference on the part of the State that effects the use and enjoyment of the investment."[509] Von der gleichen Voraussetzung geht auch das Schiedsgericht in *Fireman's Fund v. Mexico* aus, welches von „substantially complete deprivation of the economic use and enjoyment of the rights to the property" spricht.[510] Das Schiedsgericht in *Tecmed* verlangt, dass der Investor „was radically deprived of the economical use and enjoyment of its investments".[511] Das Schiedsgericht in „*Vivendi II*" nennt ebenfalls als entscheidende Tatbestandsvoraussetzung einer indirekten Enteignung den wesentlichen Eingriff in das Eigentum, wobei es unter anderen die Formulierungen der Schiedsgerichte in Tecmed und CME zitiert.[512]

Die Schiedsurteile *CME v. Czech Republic* und *Lauder v. Czech Republic*, die auf demselben Sachverhalt beruhen, kommen, obwohl sie von den gleichen Tat-

---

506 *GAMI Investments, Inc.* v. *The Government of the United Mexican States*, Final Award v. 15. November 2004, UNCITRAL Arbitration, 44 ILM (2005), S. 545, 566, Rn. 129.

507 *GAMI Investments, Inc.* v. *The Government of the United Mexican States*, Final Award v. 15. November 2004, UNCITRAL Arbitration, 44 ILM (2005), S. 545, 566, Rn.131.

508 *GAMI Investments, Inc.* v. *The Government of the United Mexican States*, Final Award v. 15. November 2004, UNCITRAL Arbitration, 44 ILM (2005), S. 545, 567, Rn. 132 f.

509 *M.C.I. Power Group L.C. v. Ecuador*, ICSID Case No. ARB/03/6, Award v. 31. Juli 2007, Rn. 300.

510 *Fireman's Fund Insurance Company v. United Mexican States,* ICSID Case No. ARB/02/01, Award v. 17. Juli 2006, Rn. 176.

511 *Tecnicas Mediambientales Tecmed S.A. v. The United Mexican States,* ICSID Case No. ARB(AF)/00/2, Award v. 29.Mai 2003, Rn. 115.

512 *Compañía de Aguas del Aconquija S.A.& Vivendi Universal S.A. v. Argentina,* ICSID Case No. ARB/97/3, Award v. 20. August 2007, Rn. 7.5.24 (S.231).

bestandsvoraussetzungen für eine indirekte Enteignung – die hinreichende Beeinträchtigung des Eigentums – ausgehen, zu gegensätzlichen Ergebnissen.

Die Fälle spielen vor dem Hintergrund des Aufbaus eines privaten Senders in Tschechien nach dem Fall des kommunistischen Regimes. *CME* war zunächst über CEDC, später selbst direkt zusammen mit CET 21, einer tschechischen Gesellschaft, an der tschechischen Gesellschaft CNTS beteiligt. Der Unternehmenszweck von CNTS war, als Betreiber einer Fernsehstation für CET 21, welche alleinige Lizenzinhaberin war, exklusiv alle erforderlichen Fernsehdienstleistungen für den Betrieb des Senders TV Nova zu erbringen. Während die von CET 21 erbrachte Einlage die unbedingte und ausschließliche Nutzung der Lizenz war, bestand die Einlage von CEDC (später *CME*) in Kapital. Diese Konstruktion war mit der Medienbehörde abgestimmt und wurde vom Rat der Medienbehörde im April 1993 genehmigt. Der im Februar 1994 begonnene Sendebetrieb von TV Nova verlief überaus erfolgreich.

1996 wurde das tschechische Mediengesetz geändert, mit der Folge, dass Lizenzinhaber die Rücknahme der bei der Lizenzerteilung gemachten Auflagen verlangen konnten. Daraufhin verlangte CET 21, die bei der Lizenzerteilung 1994 gemachte Auflage, den Sendebetrieb exklusiv von CNTS durchführen zu lassen, aufzuheben. In der Folge nahm die Medienbehörde starken Einfluss auf CNTS und konnte – unter Androhung eines Lizenzentzugs – durchsetzen, dass die Satzung von CNTS geändert wurde. Die vom Lizenzinhaber CET 21 erbrachte Einlage in CNTS, die Sendelizenz ausschließlich zu nutzen, wurde dahingehend geändert, dass CNTS nur noch zur Nutzung des Know-hows der Lizenz berechtigt war. Die Nutzung der Lizenz durch CNTS wurde zunächst in einem separaten Nutzungsvertrag zwischen CET 21 und CNTS vereinbart, der allerdings 1999 von CET 21 gekündigt wurde. Hierdurch konnte CNTS mangels Nutzungsberechtigung für die Sendelizenz nicht weiter senden und es entfielen die aus dem Sendebetrieb fließenden Einkünfte.

Vor den Schiedsgerichten stellte sich die Frage, ob Tschechien – durch die Medienbehörde – die Investition von *CME* bzw. *Lauder* indirekt enteignet hatte.[513] In beiden Fällen gehen die Schiedsgerichte davon aus, dass Voraussetzung für eine indirekte Enteignung ist, dass die Investition hinreichend beeinträchtigt wurde: in *CME* umschreibt das Schiedsgericht die indirekte Enteignung als „measures that [...] effectively neutralize the benefit of the property of the foreign owner“[514], in *Lauder* verwendet das Schiedsgericht eine ähnliche Formu-

---

513 *CME Czech Republic B.V. (The Netherlands) v. The Czech Republic,* UNCITRAL (Partial) Award v. 13.09.2001, Rn. 5-25; *Ronald S. Lauder v. The Czech Republic,* UNCITRAL Final Award v. 3.09.2001, Rn. 43 ff.

514 *CME Czech Republic B.V. (The Netherlands) v. The Czech Republic,* UNCITRAL (Partial) Award v. 13.09.2001, Rn. 604.

lierung.[515] Allerdings kommen die beiden Schiedsgerichte zu entgegengesetzten Ergebnissen.

Nach Ansicht des Schiedsgerichts in *CME v. Czech Republic* stellte die von der Medienbehörde erzwungene Änderung des Gesellschaftvertrags, durch die die exklusive Nutzungsberechtigung der Lizenz durch CNTS aufgehoben wurde, eine indirekte Enteignung dar.[516] Die vorherige Einlage der Lizenz in CET 21 einschließlich des exklusiven Nutzungsrechts für CNTS hätte für CNTS beachtliche Rechtssicherheit bedeutet, so dass die erzwungene Aufgabe dieser Sicherheit per se eine substanzielle Wertminderung der Investition des Investors darstelle.[517]

Das Schiedsgericht in dem *Fall Lauder v. Czech Republic* dagegen entschied, dass keine indirekte Enteignung der Investition vorlag.[518] Nach Ansicht des Schiedsgerichts wurde die Investition nicht durch Maßnahmen der Medienbehörde beeinträchtigt, sondern erst durch die Kündigung des 1996 geschlossenen Lizenznutzungsvertrags durch CET 21.[519] Bis zu diesem Zeitpunkt sei *CME* (und dadurch *Lauder*) – wenn auch unter veränderten rechtlichen Bedingungen – in der Lage gewesen, von seiner Investition und der Lizenz in vollem Umfang zu profitieren.[520]

Vor dem Hintergrund der zwar auf demselben Sachverhalt beruhenden, aber gegensätzlich entschiedenen Fälle stellt sich die Frage, ob es bezüglich der Beeinträchtigung der Investition auf eine eher abstrakte Betrachtung – wie in dem Schiedsurteil von *CME* – oder auf den tatsächlich und konkret eingetretenen Wertverlust – wie in dem Schiedsurteil von *Lauder* – ankommt.

In diesem Fall spricht viel dafür, dass bereits die Maßnahmen der Medienbehörde die Investition in ausreichendem Maße beeinträchtigten. Sie waren Voraussetzung dafür, dass das im Gesellschaftsvertrag als Einlage von CET 21 verankerte exklusive Nutzungsrecht, das nicht ohne weiteres aufgehoben werden konnte, umgewandelt und im Anschluss in einem einfachen schuldrechtlichen Vertrag

515 *Ronald S. Lauder v. The Czech Republic,* UNCITRAL Final Award v. 3.09.2001, Rn. 200: „Indirect expropriation or nationalization is a measure that does not involve an overt taking, but that effectively neutralizes the enjoyment of the property".

516 *CME Czech Republic B.V. (The Netherlands) v. The Czech Republic,* UNCITRAL (Partial) Award v. 13. September 2001, Rn. 599 ff.

517 *CME Czech Republic B.V. (The Netherlands) v. The Czech Republic,* UNCITRAL (Partial) Award v. 13. September 2001, Rn. 599.

518 *Ronald S. Lauder v. The Czech Republic,* UNCITRAL Final Award v. 3.09.2001, Rn. 201 ff.

519 *Ronald S. Lauder v. The Czech Republic,* UNCITRAL Final Award v. 3.09.2001, Rn. 201 ff.

520 *Ronald S. Lauder v. The Czech Republic,* UNCITRAL Final Award v. 3.09.2001, Rn. 201.

vereinbart wurde, der, wie geschehen, aufgehoben werden konnte. Die Aufhebung des Nutzungsvertrags durch den Privaten CET 21 stellte insofern lediglich den letzten Schritt dar, der den endgültigen wirtschaftlichen Untergang der Investition von CME besiegelte. Insofern kann bereits die erzwungene Aufhebung oder Aufgabe von Sicherheiten für die Investition eine indirekte Enteignung darstellen, da auch dies faktisch eine massive Wertminderung und damit eine ausreichende Beeinträchtigung für die Investition bedeutet.

Die Lösung des Falles hängt auch davon ab, welche Positionen zur geschützten Investition gezählt werden: In *CME* wurde ein weiter Investitionsbegriff zugrunde gelegt und auch das „income producing potential" der eigentlichen Investition mit zur Investition gezählt, wohingegen das Schiedsgericht im Urteil *Lauder* allein die Lizenz und die Möglichkeit, sie zu nutzen als Investition ansah und folglich von einem engeren Eigentumsbegriff ausging.[521]

Im Gegensatz zu den zuvor genannten Fällen geht ein im Rahmen des NAFTA ergangenes Schiedsurteil zum Fall *Metalclad v. Mexiko* von einer sehr weiten Definition der indirekten Enteignung aus und stellt keine sehr hohen Anforderungen an das ausreichende Ausmaß der Beeinträchtigung:

> „Thus, expropriation under NAFTA includes not only open, deliberate and acknowledged takings of property, such as outright seizure or formal or obligatory transfer of title in favour of the host State, but also covert or incidental interference with the use of property which has the effect of depriving the investor, in whole or in significant part, of the use or reasonably-to-be-expected economic benefit of property..."[522]

Danach kann es für eine indirekte Enteignung der Investition ausreichen, wenn vernünftigerweise zu erwartende wirtschaftliche Vorteile oder Erträge dem Investor in bedeutsamem Umfang entzogen wurden.

Ein weiterer Aspekt der ausreichenden Beeinträchtigung ist, dass sich ein nicht vom Investor zu tragendes Risiko verwirklicht. Der Definition der Investition ist immanent, dass vom Investor ein wirtschaftliches Risiko eingegangen wird.[523] Realisiert sich dieses Risiko – quasi das „allgemeine Lebensrisiko" –, hat der Investor die Beeinträchtigung oder Wertminderung seiner Investition zu tragen. Nur, wenn die Beeinträchtigungen der Investition darüber hinausgehen, kommt eine Enteignung durch den Gaststaat in Frage, da sich in diesem Fall ein nicht mehr vom Investor zu tragendes Risiko verwirklicht hat.

---

521 *Paulsson/Douglas,* in: Horn, Arbitrating Foreign Investment Disputes, S. 145, 150.

522 *Metalclad Corporation v. The United Mexican States,* ICSID Case No. ARB(AF)/97/1, Award v. 30.08.2001, in: 40 ILM 2001, S. 36, 50, Rn. 103.

523 S.o. B. II. 1.

In *Telenor v. Hungary* führte das Schiedsgericht aus:

> „It is well established that the mere exercise by government of regulatory powers that create impediments to business or entail the payment of taxes or other levies does not of itself constitute expropriation. Any investor entering into a concession agreement must be aware that investment involves risks and that in some degree the investor's activities are likely to be regulated and payments made for which the investor will not receive compensating advantages. These are all part of the price the investor has to pay for securing the concession. Similarly, unreasonable behavior on the part of officials and breaches of contract, even if serious, do not by themselves constitute acts of expropriation. The conduct complained of must be such as to have a major adverse impact on the economic value of the investment."[524]

Danach stellt die Ausübung gesetzgeberischer Befugnisse durch die Regierung, durch die die Betätigung im Zusammenhang mit der Investition reguliert und eingeschränkt wird oder Abgabeverpflichtungen geschaffen werden, ein Risiko dar, welches der Investor zu tragen hat. Das Gleiche gilt für Vertragsbrüche oder „unvernünftiges" Handeln von Beamten oder anderen Vertretern des Staates. Erst, wenn hierdurch die Investition massiv beeinträchtigt wird, verwirklicht sich ein vom Investor nicht mehr zu tragendes Risiko.

Wird dieser Aspekt im Rahmen der Prüfung der ausreichenden Beeinträchtigung der Investition berücksichtigt, kann beiden Interessen – dem des Gaststaates und dem des Investors – Rechnung getragen werden. Einerseits wird deutlich gemacht, dass der Investor mit der Investition im Gaststaat Risiken eingegangen ist, deren Verwirklichung er selbst zu tragen hat. Insofern wird hier der souveränen Regelungskompetenz des Gaststaates Rechnung getragen. Auf der anderen Seite wird auch das Interesse des Investors berücksichtigt, nicht jede Beeinträchtigung seiner Investition entschädigungslos hinnehmen zu müssen. Allerdings kann dieser Aspekt lediglich einen Anhaltspunkt für die Prüfung der ausreichenden Beeinträchtigung geben. Er macht die zu berücksichtigenden gegensätzlichen Interessen deutlich, ist jedoch zu allgemein oder abstrakt, um im konkreten Fall bestimmen zu können, ob eine ausreichende Beeinträchtigung vorliegt.

Welche Anforderungen konkret an den Tatbestand der indirekten Enteignung gestellt werden, hängt von den Bestimmungen im zugrundeliegenden Investitionsschutzvertrag ab. Viele dieser Investitionsschutzabkommen deuten darauf hin, dass Maßnahmen, um eine indirekte Enteignung darstellen zu können, in ihren Auswirkungen denen einer direkten klassischen Enteignung gleichkommen müssen.[525] Liegt eine klassische Enteignung vor, verliert der Eigentümer in der

---

524 *Telenor Mobile Communications A.S. v. The Republic of Hungary,* ICSID Case No. ARB/04/15, Award v. 13. September 2006, Rn. 64.

525 Supra, Beginn des Abschnitts C.II.2.e.aa.(1).

Regel seinen Eigentumstitel und den Besitz.[526] In beiden Fällen verliert der Eigentümer also derart grundlegende Eigentumspositionen, dass ihm von seinem Eigentum (zumindest inhaltlich) nichts mehr bleibt. Eine Beeinträchtigung bzw. einen Substanzverlust dieses Ausmaßes setzt folglich auch die indirekte Enteignung voraus.[527] Daraus folgt, dass eine bloße Wertminderung keine ausreichende Beeinträchtigung darstellt. Vielmehr muss die Substanz des Eigentums entzogen worden sein, sei es in Form der Kontrolle über das Eigentum, die Nutzungsmöglichkeit oder in Form des kompletten Wertverlusts. Insofern ist die Formulierung in dem *Metalclad*-Urteil, dass ausreiche, wenn vernünftigerweise zu erwartende wirtschaftliche Vorteile oder Erträge dem Investor in bedeutsamem Umfang entzogen wurden, zu weit oder zumindest missverständlich.[528]

Auch wenn das Schiedsgericht in *S.D.Myers v. Canada* nicht ausdrücklich darauf eingeht, welche Beeinträchtigungen in ausreichendem Maße in das Eigentum eingreifen, wird in diesem Urteil ein weiterer Aspekt deutlich gemacht. *S.D.Myers*, ein U.S.-amerikanisches Unternehmen, exportierte PCB-Abfall aus Kanada, um ihn in seinem Unternehmen in den USA unschädlich zu machen und zu entsorgen. Aus unterschiedlichen Gründen, unter anderem aus Gründen des Umweltschutzes, aber auch, um die einheimischen PCB-Entsorgungsunternehmen zu stützen, verhängte Kanada für eine gewisse Zeit ein Exportverbot für derartige giftige und gefährliche Abfälle. *S.D.Myers* machte vor dem ICSID-Schiedsgericht Ansprüche geltend wegen Verstoßes gegen die Inländergleichbehandlung (Artikel 1102 NAFTA), gegen den Mindeststandard (Artikel 1105 NAFTA) und wegen Enteignung (Artikel 1110 NAFTA). Das Schiedsgericht entschied, dass das Exportverbot von PCB-Abfällen *S.D.Myers* im Vergleich zu kanadischen Unternehmen ungleich und unfair behandelte und deshalb sowohl gegen die Inländergleichbehandlung als auch gegen den Mindeststandard verstieß.[529] Obwohl jedoch eine Diskriminierung von *S.D.Myers* und damit ein Verstoß gegen die Inländergleichbehandlung und den völkerrechtlichen Mindeststandard vorlag, die die Investition des Unternehmens beeinträchtigte, ging das Schiedsgericht davon aus, dass *S.D.Myers* durch das Exportverbot nicht (indirekt) enteignet wurde.[530] Grund für dieses Ergebnis war insbesondere der relativ kurze Zeitraum (knapp eineinhalb Jahre) des Exportverbots.[531] Deutlich wird hierdurch, dass nicht jede unterschiedliche und unfaire Behandlung zugleich eine Enteignung darstellt. Voraussetzung dabei ist immer,

526 Supra, C.II.1.a.

527 *Nouvel,* Revue Générale de Droit International Public 2002, S. 79, 88.

528 Zu einer möglichen anderen Auslegung des Urteils: *Paulsson/Douglas,* in : Horn, Arbitrating Foreign Investment Disputes, S. 145, 148 ff.

529 *S.D.Myers, Inc. v. Canada,* UNCITRAL Partial Award v. 13.11.2000, Rn. 238 ff.;258 ff.

530 *S.D.Myers, Inc. v. Canada,* UNCITRAL Partial Award v. 13.11.2000, Rn. 287 f.

531 Dazu: siehe C.II.2.e.aa.(2).

dass das Eigentum in ausreichendem Maße beeinträchtigt wurde.[532] Mit diesem Ergebnis stimmt das Schiedsurteil in *Fireman's Fund v. Mexico* überein: „It cannot be argued that because there is discrimination, there is expropriation.“[533] Auch in diesem Fall reicht nach Ansicht des Schiedsgerichts eine Diskriminierung allein nicht aus, damit eine Enteignung vorliegt.[534]

Die Kernfrage in den zitierten Fällen – und entscheidende Voraussetzung für eine Enteignung – ist also immer, was genau eine „ausreichende Beeinträchtigung“ des Eigentums darstellt. Die Beantwortung dieser Frage ist schwierig und hängt vom Einzelfall ab. Schon 1941 formulierte *Herz*:

> „If, however, a measure indirectly interferes with property, e.g., by diminishing its value through certain acts, or by burdening the whole of the property of an individual with pecuniary obligations (taxation), the question of degree becomes important. If it remains within certain usual limits, such interference is deemed not to be expropriation of part of the whole property; but if it exceeds certain limits it is said to constitute partial expropriation. It cannot, however, be denied that it may often be very difficult to decide whether or not in a special case the limits of usual interference have been reached or transgressed and, therefore, expropriation occurred.“[535]

Trotz der Schwierigkeiten, allgemeingültige konkrete Voraussetzungen zu nennen, und der daher oft notwendigen Einzelfallentscheidung lassen sich folgende Anhaltspunkte für eine ausreichende Beeinträchtigung des Eigentums festhalten:

Voraussetzung für die Erfüllung des Tatbestandes der indirekten Enteignung ist, dass die staatliche Maßnahme in ihren Auswirkungen den Auswirkungen der klassischen direkten Enteignung gleichkommt. Wie dargelegt kommt es bei der direkten Enteignung zum Verlust des Eigentumstitels und des Besitzes. Da hierduch die Substanz des Eigentumsrechts entzogen wird, erfordert auch die indirekte Enteignung die Entziehung der Substanz des Eigentums. Dies kann entweder geschehen durch den Entzug der Kontrolle über das Eigentum, durch den (vollständigen) Entzug der Nutzung („use and enjoyment“, „benefit“), dem (vollständigen) Wertverlust („all significant economic value“), aber auch durch den Entzug der Einflussnahme auf die Unternehmensleitung. Eine bloße Wertminderung der Investition oder bloße Behinderungen der Eigentumsnutzung stellen überwiegend

---

532 S.a. *Blades,* 8 Or. Rev. Int'l L. (2006), S. 31, 61.

533 *Fireman's Fund Insurance Company v. United Mexican States,* ICSID Case No. ARB/02/01, Award v. 17. Juli 2006, Rn. 205.

534 *Fireman's Fund Insurance Company v. United Mexican States,* ICSID Case No. ARB/02/01, Award v. 17. Juli 2006, Rn. 205 ff.

535 *Herz,* 35 AJIL (1941), S. 243, 251.

keine ausreichenden Beeinträchtigungen der Investition dar, um den Tatbestand der indirekten Enteignung zu erfüllen.[536]

(2) Dauer des Eingriffs

Weiterer Faktor der ausreichenden Beeinträchtigung der Investition ist, dass die Beeinträchtigung des Eigentums dauerhaft, also nicht nur vorübergehend ist.[537]

S.D. Myers betraf den bereits beschriebenen Fall, dass Kanada während eines Zeitraums von insgesamt 18 Monaten ein Exportverbot für bestimmte giftige Abfälle verhängte, was auch *S.D.Myers* betraf, da das Unternehmen derartige Abfälle aus Kanada ausführte, um diese in seinen Anlagen in den USA zu verwerten. Hierdurch wurde verhindert, dass *S.D.Myers* sich während dieser Zeit als Entsorgungsunternehmen für giftige Abfälle auf dem kanadischen Markt etablieren konnte.[538] Vor dem Schiedsgericht machte *S.D.Myers* unter anderem Entschädigungsansprüche aufgrund einer indirekten Enteignung durch das Exportverbot geltend, so dass das Schiedsgericht auf die Frage eingehen musste, ob ein insgesamt 18-monatiges Exportverbot für bestimmte giftige Abfälle aus Kanada die Investition des Unternehmens enteignete. Das Schiedsgericht führte aus, dass eine Enteignung normalerweise eine dauerhafte Beeinträchtigung der Investition voraussetze. Zwar habe das Exportverbot dem Unternehmen während eines Zeitraums von insgesamt 18 Monaten faktisch den Zugang zum kanadischen Markt verwehrt und durch diese Verzögerung Wettbewerbsnachteile für *S.D.Myers* verursacht. Dennoch sei das Exportverbot nur vorübergehend gewesen, so dass der Tatbestand der (indirekten) Enteignung im vorliegenden Fall nicht erfüllt sei.[539]

Auch im Fall *LG&E v. Argentine Republic* entschied das Schiedsgericht, dass normalerweise die Enteignung dauerhaft sein muss bzw. nicht nur vorübergehend sein darf. Eine Ausnahme von diesem Grundsatz sei dann vorstellbar, wenn der Erfolg der Investition von der Betätigung zu ganz bestimmten Zeitpunkten abhänge, die nicht verschoben werden könnten.[540]

---

536 *Gudofsky*, 21 Nw. J. Int'l L.&Bus. (2000), S. 243, 263 f.

537 *S.D.Myers, Inc. v. Canada,* UNCITRAL Partial Award v. 13.11.2000, 40 ILM (2001), S. 1408 ff., Rn. 283 ff; *LG&E Capital Corp. and LG&E International Inc. v. Argentine Republic,* ICSID Case No. ARB/02/1, Decision on Liability v. 3. Oktober 2006, Rn. 193; *Azurix Corp. v. Argentina,* ICSID Case No. ARB/01/12, Award v. 14. Juli 2006, Rn. 313.

538 Zum Sachverhalt siehe *S.D.Myers, Inc. v. Canada,* UNCITRAL Partial Award v. 13.11.2000, 40 ILM (2001), S. 1408 ff., Rn. 88 ff. u. 161 ff.

539 *S.D.Myers, Inc. v. Canada,* UNCITRAL Partial Award v. 13.11.2000, 40 ILM (2001), S. 1408 ff., Rn. 283 f.

540 *LG&E Capital Corp. and LG&E International Inc. v. Argentine Republic,* ICSID Case No. ARB/02/1, Decision on Liability v. 3. Oktober 2006, Rn. 193.

In dem Fall *Fireman's Fund v. Mexico* nannte das Schiedsgericht als Voraussetzung für eine indirekte Enteignung ebenfalls, dass der Eingriff dauerhaft sein müsse.[541]

In *Wena Hotels Limited v. Arab Republic of Egypt*, ein Fall, der eine *de facto*-Enteignung betraf, entschied das Schiedsgericht, dass ein Eigentumsentzug von fast einem Jahr nicht nur vorübergehend („ephemeral") sei, und ging davon aus, dass der Tatbestand der Enteignung erfüllt war.[542] Der Fall wurde auf Grundlage des Investitionsschutzvertrages zwischen dem Vereinigten Königreich und Ägypten vom 11. Juni 1975 entschieden. *Wena*, ein britisches Unternehmen, schloss mit der „Egyptian Hotels Company" (EHC), einem ägyptischen Staatsunternehmen, 1989 bzw. 1990 einen Vertrag über die Pacht und Entwicklung von zwei Hotels, dem Luxor und dem Nil Hotel.[543] Beide Verträge hatten eine Laufzeit von über 20 Jahren. Kurz nach Abschluss der Verträge kam es zu Streitigkeiten zwischen den Parteien über die gegenseitigen Vertragspflichten, die im Ergebnis dazu führten, dass beide Hotels am 1. April 1991 von EHC beschlagnahmt wurden.[544] Die Hotels wurden erst am 25. Februar 1992 bzw. am 21. April 1992 an *Wena* zurückgegeben, zum Teil erheblich zerstört. Außerdem wurden die Lizenzen für die Betreibung der Hotels entweder entzogen oder immer nur befristet, weil angeblich das Feuerschutzsystem oder das Drainage-System Unzulänglichkeiten aufwiesen. Die Beschlagnahme der beiden Hotels für die Dauer von fast zehn Monaten bzw. über einem Jahr – wobei das Schiedsgericht hier nicht zwischen den Hotels differenzierte und von einer Beschlagnahme von „fast einem Jahr" ausging – beurteilte das Schiedsgericht als nicht mehr nur vorübergehend.[545] Dieses Ergebnis weicht von dem in *S.D. Myers* ab, da dort eineinhalb Jahre nicht ausreichten, um dem Tatbestandsmerkmal „dauerhaft" zu genügen, während in *Wena* bereits ein Zeitraum von unter einem Jahr als „dauerhaft" und nicht nur vorübergehend beurteilt wird. Dennoch müssen diese beiden voneinander abweichenden Ergebnisse nicht unbedingt im Widerspruch zueinander stehen, wie sich aus *Azurix Corp. v. Argentina* ergibt:

> „There is no specific time set under international law for measures constituting creeping expropriation to produce that effect. It will depend on the specific cir-

---

541 *Fireman's Fund Insurance Company v. United Mexican States,* ICSID Case No. ARB/02/01, Award v. 17. Juli 2006, Rn. 276.

542 *Wena Hotels Limited v. Arab Republic of Egypt,* ICSID Case No. ARB/98/4, Award v. 8.12.2000, in 41 ILM (2002), S. 896, Rn. 99 ff.

543 *Wena Hotels Limited v. Arab Republic of Egypt,* ICSID Case No. ARB/98/4, Award v. 8.12.2000, in 41 ILM (2002), S. 896, Rn. 17 f.

544 *Wena Hotels Limited v. Arab Republic of Egypt,* ICSID Case No. ARB/98/4, Award v. 8.12.2000, in 41 ILM (2002), S. 896, Rn. 28 ff.

545 *Wena Hotels Limited v. Arab Republic of Egypt,* ICSID Case No. ARB/98/4, Award v. 8.12.2000, in 41 ILM (2002), S. 896, Rn. 99.

cumstances of the case. [...] When considering multiple measures, it will depend on the duration of their cumulative effect. Unfortunately, there is no mathematical formula to reach a mechanical result. How much time is needed must be judged by the specific circumstances of each case."[546]

Folglich kommt es bei der Beurteilung, ob die Maßnahme dauerhaft ist oder war, immer auch auf die Umstände des Falles insgesamt an. Bei *S.D. Myers* zum Beispiel wurde faktisch der Markteintritt in den kanadischen Markt verzögert, während in *Wena* der Investor vollständig die Kontrolle über die beiden Hotels verlor. Wie das Schiedsgericht in *S.D.Myers* feststellte, wurde hier lediglich ein Gelegenheit verzögert und hinausgeschoben, während bei *Wena* dem Investor jeglicher Zugriff auf seine Investition entzogen wurde. Insofern lag in beiden Fällen ein qualitativ anderer Eingriff vor, der die unterschiedliche Bewertung des Zeitraums erklärt.

Die Eigentumsbeeinträchtigung muss folglich von ausreichender Dauer sein, um eine indirekte Enteignung darstellen zu können. Ab welchem Zeitraum jedoch von einer dauerhaften Beeinträchtigung gesprochen werden kann, lässt sich nicht abstrakt und losgelöst vom Fall bestimmen. Die Beantwortung der Frage wird nicht unerheblich davon abhängen, in welchem Umfang die Investition beeinträchtigt wurde und ob jegliche Betätigung oder nur ein Teilbereich im Hinblick auf die Investition ausgeschlossen ist.

(3) Schützenswertes Vertrauen des Investors

In einigen Fällen wird neben dem Erfordernis der ausreichenden wirtschaftlichen Beeinträchtigung auch geprüft, ob die Maßnahme überhaupt ein schützenswertes Vertrauen des Investors verletzt hat.

Im allgemeinen Völkerrecht ist nicht der Schutz legitimer Erwartungen bzw. der Vertrauensschutz an sich, sondern das umfassendere Prinzip von Treu und Glauben verankert.[547] Dieses bezieht sich in erster Linie auf die Beziehungen zwischen den Staaten. Nach diesem Prinzip sind die Staaten verpflichtet, sich in vertraglichen Beziehungen zu anderen Staaten fair und offen zu verhalten und den Vertrag nicht zu Ungunsten des anderen Vertragsstaates auszulegen, selbst wenn dies nach dem Wortlaut möglich ist.[548] Weiter trifft den Staat, nachdem er einen völkerrechtlichen Vertrag unterzeichnet hat, bereits vor dessen Ratifizierung

546 *Azurix Corp. v. Argentina*, ICSID Case No. 01/12, Final Award v. 14. Juli 2006, Rn. 313.

547 *Dahm/Delbrück/Wolfrum,* Völkerrecht Band I/3, S. 845 ff.; *Mosler,* in EPIL II, S. 511, 524 f.

548 *D'Amato,* in EPIL II, S.599.

die Pflicht, dem Vertragszweck nicht zuwiderzuhandeln. Schließlich ist der Staat nach diesem Prinzip auch im Allgemeinen verpflichtet, seinen völkerrechtlichen Verpflichtungen nachzukommen.[549] Insofern geht es bei diesem Prinzip folglich um das schützenswerte Vertrauen der Staaten im Rahmen der Beziehungen zu anderen Staaten.

Anders als im allgemeinen Völkerrecht betreffen die in dieser Arbeit betrachteten Schiedsurteile die legitimen Erwartungen und das schützenswerte Vertrauen des Investors und nicht Verhaltensregeln der Staaten untereinander. Dabei ist die genaue Einordnung dieses Kriteriums bzw. Tatbestandsmerkmals „schützenswertes Vertauen" nicht ganz klar. Zum Teil wird davon ausgegangen, dass die Verletzung schutzwürdigen Vertrauens ein Aspekt der ausreichenden Beeinträchtigung sei.[550] Zum Teil wird diese Frage aber auch als weiteres Kriterium zur Abgrenzung zwischen regulatorischen Maßnahmen und einer indirekten Enteignung angesehen.[551] In diesem Fall spielt das schutzwürdige Vertrauen für die Frage, ob die Investition in ausreichendem Maße beeinträchtigt wurde, keine Rolle, sondern wird erst geprüft, wenn die ausreichende Beeinträchtigung feststeht.[552]

Quasi einen Kompromiss bietet ein dritter Ansatz, der die Prüfung „Auswirkung der Maßnahme" unterteilt in den Punkt „Auswirkung auf die Investition", unter dem die Natur, das Ausmaß und die Dauer der Beeinträchtigung geprüft werden, und in einen zweiten Punkt „Auswirkungen auf den Investor", unter dem die Beeinträchtigung legitimen/schützenswerten Vertrauens des Investors geprüft wird.[553]

In der Rechtsprechung der internationalen Schiedsgerichte wird das Kriterium nicht eindeutig zugeordnet. In *Azurix* zum Beispiel scheint die Formulierung eher dafür zu sprechen, dass das Kriterium der Verletzung schutzwürdigen Vertrauens als Aspekt der Eingriffsintensität angesehen wird:

> „[Whether these expectations] have been frustrated to the extent of depriving the investor of the benefits of the investment is a matter that the Tribunal will now proceed to determine."[554]

Das Gleiche gilt für den bereits geschilderten Fall *EnCana v. Ecuador*. Dort prüfte das Schiedsgericht, bevor es auf die direkte Enteignung einging, ob die Weigerung

549 *Dahm/Delbrück/Wolfrum,* Völkerrecht Band I/3, S. 845ff.; *D'Amato,* in EPIL II, S.599 f.

550 So wohl *Azurix Corp. v. The Argentine Republic,* ICSID Case No. ARB/01/12, Award v. 14. Juli 2006, Rn. 318 f.

551 *Paulsson/Douglas,* in: Horn, Arbitrating Foreign Investment Disputes, S. 145, 157 f.

552 *Paulsson/Douglas,* in: Horn, Arbitrating Foreign Investment Disputes, S. 145, 158.

553 *Fortier/Drymer,* 19 ICSID Review 2004, S. 293, 300-308.

554 *Azurix Corp. v. The Argentine Republic,* ICSID Case No. ARB/01/12, Award v. 14. Juli 2006, Rn. 318.

der Behörde, angeblich bestehende Ansprüche auf Rückzahlung der Mehrwertsteuer zu erfüllen, eine indirekte Enteignung der Investition *EnCanas* darstellte.[555] Im Rahmen der Prüfung der indirekten Enteignung führte das Schiedsgericht aus:

> „[F]oreign investments like other activities are subject to the taxes and charges imposed by the host State. In the absence of a specific commitment from the host State, the foreign investor has neither the right nor any legitimate expectation that the tax regime will not change, perhaps to its disadvantage, during the period of the investment. Of its nature all taxation reduces the economic benefits an enterprise would otherwise derive from the investment; it will only be in an extreme case that a tax which is general in its incidence could be judged as equivalent in its effect to an expropriation of the enterprise which is taxed."[556]

Hier setzt das Schiedsgericht also das schutzwürdige Vertrauen in Zusammenhang mit dem Ausmaß der Auswirkungen der Maßnahme.

In dem Fall *Thunderbird v. Mexico* scheint das Schiedsgericht das schützenswerte Vertrauen als eigene Tatbestandsvoraussetzung zu behandeln. Hier ist nach Ansicht des Schiedsgerichts der Tatbestand der indirekten Enteignung von vornherein ausgeschlossen, da das Vertrauen des Unternehmens in die Durchführung der Investition in Mexiko nicht als schützenswertes Vertrauen angesehen werden konnte.[557] Das Vertrauen wäre nur dann schützenswert gewesen, wenn der Investor bezüglich der konkreten Investition ein „vested right" gehabt hätte:

> „Accordingly, as acknowledged by Thunderbird, compensation is not owed for regulatory takings where it can be established that the investor or investment never enjoyed a vested right in the business activity that was subsequently prohibited."[558]

In *Feldman* dagegen lässt die Formulierung des Schiedsgerichts eher darauf schließen, dass das schutzwürdige Vertrauen nach dem ausreichend schweren Eingriff ein Abgrenzungskriterium zwischen einer „regulatory measure" und einer indirekten Enteignung ist. Nachdem das Schiedsgericht mehrere Abwägungsaspekte aufzählte, zu denen auch, wie sich aus späteren Ausführungen ergibt, die Verletzung schutzwürdigen Vertrauens zählt,[559] führt es aus:

---

555 *EnCana Corp. v. Republic of Ecuador,* UNCITRAL Award v. 3. Februar 2006, Rn. 172 ff.

556 *EnCana Corp. v. Republic of Ecuador,* UNCITRAL Award v. 3. Februar 2006, Rn. 173.

557 *International Thunderbird Gaming Corporation v. The United Mexican States,* UNCITRAL Award v. 26. Januar 2006, Rn. 208.

558 *International Thunderbird Gaming Corporation v. The United Mexican States,* UNCITRAL Award v. 26. Januar 2006, Rn. 208.

559 *Marvin Feldman v. Mexico,* ICSID Case No. ARB(AF)/99/1, Award v. 16. Dezember 2002, Rn. 146 ff.

„While none of these factors alone is necessarily conclusive, in the Tribunal's view taken together they tip the expropriation / regulation balance away from a finding of expropriation."[560]

Das Kriterium der Verletzung schutzwürdigen Vertrauens kann also unter verschiedenen Aspekten geprüft werden, was aber für das Ergebnis hinsichtlich der Frage, ob der Tatbestand der indirekten Enteignung erfüllt ist, keinen Unterschied machen dürfte.

Die Verletzung des schützenswerten Vertrauens des Investors spielt vor allem dann eine Rolle, wenn es um die Frage geht, wer das verwirklichte Risiko wirtschaftlich zu tragen hat. Verwirklicht sich das allgemeine politische oder wirtschaftliche Risiko, ist das Vertrauen des Investors in der Regel nicht schützenswert, da er nicht ohne weiteres darauf vertrauen kann, dass die Rechtslage sich nicht zu seinen Ungunsten verändert.[561]

„[I]t could be argued that the foreign investor entered the state voluntarily, knowing the risk of … regulatory laws being applied against him, and that he should bear the risk of such adverse changes as any citizen of the state would. It should not be the function of the international law to insulate the foreign investor from the regulatory regime of the host state's laws."[562]

Hat dagegen der Gaststaat verlässliche Zusagen bezüglich einer konkreten Rechtsfrage gemacht, aufgrund derer der Investor die Investition getätigt hat, ist dessen Vertrauen in die Zusage bzw. die Rechtslage in der Regel schützenswert.[563] Das Vertrauen des Investors ist insbesondere dann berechtigt und schutzwürdig, wenn es auf speziellen Garantien oder Angaben des Gaststaates basiert, auf die sich der Investor vernünftigerweise verlassen kann.[564]

In diesem Fall kann die Verletzung des schützenswerten Vertrauens der Abgrenzung zwischen nicht entschädigungsbedürftiger Inhalts- und Schrankenbestimmung bzw. regulatorischer Maßnahme und einer indirekten Enteignung dienen.

---

560 *Marvin Feldman v. Mexico,* ICSID Case No. ARB(AF)/99/1, Award v. 16. Dezember 2002, Rn. 111.

561 S.o. unter C.II.2.b.

562 *Sornarajah,* The Internationa Law on Foreign Investment (1994), S. 300.

563 *Paulsson Douglas,* in Horn (Hrsg.), Arbitrating Foreign Investment Disputes, 145, 158; *Vicuna,* 5 Int'l L.F.D. Int'l (2003), S. 188, 193 ff.; s. im Umkehrschluss auch *Marvin Feldman v. Mexico,* ICSID Case No. ARB(AF)/99/1, Award v. 16. Dezember 2002, Rn. 114.

564 *Paulsson/Douglas*, in: Horn (Hrsg.), Arbitrating Foreign Investment Disputes, S. 145, 157.

In *Methanex v. USA* stellte das Schiedsgericht fest, dass eine nicht diskriminierende regulatorische Maßnahme, die in Verfolgung eines öffentlichen Zweckes ergriffen wurde und dabei eine ausländische Investition beeinträchtigte, nicht als indirekte Enteignung angesehen werden kann, wenn nicht von staatlicher Seite dem potentiellen Investor besondere Zusicherungen gemacht wurden, dass eben diese Maßnahme nicht ergriffen würde.[565]

> „But as a matter of general international law, a non-discriminatory regulation for a public purpose, which is enacted in accordance with due process and, which affects, inter alios, a foreign investor or investment is not deemed expropriatory and compensable unless specific commitments had been given by the regulating government to the then putative foreign investor contemplating investment that the government would refrain from such regulation."[566]

Eine indirekte Enteignung in Abgrenzung zu einer regulatorischen Maßnahme käme nur in Betracht, wenn die staatliche Maßnahme im Widerspruch zu zuvor getätigten Zusicherungen erlassen wurde, auf die der Investor vernünftigerweise vertrauen durfte.[567] Da hier keine derartigen Zusicherungen von staatlicher Seite gemacht wurden und *Methanex* auch nicht berechtigterweise darauf vertrauen durfte, dass keine die Investition beschränkenden Maßnahmen ergriffen würden, lag nach der Meinung des Schiedsgerichts keine Enteignung vor.[568] Nach Ansicht von *Blades* ist das Schiedsgericht in *Methanex* das erste, das in seinen Ausführungen zu staatlichen Zusicherungen und schutzwürdigem Vertrauen des Investors eine solch klare Trennlinie gezogen hat hinsichtlich der Unterscheidung zwischen „regulations" und einer indirekten Enteignung.[569]

In *Metalclad v. Mexico* kam das Schiedsgericht zu dem Schluss, dass die Ablehnung der Baugenehmigung des „hazardous waste landfill" auf kommunaler Ebene und das gerichtliche Vorgehen der Gemeinde gegen die Genehmigung der Anlage auf Bundesebene,welches die Inbetriebnahme der Anlage durch *Metalclad* verhinderte, eine indirekte Enteignung darstellten, weil *Metalclad* auf die wiederholten Zusicherungen auf Bundesebene, dass *Metalckad* alle erforderlichen Genehmigungen für den Bau und den Betrieb der Anlage erhalten habe, vertrauen

565 *Methanex Corporation v. United States of America,* UNCITRAL Final Award v. 3. August 2005, 44 ILM (2005), S. 1343, 1456.

566 *Methanex Corporation v. United States of America,* UNCITRAL Final Award v. 3. August 2005, 44 ILM (2005), S. 1343, 1456.

567 *Methanex Corporation v. United States of America,* UNCITRAL Final Award v. 3. August 2005, 44 ILM (2005), S. 1343, 1456.

568 *Methanex Corporation v. United States of America,* UNCITRAL Final Award v. 3. August 2005, 44 ILM (2005), S. 1343, 1456 f.

569 *Blades,* 8 Or. Rev. Int'l L. (2006), S. 31, 96 ff.

durfte.[570] Das Unternehmen, welches von *Metalclad* erworben wurde, hatte auf Bundesebene eine Baugenehmigung für den Betrieb einer „transfer station for hazardous landfill" beantragt und bekommen, ebenso wie ein „state land use permit" auf Landesebene. Nachdem *Metalclad* sowohl vom Nationalen Umweltinstitut, einem Unterorgan des Bundesumweltministeriums Mexikos, als auch von weiteren Organen auf Bundesebene zugesichert worden war, dass alle erforderlichen Genehmigungen für den Bau der Anlage vorlägen, und nachdem auch der Betrieb dieser Anlage auf Bundesebene genehmigt worden war, begann *Metalclad* mit den Bauarbeiten. Einige Zeit danach ordnete die Gemeinde, in der die Anlage errichtet wurde, den Baustopp mit der Begründung an, dass die erforderliche Baugenehmigung durch die Gemeinde nicht vorliege. In der Folge wurde die Anlage zwar fertig gestellt, da *Metalclad* auf Bundesebene weiter zugesichert wurde, dass alle erforderlichen Genehmigungen vorlägen. Allerdings verhinderte die Gemeinde sowohl durch die Versagung der Baugenehmigung als auch durch gerichtliche Maßnahmen gegen den Betrieb der Anlage, dass diese von *Metalclad* in Betrieb genommen werden konnte.[571] Nach Ansicht des Schiedsgerichts konnte *Metalclad* berechtigterweise auf die Zusicherungen, die dem Unternehmen auf Bundesebene gemacht worden waren, vertrauen.[572] Gerade dieses berechtigte und schützenswerte Vertrauen des Investors auf die ihm zugesicherte Rechtslage, aufgrund dessen er die Investition tätigte, sah das Schiedsgericht als einen wesentlichen Faktor für die Erfüllung des Tatbestandes der indirekten Enteignung an.[573] Dabei verwies das Schiedsgericht auf einen sehr ähnlich gelagerten Fall, in dem ein anderes Schiedsgericht aus den gleichen Erwägungen zu dem Schluss kam, dass der Tatbestand der indirekten Enteignung erfüllt sei:[574] In *Biloune, et al. v. Ghana Investment Centre, et al.* renovierte ein privater Investor ein Resort-Restaurant in Ghana.[575] Ebenso wie in *Metalclad* verließ er sich auf Zusicherungen eines Unterorgans der Regierung Ghanas und begann die Bauarbeiten, bevor er einen Bauantrag gestellt hatte. Auch hier wurde der Baustopp angeordnet, nachdem wesentliche Teile der

570 *Metalclad Corp. v. United Mexican States,* ICSID Case No. ARB(AF)/97/1, Award v. 30. August 2000, Rn. 106 f.

571 Gesamter Sachverhalt: *Metalclad Corp. v. United Mexican States,* ICSID Case No. ARB(AF)/97/1, Award v. 30. August 2000, Rn. 28-69.

572 *Metalclad Corp. v. United Mexican States,* ICSID Case No. ARB(AF)/97/1, Award v. 30. August 2000, Rn. 87 ff.

573 *Metalclad Corp. v. United Mexican States,* ICSID Case No. ARB(AF)/97/1, Award v. 30. August 2000, Rn. 107.

574 *Metalclad Corp. v. United Mexican States,* ICSID Case No. ARB(AF)/97/1, Award v. 30. August 2000, Rn. 108.

575 *Biloune and Marine Drive Complex Ltd. v. Ghana Investments Centre and the Government of Ghana,* UNCITRAL Award on Jurisdiction and Liability v. 27. Oktober 1989, in: 95 I.L.R. (1994), S. 183, 207-210.

Arbeiten bereits fertig gestellt waren. Nach Ansicht des Schiedsgerichts stellten die gesamten Vorgänge eine indirekte Enteignung des Investors dar, wobei dessen berechtigtes Vertrauen auf die Aussagen der Regierungsorgane bezüglich der nicht erforderlichen Baugenehmigung ein wesentlicher Faktor für die Erfüllung der Tatbestandsvoraussetzungen war.[576]

Da nicht in allen Fällen das berechtigte Vertrauen des Investors in die ihm zugesicherte Rechtslage eine Rolle spielt, stellt sich die Frage, wann das berechtigte Vertrauen des Investors ein tatbestandsbegründendes Element sein kann und warum.

Einerseits kann der Aspekt des berechtigten Vertrauens – ebenso wie das im Anschluss diskutierte Kriterium der Verhältnismäßigkeit – bei allgemeinen Gesetzen zur Abgrenzung zwischen nicht entschädigungspflichtigen Inhalts- und Schrankenbestimmungen und einer indirekten Enteignung dienen. Grundsätzlich kann, wie dargestellt, der Investor nicht darauf vertrauen, dass der Staat keine seine Investition beeinträchtigenden Gesetze erlässt oder andere Maßnahmen ergreift. Dies stellt Teil des wirtschaftlichen Risikos seiner Investition dar, welches er selbst tragen muss.

Andererseits spielt das schützenswerte Vertrauen offenbar gerade bei genehmigungsbedürftigen Betätigungen mit der Investition eine Rolle. Die Fälle *Metalclad* und *Biloune* haben gemein, dass es sich um Bauprojekte handelte, die aufgrund von Zusagen durch Organe der jeweiligen Bundesregierung, jedoch ohne konkrete Baugenehmigung durch die Gemeinde durchgeführt wurden und letztendlich deswegen scheiterten. In beiden Fällen – im Gegensatz zu vielen anderen – gab es also konkrete Zusicherungen hinsichtlich der Rechtslage. Beide Investoren tätigten in Hinblick auf diese Zusagen ihre Investitionen. Insofern lag es aufgrund dieser besonderen Fallgestaltung nahe, das Vertrauen des Investors in die Zusicherung mit in die Prüfung des Tatbestandes einzubeziehen. Außerdem ging es hier, da es sich um Baugenehmigungen handelte, um politische Entscheidungen des Staates mit einem gewissen Ermessenspielraum. Meist wird der Investor grundsätzlich keinen Anspruch auf Erteilung der Genehmigung für den Bau und den Betrieb genau dieser Anlage haben. Tätigt er seine Investition ohne Genehmigung und somit ohne sichere Rechtsgrundlage, muss er selbst das Risiko tragen. Sein Vertrauen wäre in diesem Fall nicht schützenswert. Trifft die Regierung jedoch Zusicherungen hinsichtlich der Rechtslage – insbesondere mit dem Inhalt, dass eine Genehmigung der Gemeinde aufgrund der Zusicherung auf Bundesebene nicht mehr erforderlich sei –, schafft sie damit nicht nur eine andere Vertrauenslage des Investors, son-

576 *Biloune and Marine Drive Complex Ltd. v. Ghana Investments Centre and the Government of Ghana,* UNCITRAL Award on Jurisdiction and Liability v. 27. Oktober 1989, in: 95 I.L.R. (1994), S. 183, 210.

dern übernimmt diesbezüglich zu einem Teil das rechtliche Risiko, welches sonst der Investor trägt. Begründen Zusicherungen von Regierungsorganen folglich berechtigtes Vertrauen des Investors auf die Rechtslage bezüglich des Vorhabens im Gaststaat, übernimmt das Regierungsorgan diesbezüglich die Verantwortung. Scheitert die Investition in genau diesem Punkt – wie bei *Metalclad* und *Biloune* –, begründet dies, zusammen mit den anderen Faktoren, die zum Scheitern beigetragen haben, den Tatbestand der indirekten Enteignung.

bb. Verhältnismäßigkeit der Eigentumsbeeinträchtigung – weitere Voraussetzung im Rahmen von „regulatory measures"?

Die Frage, ob außer der hinreichend intensiven Beeinträchtigung des Eigentums das Kriterium der Verhältnismäßigkeit eine weitere (Tatbestands-) Voraussetzung der indirekten Enteignung ist, wird ganz überwiegend im Rahmen von „regulatory measures" als Abgrenzungskriterium zwischen der indirekten Enteignung und einer regulatorischen Maßnahme diskutiert. Insofern beziehen sich die Ausführungen auf diese regulatorischen Maßnahmen.

Ob der Grundsatz der Verhältnismäßigkeit für alle Bereiche des Völkerrechts gilt und einen allgemeinen Rechtsgrundsatz darstellt, ist nicht ganz klar und zum Teil umstritten.[577] Anerkannt ist das Verhältnismäßigkeitsprinzip jedenfalls in Bezug auf Maßnahmen der Selbstverteidigung, bei Repressalien und Retorsionen, im Bereich des humanitären Völkerrechts und im Rahmen des Menschenrechtsschutzes.[578]

Die Rechtsprechung der hier betrachteten Schiedsgerichte ist bezüglich der Anwendung des Kriteriums der Verhältnismäßigkeit ebenfalls nicht einheitlich.

In einigen Fällen gehen die internationalen Schiedsgerichte bei der Prüfung, ob der Tatbestand der indirekten Enteignung erfüllt ist, über die bereits genannten Tatbestandsmerkmale hinaus auf die Frage ein, ob die Maßnahme verhältnismäßig ist.[579] In diesem Fall ist der Tatbestand der indirekten Enteignung erfüllt, wenn die die Investition beeinträchtigende Maßnahme unverhältnismäßig ist.

Dass die Verhältnismäßigkeit der Maßnahme als Abgrenzungskriterium zwischen nicht entschädigungspflichtigen regulatorischen Maßnahmen und einer entschädigungsbedürftigen indirekten Enteignung herangezogen wird, ist in der

---

577 *Delbrück,* in EPIL III, S. 1140, 1143; *Krugmann,* Der Grundsatz der Verhältnismäßigkeit im Völkerrecht, S. 11 f.

578 *Delbrück,* in EPIL III, S. 1140 ff.

579 Z.B. in *Tecnicas Medioambientales Tecmed S.A. v. The United Mexican States,* ICSID Case No. ARB(AF)/00/2, Award v. 29.05.2003, Rn. 122; *LG&E Energy Corp., LG&E Capital Corp., LG&E International Inc. v. Argentine Republic,* ICSID Case No. ARB/02/1, Decision on Liability v. 3. Oktober 2006, Rn. 194 f.

Rechtsprechung der Schiedsgerichte im Rahmen von Investitionsstreitigkeiten neu.[580]

Aus vielen Investitionsschutzabkommen ergibt sich zwar, dass die Auswirkung der Maßnahme bzw. das Ausmaß der Beeinträchtigung bei der Bestimmung, ob eine indirekte Enteignung vorlag, wesentliche Tatbestandsvoraussetzung ist.[581] Soweit ersichtlich wurden in den Investitionsschutzabkommen jedoch keine Bestimmungen hinsichtlich des Zwecks der Maßnahme und der Verhältnismäßigkeit als Tatbestandsvoraussetzung getroffen.[582] Zwar ist in den genannten Investitionsschutzabkommen festgelegt, dass die Enteignung nur zu einem öffentlichen Zweck vorgenommen werden darf. Diese Voraussetzung bezieht sich jedoch nicht auf den Tatbestand, sondern die Rechtmäßigkeit der Enteignung und stellt damit keine Tatbestandsvoraussetzung dar. Folglich kann davon ausgegangen werden, dass die Investitionsschutzabkommen ganz überwiegend außer der Auswirkung der Maßnahme auf die Investition keine Bestimmungen bezüglich weiterer Tatbestandsvoraussetzungen treffen.

So zitiert das Schiedsgericht in *Tecmed* auch bezüglich der Verhältnismäßigkeit als Tatbestandsvoraussetzung nicht das zugrundeliegende Investitionsschutzabkommen, sondern die Rechtsprechung des Europäischen Gerichtshofes für Menschenrechte (EGMR) zum menschenrechtlichen Eigentumsschutz und schließt sich dieser an.[583]

Das Eigentum wird im Rahmen der Europäischen Menschenrechtskonvention in Artikel 1 des Zusatzprotokolls der Europäischen Menschenrechtskonvention geschützt. Nach ständiger Rechtsprechung des EGMR enthält diese Vorschrift

---

580 *Schill,* RIW 2005, S. 330, 334.

581 S.o. C.II.2.a.aa.

582 Vgl. Art. 1110 NAFTA; Artikel 1 Absatz 5 und Artikel 6 des Investitionsschutzabkommens zwischen Thailand und Nordkorea v. 1.03.2002; Artikel 5 des Investitionsschutzabkommens zwischen Italien und Jordanoen v. 21.07.1996; Artikel VIII des Investitionsschutzabkommens zwischen Kanada und Ecuador v. 29.04.1996; Artikel 6 des Investitionsschutzabkommens zwischen den Niederlanden und Venezuela; Artikel 4 des Investitionsschutzabkommens zwischen Deutschland und Argentinien v. 9.04.1991; Artikel 4 des Investitionsschutzabkommens zwischen Deutschland und Timor-Leste v. 10. August 2005; Artikel 4 des Investitionsschutzabkommens zwischen Deutschland und Afghanistan v. 19. und 20. April 2005; Artikel 5 des Investitionsschutzabkommens zwischen Frankreich und Argentinien v. 3. Juli 1991; Artikel 5 des Investitionsschutzabkommens zwischen Frankreich und Albanien v. 13.06.1995; Artikel III des Investitionsschutzabkommens zwischen den USA und Ecuador v. 27.08.1993; Artikel 5 des Investitionsschutzabkommens zwischen Großbritannien und Bosnien Herzwgowina v. 2.10.2002.

583 *Tecnicas Medioambientales Tecmed S.A. v. The United Mexican States,* ICSID Case No. ARB(AF)/00/2, Award v. 29.05.2003, Rn. 122.

drei Regelungen:[584] In Absatz 1 Satz 1 ist das Recht auf Achtung des Eigentums verankert. Die zweite Regel ist im zweiten Satz von Absatz 1 enthalten. Diese betrifft die Enteignung und macht sie von bestimmten Voraussetzungen abhängig. Die dritte Regel in Absatz 2 erkennt das Recht der Staaten an, die Benutzung des Eigentums im Allgemeininteresse zu regeln. Während Absatz 1 Satz 2 also vor rechtswidrigen Enteignungen schützt, schützt Absatz 1 Satz 1 vor sonstigen rechtswidrigen Eingriffen in das Eigentum. Im Rahmen der Prüfung, ob ein „sonstiger rechtswidriger Eingriff" in das Eigentum im Sinne von Artikel 1 Absatz 1 Satz 1 vorliegt, prüft der EGMR zunächst, ob ein Eingriff in das Eigentum vorliegt.[585] Im Anschluss prüft er, ob der Eingriff gerechtfertigt ist, was dann der Fall wäre, wenn er im öffentlichen Interesse vorgenommen worden und verhältnismäßig gewesen wäre.[586] Die Einbeziehung der Verhältnismäßigkeit in die Prüfung ergibt sich nicht aus Artikel 1 Absatz 1 Satz 1, in dem es nur heißt: „Jede natürliche oder juristische Person hat das Recht auf Achtung ihres Eigentums." Der EGMR beruft sich vielmehr auf den Zweck der Vorschrift:

> „For the purposes of the first sentence of the first paragraph (P1-1-1), the Court must determine whether a fair balance was struck between the demands of the general interest of the community and the requirements of the protection of the individual's fundamental rights."

Nach Ansicht des EGMR sei das Erfordernis einer solchen Verhältnismäßigkeitsprüfung in der gesamten Konvention angelegt und ergäbe sich auch aus der Struktur des Artikel 1.[587]

In *Tecmed* ergab sich das Erfordernis, die Verhältnismäßigkeit zu prüfen, ebenfalls nicht direkt aus der der Entscheidung zugrundeliegenden Rechtsgrundlage, hier dem Investitionsschutzvertrag zwischen Spanien und Mexiko vom 18. Dezember 1996. Das Schiedsgericht beruft sich zur Erklärung, warum es abweichend von allen anderen Schiedsgerichten bei Investitionsstreitigkeiten nicht nur die Auswirkungen der Maßnahme auf die Investition betrachtet, sondern die Verhält-

584 Z.B. *Matos e Silva, Lda., and Others v. Portugal,* EGMR, Urteil v. 16.09.1996, Rn. 81; *Pressos Compania Naviera S.A. and Others v. Belgium,* EGMR Urteil 20.11.1995, Rn. 33.

585 *Matos e Silva, Lda., and Others v. Portugal,* EGMR, Urteil v. 16.09.1996, Rn. 76 ff.; *Pressos Compania Naviera S.A. and Others v. Belgium,* EGMR Urteil 20.11.1995, Rn. 33 ff.

586 *Matos e Silva, Lda., and Others v. Portugal,* EGMR, Urteil v. 16.09.1996, Rn. 87 ff.; *Pressos Compania Naviera S.A. and Others v. Belgium,* EGMR Urteil 20.11.1995, Rn. 35 ff.

587 *Sporrong and Lönnroth v. Sweden*, EGMR Urteil v. 23.09.1982, Rn. 69.

nismäßigkeit der Maßnahme in die Tatbestandsprüfung einbezieht, allein auf die Rechtsprechung des EGMR.[588]

(1) Verallgemeinerungsfähigkeit des Schiedsurteils im Fall „Tecmed" – allgemeines Völkerrecht als Entscheidungsgrundlage in Schiedsurteilen?

Zu Beginn der Enteignungsprüfung machte das Schiedsgericht deutlich, dass es nach dem einschlägigen Investitionsschutzvertrag auch auf der Grundlage des allgemeinen Völkerrechts entscheiden könne.[589] Insofern stellt sich also die Frage, ob sich die Rechtsprechung in *Tecmed* verallgemeinern lassen kann oder ob das Schiedsgericht in *Tecmed* sein Schiedsurteil nur ausnahmsweise aufgrund der besonderen Bestimmungen im Investitionsschutzvertrag auf der Grundlage des allgemeinen Völkerrechts treffen konnte.

In *LG&E* beruft sich das Schiedsgericht einerseits auf das Urteil in Tecmed, andererseits ebenfalls auf andere allgemeine Völkerrechtsquellen.[590] In diesem Fall ist der Investitionsschutzvertrag zwischen den USA und Argentinien vom 14. November 1991 einschlägig. In diesem Investitionsschutzvertrag bestimmen die beiden Staaten nicht, auf der Grundlage welchen Rechts das Schiedsgericht eine Investitionsstreitigkeit zwischen einem Investor und dem Gaststaat entscheiden soll (Artikel VII) – im Gegensatz zu einer Streitigkeit zwischen den beiden Vertragsstaaten, die auf Grundlage der anwendbaren Regeln des Völkerrechts entschieden werden soll (Artikel VIII). Allerdings könnte Artikel X des Investitionsschutzvertrags ein Hinweis dafür sein, dass die Parteien davon ausgingen, dass das Schiedsgericht nicht nur auf Grundlage ihres nationalen Rechts, sondern auch auf Grundlage des Völkerrechts entscheidet. In diesem Artikel heißt es:

> „This Treaty shall not derogate from:
> (a) laws and regulations, administrative practices or procedures, or administrative or adjudicatory decisions of either Party;
> (b) international legal obligations; or
> (c) obligations assumed by either Party, including those contained in an investment agreement or an investment authorization,
> that entitle investments or associated activities to treatment more favorable than that accorded by this Treaty in like situations."

---

588 *Tecnicas Medioambientales Tecmed S.A. v. The United Mexican States,* ICSID Case No. ARB(AF)/00/2, Award v. 29.05.2003, Rn. 122.

589 *Tecnicas Medioambientales Tecmed S.A. v. The United Mexican States,* ICSID Case No. ARB(AF)/00/2, Award v. 29.05.2003, Rn. 116.

590 *LG&E Energy Corp., LG&E Capital Corp., LG&E International Inc. v. Argentine Republic,* ICSID Case No. ARB/02/1, Decision on Liability v. 3. Oktober 2006, Rn.195 ff.

Dennoch haben die beiden Staaten im eben genannten Investitionsschutzvertrag keine ausdrückliche Vereinbarung über das in einem Schiedsverfahren zwischen einem der Staaten und einem Investor aus dem anderen Vertragsstaat anwendbare Recht getroffen. In diesem Fall gilt zumindest für die vor einem ICSID-Schiedsgericht ausgetragenen Schiedsverfahren gemäß Artikel 42 Abs. 1 S. 2 der ICSID-Konvention, dass das Schiedsgericht auf Grundlage des Rechts des Staates, der an der Streitigkeit beteiligt ist, sowie nach den anwendbaren Regeln des Völkerrechts entscheiden soll.

In den bilateralen Investitionsschutzabkommen ist zum Teil festgelegt, auf welcher Rechtsgrundlage die Schiedsgerichte eine Investitionsstreitigkeit zwischen einer Vertragspartei und dem Investor einer anderen Vertragspartei entscheiden sollen: Artikel XIII Absatz 7 des Investitionsschutzvertrags zwischen Kanada und Ecuador vom 29. April 1996 zum Beispiel bestimmt, dass das angerufene Schiedsgericht die Investitionsstreitigkeit zwischen dem Investor und dem Gaststaat gemäß dem Investitionsschutzvertrag und den anwendbaren Regeln des Völkerrechts entscheiden muss. Ähnliches sieht der Investitionsschutzvertrag zwischen Frankreich und Argentinien vom 3. Juli 1991 in Artikel 8 Absatz 4 vor. Ebenso bestimmt Artikel 11 Absatz 3 des Investitionsschutzvertrages zwischen Thailand und Nordkorea vom 1. März 2002, dass das angerufene Schiedsgericht bei Investitionsstreitigkeiten zwischen dem Investor und dem Gaststaat auf Grundlage des nationalen Rechts des Staates, der Streitpartei ist, sowie auf Grundlage des Investitionsschutzvertrages und des Völkerrechts entscheiden soll. In Artikel 9 Absatz 5 des Investitionsschutzvertrages zwischen den Niederlanden und Venezuela ist eine längere Liste der Rechtsgrundlagen aufgeführt, auf denen das Schiedsurteil basieren soll. Auch hier gehören sowohl das nationale Recht des Gaststaates als auch allgemeine Prinzipien des Völkerrechts zu dem anwendbaren Recht. Auch einige von Deutschland abgeschlossene Investitionsschutzverträge bestimmen das von den Schiedsgerichten bei Investitionsstreitigkeiten zwischen dem Investor und dem Gaststaat anzuwendende Recht, wozu sowohl das Recht des Gaststaates als auch die allgemeinen Grundsätze des Völkerrechts gehören.[591] Nach Artikel 1131 NAFTA soll das Schiedsgericht die Investitionsstreitigkeit zwischen einem Vertragsstaat und dem Investor aus einem anderen Vertragsstaat in Übereinstimmung mit den Bestimmungen des NAFTA selbst und den anwendbaren Regeln des Völkerrechts entscheiden.

Zum Teil treffen die Investitionsschutzabkommen jedoch keine Bestimmungen zu dem im Schiedsverfahren zwischen Investor und Gaststaat anwendbaren

591 Z.B. Artikel 10 Absatz 5 des Investitionsschutzvertrages zwischen Deutschland und Argentinien v. 9. April 1991; Artikel 18 des Investitionsschutzvertrags zwischen Deutschland und Mexiko; Artikel 10 Absatz 3 des Investitionsschutzvertrags zwischen Deutschland und Venezuela v. 14.5.1996.

materiellen Recht.[592] Viele von Deutschland abgeschlossene Investitionsschutzabkommen legen beispielsweise nicht das Recht fest, auf dessen Grundlage das Schiedsgericht eine Investitionsstreitigkeit zu entscheiden hat.[593]

Haben die Vertragsstaaten keine Bestimmung darüber getroffen, auf welcher Rechtsgrundlage das Schiedsgericht die Investitionsstreitigkeit zwischen dem Investor und dem Gaststaat entscheiden soll, kommt es darauf an, was die einschlägigen Verfahrensregeln für das Schiedsverfahren für diesen Fall bestimmen. Wie dargelegt sieht Artikel 42 Abs. 1 S. 2 der ICSID-Konvention vor, dass das Schiedsgericht in diesem Fall auf Grundlage des Rechts des Staates, der an der Streitigkeit beteiligt ist, sowie nach den anwendbaren Regeln des Völkerrechts entscheiden soll, wenn die Staaten keine Vereinbarung bezüglich des anwendbaren Rechts getroffen haben. Die ICSID Arbitration Additional Facility-Regeln sehen in deren Artikel 54 vor, dass das Schiedsgericht auf der Grundlage des nach dem Internationalen Privatrecht einschlägigen nationalen Rechts sowie aufgrund der anwendbaren Regeln des Völkerrechts entscheiden soll. Nach den UNCITRAL-Regeln entscheidet das Schiedsgericht allerdings nur auf Grundlage des Rechts, das nach dem von ihm für anwendbar gehaltenen Internationalen Privatrecht ermittelt wird (Artikel 33 der UNCITRAL-Regeln).

Im Ergebnis lässt sich festhalten, dass die Vertragsparteien, wenn sie Bestimmungen bezüglich des anwendbaren Rechts in den Investitionsschutzverträgen getroffen haben, ganz überwiegend auch die Regeln des Völkerrechts genannt haben. Wurden keine Vereinbarungen getroffen, hängt das anwendbare Recht von den Bestimmungen der gewählten Schiedsverfahrensregeln ab. Wurde ein ICSID-Schiedsverfahren gewählt, entscheidet das Schiedsverfahren auch auf Grundlage des Völkerrechts.

Nach Artikel 38 des Statuts des Internationalen Gerichtshofes sind Rechtsquellen des Völkerrechts völkerrechtliche Verträge, Völkergewohnheitsrecht, allgemein anerkannte Rechtsgrundsätze und als Rechtserkenntnisquellen richterliche Entscheidungen (obwohl diese nur *inter partes* wirken) sowie den „Lehrmeinungen der fähigsten Völkerrechtler“. Zu den Rechtserkenntnisquellen regionalen Völkerrechts gehört folglich auch die Rechtsprechung des EGMR, auch wenn dessen Urteile nur für die streitenden Parteien verbindlich sind. Insofern sind die

592 Z.B. der Investitionsschutzvertrag zwischen Frankreich und Albanien v. 13. Juni 1995 (Artikel 9); zwischen Italien und Jordanien (Artikel 9); zwischen Kanada und der Tschechoslowakei v. 15. November 1990; zwischen Großbritannien und Bosnien Herzegowina v. 2. Oktober 2002 (Artikel 8).

593 Z.B. der Investitionsschutzvertrag zwischen Deutschland und Timor-Leste v. 10.8.2005 (Artikel 11), zwischen Deutschland und Botswana vom 23. Mai 2000 (Artikel 11); zwischen Deutschland und Kambodscha v. 15. Februar 1999 (Artikel 11); zwischen Deutschland und Ghana v. 24. Februar 1995.

Schiedsgerichte, die über Investitionsstreitigkeiten entscheiden, nicht an die Urteile des EGMR zu Enteignungen gebunden, können diese jedoch – sofern sie auf Grundlage des Völkerrechts entscheiden dürfen – als Interpretation des (regionalen) Völkerrechts zitieren und sich diesen anschließen.

(2) Dogmatische Einordnung des Verhältnismäßigkeitskriteriums durch den EGMR bzw. die internationalen Schiedsgerichte

Im Folgenden soll untersucht werden, wie der EGMR bzw. die internationalen Schiedsgerichte das Verhältnismäßigkeitskriterium dogmatisch einordnen.

Wie bereits erwähnt, enthält der das Eigentum schützende Artikel 1 des 1. Zusatzprotokolls (ZP I) nach der Rechtsprechung des EGMR drei voneinander zu unterscheidende Regeln: in Artikel 1 Satz 1 ist als allgemeine Regel das Eigentumsrecht garantiert. Die beiden folgenden Regeln sehen die Möglichkeit vor, das Eigentumsrecht zu beschränken: in Absatz 1 Satz 2 ist der Eigentumsentzug, in Absatz 2 die Ermächtigung zur Regelung der Eigentumsnutzung enthalten.[594] Korrespondierend zu diesen drei Regeln unterscheidet der EGMR drei Arten von Eingriffen in das Eigentumsrecht: erstens Enteignungen (Absatz 1 Satz 2); zweitens Nutzungsregelungen (Absatz 2) und drittens sonstige Eingriffe in das Eigentum, die Absatz 1 Satz 1 unterfallen sollen.[595] Der Sinn dieser Dreiteilung der Eingriffe wird immer wieder bezweifelt.[596]

Dogmatisch geht der EGMR so vor, dass er zunächst prüft, ob von staatlicher Seite in das Eigentum eingegriffen wurde.[597] Unter diesem ersten Prüfungspunkt bestimmt er zudem, welche der drei Arten von Eingriffen in das Eigentum vorliegt.[598] In einem zweiten Schritt prüft der Gerichtshof, ob der Eingriff in das Eigentum gerechtfertigt ist.[599] Das ist nach seiner Rechtsprechung dann der Fall, wenn der Eingriff aufgrund eines Gesetzes vorgenommen wurde und verhältnismäßig ist (der EGMR spricht von „fair balance“).[600] Der EGMR trennt folglich dogmatisch den Eingriff und die Rechtfertigung des Eingriffs, wobei die Verhält-

---

594 Ständige Rechtsprechung des EGMR, z.B. Z.B. *Matos e Silva, Lda., and Others v. Portugal,* EGMR, Urteil v. 16.09.1996, Rn. 81; *Pressos Compania Naviera S.A. and Others v. Belgium,* EGMR Urteil 20.11.1995, Rn. 33; vgl. auch *König*, Bitburger Gespräche, Jahrbuch 2004/I, S. 119, 120.

595 *König*, Bitburger Gespräche, Jahrbuch 2004/I, S. 119, 120.

596 *König*, Bitburger Gespräche, Jahrbuch 2004/I, S. 119, 129.

597 *Sporrong and Lönnroth*, Urteil v. 23. 09.1982, Rn. 58 ff.; *Immobiliare Saffi v. Italy*, Urteil v. 28. 07.1999, Rn. 44 ff.; *Beyeler v. Italy*, Urteil v. 05.01.2000, Rn. 107.

598 Idem.

599 *Sporrong and Lönnroth*, Urteil v. 23. 09.1982, Rn. 61 ff.; *Immobiliare Saffi v. Italy*, Urteil v. 28. 07.1999, Rn. 47 ff.; *Beyeler v. Italy*, Urteil v. 05.01.2000, Rn. 108 ff.

600 Idem.

nismäßigkeit des Eingriffs ein entscheidendes Kriterium für die Rechtfertigung ist. Insofern ist diese zweiteilige Prüfung von Eingriff/Rechtfertigung des Eingriffs der Prüfungsfolge des Bundesverfassungsgerichts nicht unähnlich.[601]

Demgegenüber ist die dogmatische Einordnung des Verhältnismäßigkeits-kriteriums durch die internationalen Schiedsgerichte nicht eindeutig.

Zunächst unterscheiden sie im Gegensatz zum EGMR nicht drei Arten von Eingriffen in das Eigentum. Sie unterscheiden vielmehr, wie erwähnt, zwischen einer (direkten oder indirekten) Enteignung, die entschädigungspflichtig ist, und einer „regulatory measure", die vergleichbar mit der Inhalts- und Schrankenbestimmung nach der deutschen Terminologie ist und keiner Entschädigung bedarf.[602]

Außerdem trennen die Schiedsgerichte nicht dogmatisch zwischen einem Eingriff in das Eigentumsrecht und der Rechtfertigung des Eingriffs. Das gilt insbesondere für die Schiedsurteile, die bereits durch einen ausreichend schweren Eingriff in das Eigentum eine Enteignung begründet sehen,[603] aber auch für diejenigen, welche zusätzlich das Kriterium der Verhältnismäßigkeit in die Prüfung einbeziehen.[604]

Insofern ist auch die dogmatische Einordnung des Verhältnismäßigkeitskriteriums durch die Schiedsgerichte nicht eindeutig. Da die Schiedsgerichte nicht wie der EGMR in zwei Schritten erst einen Eingriff und dann die Rechtfertigung des Eingriffs prüfen, sondern nur in einem Schritt untersuchen, ob eine Enteignung vorliegt, behandeln sie das Verhältnismäßigkeitskriterium implizit als (negative) Tatbestandsvoraussetzung für eine Enteignung. „Negative" Tatbestandsvoraussetzung bedeutet, dass der Tatbestand der Enteignung nur erfüllt ist, wenn die fragliche Maßnahme nicht verhältnismäßig ist.

Ebenso wie die Tatsache, dass auf das Verhältnismäßigkeitskriterium während der Prüfung des Tatbestandes der indirekten Enteignung eingegangen wird, spre-

---

601 *König*, Bitburger Gespräche, Jahrbuch 2004/I, S. 119, 121.

602 Vgl. C. II.1. und 2.a.

603 Z.B. *CMS Gas Transmission Company v. The Republic of Argentina,* ICSID Case No. ARB/01/8, Award v. 12.05.2005, Rn. 262 ff.; *Enron and Ponderosa Assets v. Argentina,* ICSID Case No. ARB/01/3, Award v. 22 05.2007, Rn. 244 ff.; *Metalclad Corp. v. United Mexican States,* ICSID Case No. ARB(AF)/97/1, Award v. 30. August 2000, Rn. 102 ff.; *Compañia de Aguas del Aconquija S.A.& Vivendi Universal S.A. v. Argentina,* ICSID Case No. ARB/97/3, Award v. 20. August 2007, Rn. 7.5.24 ff. (S. 231 ff.).

604 *Tecnicas Medioambientales Tecmed S.A. v. The United Mexican States,* ICSID Case No. ARB(AF)/00/2, Award v. 29.05.2003, Rn. 121 f.; *LG&E Energy Corp., LG&E Capital Corp., LG&E International Inc. v. Argentine Republic,* ICSID Case No. ARB/02/1, Decision on Liability v. 3. Oktober 2006, Rn. 189 ff.; *Azurix Corp. v. The Argentine Republic,* ICSID Case No. ARB/01/12, Award v. 14. Juli 2006, Rn. 308 ff.

chen die Formulierungen der Schiedsgerichte wie in dem Fall *Tecmed* dafür, dass die Schiedsgerichte das Verhältnismäßigkeitskriterium als (negative) Tatbestandsvoraussetzung ansehen:

> „After establishing that regulatory actions and measures will not be initially excluded from the definition of expropriatory acts, in addition to the negative financial impact of such actions or measures, the Arbitral Tribunal will consider, in order to determine if they are to be characterized as expropriatory, whether such actions or measures are proportional to the public interest presumably protected thereby and to the protection legally granted to investments, taking into account that the significance of such impact has a key role upon deciding the proportionality".[605]

Hier prüft das Schiedsgericht also, um bestimmen zu können, ob eine Enteignung vorliegt, neben dem ausreichend schweren Eingriff auch, ob die Maßnahme verhältnismäßig war. Im Anschluss zitiert das Schiedsgericht zwar die Rechtsprechung des EGMR, allerdings ohne auf dessen dogmatische Trennung zwischen Eingriff und Rechtfertigung und die dogmatische Einordnung der Verhältnismäßigkeit als Kriterium der Rechtfertigung einzugehen. Insofern kann davon ausgegangen werden, dass dieses Schiedsgericht nicht die Dogmatik des EGMR übernommen hat. Das Gleiche gilt für das Schiedsgericht im Fall *LG&E*, welches sich auf das Schiedsurteil von *Tecmed* beruft,[606] sowie für das im Fall *Azurix*, welches zwar *Tecmed* und den EGMR zitiert, jedoch ebenfalls nicht auf dessen Dogmatik eingeht.[607]

Folglich nehmen die Schiedsgerichte keine dogmatische Trennung zwischen Eingriff und Rechtfertigung des Eingriffs und keine dogmatische Einordnung des Verhältnismäßigkeitskriteriums vor. Da sie auf das Verhältnismäßigkeitskriterium im Rahmen der Prüfung eingehen, ob eine Enteignung vorliegt, behandeln sie dieses Kriteriums als negative Tatbestandsvoraussetzung.

(3) Zwischenergebnis

Zusammenfassend lässt sich also festhalten, dass die Schiedsgerichte das Kriterium der Verhältnismäßigkeit zur Abgrenzung zwischen einer indirekten Enteignung und einer regulatorischen Maßnahme heranziehen können, auch wenn sich dieses Kriterium nicht aus den bilateralen Investitionsschutzabkommen ergibt.

---

605 *Tecnicas Medioambientales Tecmed S.A. v. The United Mexican States,* ICSID Case No. ARB(AF)/00/2, Award v. 29.05.2003, Rn. 122.

606 *LG&E Energy Corp., LG&E Capital Corp., LG&E International Inc. v. Argentine Republic,* ICSID Case No. ARB/02/1, Decision on Liability v. 3. Oktober 2006, Rn. 194 f.

607 *Azurix Corp. v. The Argentine Republic,* ICSID Case No. ARB/01/12, Award v. 14. Juli 2006, Rn. 311.

Hierbei können sie die Rechtsprechung des EGMR zitieren. Dogmatisch ordnen sie das Verhältnismäßigkeitskritrium zwar nicht audrücklich einem bestimmten Prüfungspunkt zu. Aus der Prüfungsreihenfolge und den Formulierungen ergibt sich jedoch, dass das Kriterium der Verhältnismäßigkeit dogmatisch als negatives Tatbestandsmerkmal behandelt wird.

Im Folgenden soll die Rechtsprechung der internationalen Schiedsgerichte daraufhin untersucht werden, ob sie mehrheitlich allein die ausreichende Intensität der Eigentumsbeeinträchtigung für den Tatbestand der indirekten Enteignung untersuchen oder ob sie auch die Verhältnismäßigkeit der Maßnahme in die Betrachtung einbeziehen. Im Anschluss daran soll auf das Für und Wider der Einbeziehung der Verhältnismäßigkeit in den Tatbestand der indirekten Enteignung eingegangen werden.

cc. „sole effect doctrine" vs. „police powers doctrine"

Vor dem Hintergrund der Abgrenzung der regulatorischen Maßnahme von der indirekten Enteignung, bei der es im Wesentlichen darum geht, das Interesse des ausländischen Investors am Schutz seiner Investition und das Interesse des Gaststaates an einer möglichst geringen Einschränkung seiner souveränen Regelungskompetenz in einen gerechten Ausgleich zu bringen, haben sich zwei Theorien herausgebildet.[608] Dies ist einerseits die von *Dolzer* und *Bloch* als „sole-effect doctrine" bezeichnete Theorie, die eher dem Interesse des Investors entspricht.[609] Andererseits ist dies die von *Heiskanen* so genannte „police powers doctrine", die eher dem Interesse des Gaststaates Rechnung trägt.[610]

Im Folgenden soll untersucht werden, welche Theorie in der Rechtsprechung der internationalen Schiedsgerichte überwiegt. Im Anschluss daran soll erörtert werden, welche Argumente für die eine bzw. die andere Theorie sprechen.

(1) Allein die ausreichende Beeinträchtigung begründet den Tatbestand der indirekten Enteignung – „sole effect doctrine"

Nicht umstritten ist, dass die ausreichende Beeinträchtigung wesentliche Voraussetzung für den Tatbestand der indirekten Enteignung ist. Uneinigkeit besteht dagegen bei der Frage, ob dies die einzige und ausschließliche Tatbestandsvoraussetzung der indirekten Enteignung ist ober ob auch der Zweck, der Kontext und

608 *Brunetti,* 5 Int'l L.F.D. Int'l (2003), S. 150 f.

609 *Dolzer/Bloch,* 5 Int'l L.F.D. Int'l (2003), S. 155, 158; *Brunetti,* 5 Int'l L.F.D. Int'l (2003), S. 151; *Lawrence,* 41 Ga. L.Rev. 2006, S. 261, 275.

610 *Heiskanen,* 5 Int'l L.F. D. Int'l (2003), S. 176, 177 f.; *Brunetti,* 5 Int'l L.F.D. Int'l (2003), S. 151; *Lawrence,* 41 Ga. L.Rev. 2006, S. 261, 275.

die Verhältnismäßigkeit der Maßnahme mit in die Betrachtung einbezogen werden sollen.[611]

In einigen Fällen, in denen die Schiedsgerichte ausschließlich die Tatbestandsvoraussetzung „ausreichende Beeinträchtigung des Eigentums" nennen und prüfen und auf weitere mögliche Aspekte wie den Zweck und die Verhältnismäßigkeit der Maßnahme nicht eingehen, liegt diese erste Tatbestandsvoraussetzung bereits nicht vor. Ist die Tatbestandsvoraussetzung des ausreichenden Eingriffs nicht erfüllt, kommt es auf die weiteren Tatbestandsvoraussetzungen nicht mehr an, so dass diese nicht mehr geprüft werden müssen. Folglich lässt sich, wenn bereits kein ausreichender Eingriff vorliegt, daraus, dass die Verhältnismäßigkeit der Maßnahme nicht geprüft wird, nicht allein deshalb auf die „sole effect doctrine" schließen. Allerdings können andere Aspekte in den Ausführungen der Schiedsgerichte ein Indiz dafür liefern, dass das Schiedsgericht allein die ausreichende Auswirkung der Maßnahme als Tatbestandsvoraussetzung der indirekten Enteignung ansieht.

In dem Fall *Pope&Talbot v. Kanada* ging es um die Frage, ob ein Gesetz, dass Exporte von Weichholz beschränkt, eine Enteignung darstellte.[612] Zunächst stellte das Schiedsgericht fest, dass regulatorische Maßnahmen des Staates im Rahmen seiner „police powers" nicht per se von dem Tatbestand der indirekten Enteignung ausgeschlossen sind.[613] In einem zweiten Schritt prüfte es, ob der Tatbestand der indirekten Enteignung erfüllt war. Zwar bestimmte das Schiedsgericht als einzige Tatbestandsvoraussetzung der indirekten Enteignung die (ausreichenden) Auswirkungen der Maßnahme auf das Eigentum und ging nicht auf die Frage ein, ob weitere Tatbestandsvoraussetzungen für die indirekte Enteignung erforderlich sind.[614] Allerdings kam das Schiedsgericht zu dem Ergebnis, dass das Gesetz bereits gar nicht in ausreichendem Maße in die Investition von *Pope&Talbot* eingriff. Insofern kam es hier nicht mehr auf die Frage an, ob die Maßnahme verhältnismäßig war, so dass sich allein aufgrund der Tatsache, dass nur das ausreichende Ausmaß der Beeinträchtigung geprüft wurde, nicht auf die „sole effect doctrine" schließen lässt. Ein Indiz für die „sole effect doctrine" könnte höchstens sein, dass das Schiedsgericht schon als Tatbestandsvoraussetzung allein das ausreichende Aus-

---

611 *Dolzer,* 11 N.Y.U. Envtl. L.J. (2002), S. 64, 79 f.; *OECD, Directorate for Financial and Enterprise Affairs,* Working Papers on International Investment Number 2004/4, „Indirect Investment" and the „Right to Regulate" in International Investment Law, S. 15; *Fortier/Drymer,* 19 ICSID Review 2004, S. 293, 300.

612 *Pope&Talbot Inc. v. The Government of Canada,* Interim Award v. 26.06.2000, Rn. 100 ff.

613 *Pope&Talbot Inc. v. The Government of Canada,* Interim Award v. 26.06.2000, Rn. 99.

614 *Pope&Talbot Inc. v. The Government of Canada,* Interim Award v. 26.06.2000, Rn.102.

maß der Beeinträchtigung nennt.[615] Allerdings ist auch dies nicht zwingend, da auch andere Schiedsgerichte nicht immer im Voraus alle Tatbestandsvoraussetzungen aufzählen, sondern erst, nachdem festgestellt wurde, dass eine ausreichend große Beeinträchtigung in das Eigentum vorliegt, erstmals auf das Kriterium der Verhältnismäßigkeit eingegangen sind.[616] Auch ein Satz wie

> „While it may sometimes be uncertain whether a particular interference with business activities amounts to an expropriation, the test is whether that interference is sufficiently restrictive to support a conclusion that the property has been „taken" from the owner".[617]

könnte dafür sprechen, dass das Schiedsgericht der „sole effect doctrine" folgt. Allerdings erfolgte diese Feststellung des Schiedsgerichts im Rahmen der Ausführungen zur erforderlichen ausreichenden Auswirkung der Beeinträchtigung auf das Eigentum, so dass auch hier ein Rückschluss auf die „sole effect doctrine" zwar möglich, aber nicht zwingend ist. Folglich lässt sich das Schiedsurteil von *Pope&Talbot* nicht eindeutig der „sole effect doctrine" zuordnen, obwohl einige Indizien für diese Position sprechen.

Auch in den Fällen *CMS v. Argentina* und *Enron v. Argentina*, die beide einen weitgehend identischen Sachverhalt aufweisen (zumal es in beiden Fällen um Investitionen in die Gasförderung in Argentinien geht), prüfte das Schiedsgericht ausschließlich, ob die vom argentinischen Staat in der Finanzkrise Ende der 1990er Jahre vorgenommenen Maßnahmen die jeweilige Investition in ausreichendem Maße beeinträchtigten.[618] Die Maßnahmen sahen beispielsweise vor, dass entgegen der den Investoren gegebenen Garantien die Gastarife eingefroren wurden und aufgrund des argentinischen Notstandsgesetzes die Konvertibilität des Peso zum US-Dollar aufgehoben, die Dollarforderungen in Peso im Verhältnis eins zu eins umgewandelt und der Wechselkurs des Peso freigegeben wurden, so dass der Peso innerhalb kurzer Zeit vier zu eins zum US-Dollar notierte.[619] Die

---

615 *Pope&Talbot Inc. v. The Government of Canada,* Interim Award v. 26.06.2000, Rn. 102.

616 Z.B. *Tecnicas Mediambientales Tecmed S.A. v. The United Mexican States,* ICSID Case No. ARB(AF)/00/2, Award v. 29.05.2003, Rn. 115 ff.

617 *Pope&Talbot Inc. v. The Government of Canada,* Interim Award v. 26.06.2000, Rn. 102.

618 *CMS Gas Transmission Company v. The Republic of Argentina,* ICSID Case No. ARB/01/8, Award v. 12.05.2005, Rn. 262 f.; *Enron and Ponderosa Assets v. Argentina,* ICSID Case No. ARB/01/3, Award v. 22 05.2007, Rn. 245.

619 *CMS Gas Transmission Company v. The Republic of Argentina,* ICSID Case No. ARB/01/8, Award v. 12.05.2005, Rn. 59 ff.; *Enron and Ponderosa Assets v. Argentina,* ICSID Case No. ARB/01/3, Award v. 22 05.2007, Rn. 62 ff.; *Schill,* SchiedsVZ 2007, S. 178, 179.

beiden Unternehmen machten jeweils geltend, dass diese Maßnahmen eine indirekte Enteignung ihrer Investition darstellten.[620]

In beiden Fällen kam das Schiedsgericht zu dem Ergebnis, dass die Maßnahmen die Investition nicht in ausreichendem Maße beeinträchtigten und daher keine entschädigungsbedürftige indirekte Enteignung darstellten.[621] Insofern mussten sie nicht zwingend auf weitere eventuelle Tatbestandsvoraussetzungen der indirekten Enteignung eingehen. Dennoch lässt sich in beiden Schiedsurteilen aus den Ausführungen der Schiedsgerichte entnehmen, dass diese der „sole effect doctrine" folgen.

Nach Ansicht des Schiedsgerichts in *CMS* ist wesentliche und einzige Tatbestandsvoraussetzung der indirekten Enteignung der ausreichende Eingriff in das Eigentum:

> „The essential question is therefore to establish whether the enjoyment of the property has been effectively neutralized. The standard that a number of tribunals have applied in recent cases where indirect expropriation has been contended is that of substantial deprivation."[622]

Auch das Schiedsgericht in *Enron* bezog sich allein auf die Auswirkungen der Maßnahme. Dabei berief es sich auf das Urteil von *Pope&Talbot*, das eine Liste von Maßnahmen enthalte, die einen repräsentativen Maßstab für die Anforderungen an eine indirekte Enteignung aufstellten.[623] Beide Schiedsgerichte verwenden hier Formulierungen, in denen sie zum Ausdruck bringen, dass nach ihrer Ansicht der „rechtliche Standard" für eine indirekte Enteignung das Erfordernis der „wesentlichen Beeinträchtigung" sei. Eine solche Formulierung spricht dafür, dass die Schiedsgerichte in beiden Fällen allein die ausreichende Beeinträchtigung des Eigentums als Tatbestandsvoraussetzung der indirekten Enteignung ansahen und damit der „sole effect doctrine" folgten.

Außerdem gingen die Schiedsgerichte bei den Ausführungen zu den Tatbestandsvoraussetzungen der indirekten Enteignung nicht auf das Kriterium der Verhältnismäßigkeit ein. Beide Schiedsgerichte führten bereits am Anfang der Prü-

---

620 *CMS Gas Transmission Company v. The Republic of Argentina,* ICSID Case No. ARB/01/8, Award v. 12.05.2005, Rn. 87 f.; *Enron and Ponderosa Assets v. Argentina,* ICSID Case No. ARB/01/3, Award v. 22 05.2007, Rn. 89.

621 *CMS Gas Transmission Company v. The Republic of Argentina,* ICSID Case No. ARB/01/8, Award v. 12.05.2005, Rn. 263 f.; *Enron and Ponderosa Assets v. Argentina,* ICSID Case No. ARB/01/3, Award v. 22 05.2007, Rn. 246 ff.

622 *CMS Gas Transmission Company v. The Republic of Argentina,* ICSID Case No. ARB/01/8, Award v. 12.05.2005, Rn. 262.

623 *Enron and Ponderosa Assets v. Argentina,* ICSID Case No. ARB/01/3, Award v. 22.05.2007, Rn. 244 f.

fung der indirekten Enteignung abstrakt aus, was nach ihrer Meinung der „legal standard" der indirekten Enteignung sei – die wesentliche Beeinträchtigung des Eigentums. Dass sie sich schon an dieser Stelle auf diese eine Tatbestandsvoraussetzung beschränkten und ausschließlich Passagen aus Urteilen zitierten, in denen allein die Auswirkungen der Maßnahme als Tatbestandsvoraussetzung genannt wurden,[624] spricht ebenfalls dafür, dass beide Schiedsgerichte hier davon ausgingen, dass die ausreichende Auswirkung der Maßnahme einzige Tatbestandsvoraussetzung der indirekten Enteignung ist.

Insofern kann hier sowohl für das Schiedsurteil in *Enron* als auch für *CMS* darauf geschlossen werden, dass die Schiedsgerichte der „sole effect doctrine" folgten.

Der bereits geschilderte Fall *Metalclad v. Mexiko* betraf eine Investition in den Bau und Betrieb einer Müllverwertungsanlage. *Metalclad* hatte aufgrund von Genehmigungen auf Bundesebene und aufgrund von Zusicherungen auf dieser Ebene, dass alle erforderlichen Genehmigungen vorlägen, mit dem Bau der Anlage begonnen. Allerdings ordnete die Gemeinde den Baustopp an, da die nach ihrer Meinung erforderliche Baugenehmigung der Gemeinde nicht beantragt worden war. In der Folge strengte die Gemeinde ein Gerichtsverfahren an, das den Betrieb der Anlage verhinderte. Schließlich wurde auf Landesebene ein Umweltgesetz erlassen, das den Betrieb der Müllverwertungsanlage endgültig unmöglich machte.[625]

Nach Ansicht des Schiedsgerichts stellen diese gesamten Vorgänge eine indirekte Enteignung der Investition *Metalclads* dar.[626] Dabei kommt es nach dieser Rechtsprechung auf die Auswirkungen der Maßnahmen und nicht auf deren Zweck oder Verhältnismäßigkeit an:

> „expropriation under NAFTA includes not only open, deliberate and acknowledged takings of property, such as the outright seizure or formal or obligatory transfer of title in favour of the host state, but also covert or incidental interference with the use of property which has the effect of depriving the owner, in whole or significant part, of the use or reasonably to-be-expected economic benefit of property even if not necessarily to the obvious benefit of the host State."[627]

---

624 *CMS Gas Transmission Company v. The Republic of Argentina,* ICSID Case No. ARB/01/8, Award v. 12.05.2005, Rn. 261 ff.; *Enron and Ponderosa Assets v. Argentina,* ICSID Case No. ARB/01/3, Award v. 22 05.2007, Rn. 245.

625 *Metalclad Corp. v. United Mexican States,* ICSID Case No. ARB(AF)/97/1, Award v. 30. August 2000, Rn. 59 ff.

626 *Metalclad Corp. v. United Mexican States,* ICSID Case No. ARB(AF)/97/1, Award v. 30. August 2000, Rn. 102 ff.

627 *Metalclad Corp. v. United Mexican States,* ICSID Case No. ARB(AF)/97/1, Award v. 30. August 2000, Rn. 103.

In Bezug auf das Umweltgesetz des Bundeslandes führt das Schiedsgericht aus, nachdem es festgestellt hat, dass bereits die Handlungen der Gemeinde den Tatbestand der indirekten Enteignung erfüllen:

> „The Tribunal need not decide or consider the motivation or intent of the adoption of the Ecological Decree. Indeed, a finding of expropriation on the basis of the Ecological Decree is not essential to the Tribunal's finding of a violation of NAFTA Article 1110. However, the Tribunal considers that the implementation of the Ecological Decree would, in and of itself, constitute an act tantamount to expropriation."[628]

Hier bezieht das Schiedsgericht also ausdrücklich nicht den mit dem Gesetz verfolgten Zweck in die Prüfung des Tatbestandes der indirekten Enteignung ein und schließt damit in der Folge zwangsläufig die Prüfung der Verhältnismäßigkeit der Maßnahme aus. Im Ergebnis folgt das Schiedsgericht hier also der „sole effect doctrine".

Auch weitere Schiedsurteile, die zu Verwaltungsakten oder schlichtem Verwaltungshandeln ergingen, äußern sich – wenn auch zum Teil nur implizit und nicht immer eindeutig – zur „sole effect doctrine".

Das Schiedgericht in „*Vivendi II*" prüfte allein, ob die staatlichen Maßnahmen die Investition *Vivendis* in ausreichendem Ausmaß beeinträchtigten.[629] Hierbei zitierte es zwar mehrfach die Ausführungen in *Tecmed* – in welchem Urteil das Schiedsgericht auch die Verhältnismäßigkeit prüfte – , die zitierten Passagen betrafen jedoch allein das ausreichende Ausmaß der Beeinträchtigung.[630] Das Schiedsgericht war der Ansicht, dass in diesem Fall die Investition in ausreichendem Maß beeinträchtigt war, weswegen es das Vorliegen einer indirekten Enteignung bejahte.[631] Da das Schiedsgericht unmittelbar von der vorliegenden ausreichenden Beeinträchtigung auf die indirekte Enteignung schloss, ist das Urteil der „sole effect doctrine" zuzuordnen.

Auch das Schiedsgericht in dem Fall *CME v. Czech Republic* ging allein auf das Ausmaß der Beeinträchtigung ein, ohne sich mit der Verhältnismäßigkeit der Maßnahme auseinanderzusetzen.[632] In diesem Fall ging es nicht um ein Gesetz,

---

628 *Metalclad Corp. v. United Mexican States,* ICSID Case No. ARB(AF)/97/1, Award v. 30. August 2000, Rn. 111.

629 *Compañía de Aguas del Aconquija S.A.& Vivendi Universal S.A. v. Argentina,* ICSID Case No. ARB/97/3, Award v. 20. August 2007, Rn. 7.5.24 ff. (S. 231 ff.).

630 *Compañía de Aguas del Aconquija S.A.& Vivendi Universal S.A. v. Argentina,* ICSID Case No. ARB/97/3, Award v. 20. August 2007, Rn. 7.5.24 ff. (S. 231 ff.).

631 *Compañía de Aguas del Aconquija S.A.& Vivendi Universal S.A. v. Argentina,* ICSID Case No. ARB/97/3, Award v. 20. August 2007, Rn. 7.5.34 (S. 237).

632 *CME Czech Republic B.V. v. The Czech Republic,* UNCITRAL Arbitration, Partial Award v. 13.09.2001, Rn. 604-609.

sondern um (faktisches) Handeln und Unterlassen der Verwaltung.[633] Nachdem das Schiedsgericht feststellte, dass das Handeln und Unterlassen der Behörde die Investition von *CME* in ausreichendem Maß beeinträchtigt hatte und für den enstandenen Schaden auch kausal geworden war, stellte es fest, dass der diesen Handlungen und Unterlassungen zugrunde liegende Zweck für die Prüfung irrelevant war.[634] Hier scheint das Schiedsgericht also der „sole effect doctrine" zu folgen. Allerdings ist das Ergebnis nicht so eindeutig, da das Schiedsgericht einen Absatz später ausführt, dass enteignende Maßnahmen von „regulatory measures", die zum allgemeinen Wohl ergriffen würden, unterschieden werden müssten.[635] Da nach Ansicht des Schiedsgerichts hier aber offensichtlich keine solche regulatorische Maßnahme vorliegt, geht es nicht weiter auf die Voraussetzungen der „police power"-Ausnahme ein. Das Schiedsgericht führt auch nichts weiter zu den Abgrenzungskriterien aus, so dass unklar bleibt, ob es der „sole effect doctrine" folgt oder zur Abgrenzung den Zweck der Maßnahme und deren Verhältnismäßigkeit heranzieht.

Der bereits erwähnte Fall *Biloune, et al. v. Ghana Investment Centre, et al.* betraf ebenfalls Verwaltungshandeln und kein Gesetz. Allerdings hat in diesem Fall das Schiedsgericht ausdrücklich allein die Auswirkungen der Maßnahmen und nicht den Zweck, den Kontext oder die Verhältnismäßigkeit der Maßnahmen in die Prüfung einbezogen. In diesem Fall ging es um die Investition in einen Restaurant- und Hotelkomplex, die sowohl in der Renovierung bestehender Anlagen und dem Bau neuer Gebäude bestand.[636] Der Investor verließ sich auf Zusicherungen der Gemeinde und eines Unterorgans der Regierung Ghanas, dass eine Baugenehmigung erteilt würde, und begann – nach ausdrücklicher Aufforderung – mit den Bauarbeiten, bevor er einen Bauantrag stellte.[637] Die Baugenehmigung wurde entgegen den Zusicherungen nicht erteilt und, nachdem wesentliche Teile der Arbeiten fertig gestellt waren, wurde der Baustopp angeordnet und schließlich die Anlagen abgerissen. Nach Ansicht des Schiedsgerichts stellten die gesamten Vorgänge eine indirekte Enteignung des Investors dar. Die Gründe für ein solches

633 *CME Czech Republic B.V. v. The Czech Republic,* UNCITRAL Arbitration, Partial Award v. 13.09.2001, Rn. 460 ff.; 600 ff.

634 *CME Czech Republic B.V. v. The Czech Republic,* UNCITRAL Arbitration, Partial Award v. 13.09.2001, Rn. 599 ff. u. 602.

635 *CME Czech Republic B.V. v. The Czech Republic,* UNCITRAL Arbitration, Partial Award v. 13.09.2001, Rn. 603.

636 *Biloune and Marine Drive Complex Ltd. v. Ghana Investments Centre and the Government of Ghana,* UNCITRAL Award on Jurisdiction and Liability v. 27. Oktober 1989, in: 95 I.L.R. (1994), S. 183, 207-210.

637 *Biloune and Marine Drive Complex Ltd. v. Ghana Investments Centre and the Government of Ghana,* UNCITRAL Award on Jurisdiction and Liability v. 27. Oktober 1989, in: 95 I.L.R. (1994), S. 183, S. 192 ff.

Vorgehen Ghanas blieben unklar, allerdings kam es nach Ansicht des Schiedsgerichts auch weder darauf noch auf den Zweck der Maßnahmen an:

> „The motivations for the actions and omissions of Ghanaian governmental authorities are not clear. But the Tribunal need not establish those motivations to come to a conclusion in the case. What is clear is that the conjunction of the stop work order, the demolition, the summons, the arrest, the detention, the requirement of filing assets declaration forms, and the deportation of Mr Biloune without possibility of re-entry had the effect of causing the irreparable cessation of work on the project. [...] In the view of the Tribunal, such prevention of MDCL from further pursuing its approved project would constitute constructive expropriation of MDCL's contractual rights in the project and, accordingly, the expropriation of the value of Mr Biloune's interest in MDCL, unless the Respondent can establish by persuasive evidence sufficient justification for these events."[638]

Da das Schiedsgericht hier ausdrücklich nicht den Zweck der Maßnahmen, sondern nur deren Auswirkungen in die Prüfung der indirekten Enteignung einbezieht, folgt es der „sole effect doctrine".

Das Schiedsverfahren *Companía Desarrollo De Santa Elena, S.A. v. The Republic of Costa Rica* betraf demgegenüber eine direkte Enteignung. In diesem Fall stand von vornherein fest, dass der Tatbestand der direkten Enteignung erfüllt war, so dass es hier allein um die Höhe der zu zahlenden Entschädigung ging.[639] Dennoch führte das Schiedsgericht, bevor es prüfte, wie hoch die zu zahlende Entschädigung sein muss, aus, dass hier der der Enteignung zugrunde liegende Zweck des Umweltschutzes nichts an der Tatsache ändere, dass eine Enteignung vorliege.

> „While an expropriation or taking for environmental reasons may be classified as a taking for a public purpose, and thus may be legitimate, the fact that the Property was taken for this reason does not affect either the nature or the measure of the compensation to be paid for the taking. That is, the purpose of protecting the environment for which the Property was taken does not alter the legal character of the taking for which adequate compensation must be paid. The international source of the obligation to protect the environment makes no difference. Expropriatory environmental measures—no matter how laudable and beneficial to society as a whole—are, in this respect, similar to any other expropriatory measures that a state may take in order to implement its policies: where property is expropriated, even

638 *Biloune and Marine Drive Complex Ltd v. Ghana Investments Centre and the Government of Ghana,* UNCITRAL Award on Jurisdiction and Liability v. 27. Oktober 1989, 95 ILR 1994, S. 183, 209.

639 *Companía Desarrollo De Santa Elena, S.A. v. The Republic of Costa Rica,* ICSID Case No. ARB/96/1, Final Award v. 17. Februar 2000, Rn. 15 ff.;Rn. 54 ff.

for environmental purposes, whether domestic or international, the state's obligation to pay compensation remains."[640]

Aufgrund dieser Ausführungen wird das Schiedsurteil der „sole effect doctrine" zugeordnet.[641] Bezieht man ausschließlich die eben zitierten Sätze in die Betrachtung ein und blendet aus, dass diese eine unstreitig vorliegende – und auch von Costa Rica nicht bestrittene – direkte Enteignung betrafen, erscheint ein solcher Schluss nicht fernliegend. Im Rahmen der direkten Enteignung, um die es hier ging, spielt allerdings die Abgrenzung zur regulatorischen Maßnahme und damit die Frage, ob es für den Tatbestand allein auf die Auswirkungen oder auch auf die Verhältnismäßigkeit der Maßnahme ankommt, keine Rolle. Insofern kommt es für die Prüfung des Tatbestandes der direkten Enteignung in keinem Fall auf den Zweck der Maßnahme an. Dies würde erst in einem zweiten Schritt bei der Frage relevant, ob die Enteignung rechtmäßig war.[642] Folglich sind die Ausführungen hier nicht als Beleg für die Anwendung der „sole effect doctrine" anzusehen.

Selbst wenn man die Aussage des Schiedsgerichts auf alle Formen der Enteignung bezöge, läge ein Rückschluss auf die „sole effect doctrine" nicht nahe. Da das Schiedsgericht in dem zitierten Abschnitt nur Formulierungen wie „the fact that the property was taken" oder „expropriatory environmental measures" verwendet, beziehen sich die Feststellungen auf bereits vorliegende Enteignungen. Es ging folglich nicht mehr um die Tatbestandsvoraussetzungen der Enteignung. Ist der Tatbestand der direkten oder der indirekten Enteignung erfüllt, kommt es für die Frage, ob eine Entschädigungspflicht besteht, in keinem Fall mehr auf den Zweck der Maßnahme an und kann ein Allgemeinwohlzweck den Tatbestand nicht mehr aufheben. (Ob die Maßnahme dem öffentlichen Wohl dient, spielt dann erst auf der Ebene der Rechtmäßigkeit eine Rolle.) Mit anderen Worten: Ist der Tatbestand der indirekten Enteignung erfüllt – sei es lediglich aufgrund der ausreichenden Beeinträchtigung oder auch aufgrund der Unverhältnismäßigkeit der Maßnahme –, kann daran auch die Tatsache, dass die Maßnahme dem allgemeinen Wohl diente, nichts mehr ändern. Folglich lässt dieses Schiedsurteil keinerlei Rückschlüsse auf die „sole effect doctrine" oder die „police powers doctrine" zu.

In dem Fall *Telenor Mobile Communications A.S. v. The Republic of Hungary* ließ das Schiedsgericht mangels ausreichend schweren Eingriffs in die Investition

640 *Compania Desarrollo De Santa Elena, S.A. v. The Republic of Costa Rica,* ICSID Case No. ARB/96/1, Final Award v. 17. Februar 2000, Rn. 71 f.

641 *OECD, Directorate for Financial and Enterprise Affairs,* Working Papers on International Investment Number 2004/4, „Indirect Investment" and the „Right to Regulate" in International Investment Law, S. 14 ff.

642 So auch *Compania Desarrollo De Santa Elena, S.A. v. The Republic of Costa Rica,* ICSID Case No. ARB/96/1, Final Award v. 17. Februar 2000, Rn. 71.

von *Telenor* ausdrücklich offen, ob es der „sole effect doctrine" oder der „police power doctrines" folgt:

> „In considering whether measures taken by government constitute expropriation the determinative factors are the intensity and duration of the economic deprivation suffered by the investor as the result of them. There is a divergence of views as to whether the intention or objectives of the government in introducing the measures may also be taken into account or whether the sole criterion is the effect of the government measures, but on the view this tribunal takes of the effects of Hungary's actions on Telenor in the present case that is not an issue that needs to be explored."[643]

Zusammenfassend lässt sich festhalten, dass die Schiedsurteile, die als Tatbestandsvoraussetzung der indirekten Enteignung allein die Auswirkungen der Maßnahme prüfen und die deswegen der „sole effect doctrine" zugeordnet werden, bei näherer Betrachtung dieses Ergebnis nicht immer belegen.

Einige Schiedsurteile sind relativ deutlich der „sole effect doctrine" zuzuordnen. Hierzu zählen *„Vivendi II"*, *CMS v. Argentina* und *Enron v. Argentina*, *Metalclad v. Mexico* und *Biloune et al. v. Ghana Investment Centre*.

In anderen Schiedsurteilen folgen die Schiedsgerichte der „sole effect doctrine" zwar nicht eindeutig, allerdings deuten einige Indizien doch auf die „sole effect doctrine" hin. Hierzu gehören *Pope&Talbot v. Kanada* und *CME v. Czech Republic*.

In *Telenor* lässt das Schiedsgericht ausdrücklich offen, ob es der „sole effect doctrine" folgt oder nicht und das Schiedsurteil in *Santa Elena* ist hierzu nicht aussagekräftig, da die Ausführungen sich auf eine feststehende direkte Enteignung beziehen und sich nicht auf die Tatbestandsvoraussetzungen der indirekten Enteignung übertragen lassen.

(2) Zweck, Kontext und Verhältnismäßigkeit der Maßnahme – „police powers doctrine"

In der Literatur und zum Teil in der Rechtsprechung der Schiedsgerichte wird im Gegensatz zur „sole effect doctrine" vertreten, dass allein die ausreichende Beeinträchtigung des Eigentums nicht genügt, damit die regulatorische Maßnahme den Tatbestand der indirekten Enteignung erfüllt.[644] Danach müssen die Auswirkungen der Maßnahme immer im Zusammenhang mit dem Zweck der Maßnahme

---

643 *Telenor Mobile Communications A.S. v.The Republic od Hungary,* ICSID Case No. ARB/04/15, Award v. 13. September 2006, Rn. 70.

644 Z.B. *Tecnicas Medioambientales Tecmed S.A. v. The United Mexican States,* ICSID Case No. ARB(AF)/00/2, Award v. 29.05.2003, Rn. 122; *LG&E Energy Corp.,*

und dem Kontext, in dem sie ergriffen wurde, gesehen werden. Nur, wenn die Maßnahme vor diesem Hintergrund unverhältnismäßig sei, stelle sie eine indirekte Enteignung dar.

In dem bereits erwähnten Fall *S.D.Myers v. Canada* lehnte das Schiedsgericht den Tatbestand der indirekten Enteignung bereits ab, da der Eingriff in die Investition nicht dauerhaft war und damit keine aureichende Beeinträchtigung des Eigentums vorlag. In seinen Ausführungen ging das Schiedsgericht dennoch auf weitere zu berücksichtigende Aspekte ein:

> „The Tribunal accepts that, in legal theory, rights other than property rights may be „expropriated“ and that international law makes it appropriate for tribunals to examine the purpose and effect of governmental measures. The Interim Order and the Final Order were regulatory acts that imposed restrictions on SDMI. The general body of precedent usually does not treat regulatory action as amounting to expropriation. [...] A Tribunal should not be deterred by technical or facial considerations from reaching a conclusion that an expropriation or conduct tantamount to an expropriation has occurred. It must look at the real interests involved and the purpose and the effect of the government measure.“[645]

In dem Schiedsurteil von *Tecmed* ging es im Rahmen der Prüfung der indirekten Enteignung darum, ob die Nichtverlängerung der Betriebsgenehmigung für eine Müllverwertungsanlage in Mexiko eine indirekte Enteignung des spanischen Investors darstellte.[646] *Tecmed* hatte von einer mexikanischen Gemeinde sowohl Land, Gebäude und Anlagen einer Müllverwertungsanlage für Industriemüll erworben und diese Vermögenswerte im Anschluss auf ein mexikanisches Tochterunternehmen, Cytrar, übertragen. Vor dem Verkauf wurde die Anlage von einer Gemeinde auf Grundlage einer unbefristeten Genehmigung betrieben. Obwohl *Tecmed* einen Antrag bei der zuständigen Behörde stellte, diese Genehmigung auf Cytrar zu übertragen, erhielt Cytrar nur eine auf ein Jahr befristete, jährlich verlängerbare Genehmigung. Nachdem diese einmal verlängert worden war, lehnte die Behörde eine weitere Verlängerung jedoch ab und forderte Cytrar stattdessen auf, die Anlage zu schließen und zu beseitigen. Als Gründe für diese Entscheidung wurden angeführt, dass Cytrar gegen Auflagen in der Genehmigung und andere

---

LG&E Capital Corp., LG&E International Inc. v. Argentine Republic, ICSID Case No. ARB/02/1, Decision on Liability v. 3.10.2006, Rn. 194 f.

645 *S.D.Myers, Inc. v. Canada,* UNCITRAL Partial Award v. 13.11.2000, , 40 ILM (2001), S. 1408 ff., Rn. 281, 285.

646 *Tecnicas Medioambientales Tecmed S.A. v. The United Mexican States,* ICSID Case No. ARB(AF)/00/2, Award v. 29.05.2003, Rn. 95 ff.

Vorschriften verstoßen habe.[647] Das Schiedsgericht stellte jedoch fest, dass der Ablehnung politische Entscheidungen zugrunde lagen.[648]

Im Rahmen der Prüfung, ob die Ablehnung der Genehmigungsverlängerung eine indirekte Enteignung darstellte, untersuchte das Schiedsgericht zunächst, ob das Eigentum in ausreichendem Maße beeinträchtigt wurde.[649] Nachdem es zu dem Schluss kam, dass die Beeinträchtigungen der Investition ausreichten, um den Tatbestand der indirekten Enteignung zu begründen, prüfte das Schiedsgericht, ob die Maßnahme unter Berücksichtigung der „Police Power“ des Staates enteignend ist.[650] Nach Ansicht des Schiedsgerichts ist das Ausmaß der Beeinträchtigung der Investition für die Abgrenzung zwischen indirekter Enteignung und Regulierung oder einer Maßnahme im Rahmen des besonderen Verwaltungsrechts wie dem Polizeirecht nur ein Aspekt. Treffe der Staat Maßnahmen im Rahmen seiner „police power“, die das Eigentum von Privatpersonen beeinträchtigten, habe der Betroffene grundsätzlich keinen Anspruch auf Entschädigung:

> „The principle that the State's exercise of its sovereign powers within the framework of its police power may cause economic damage to those subject to its powers as administrator without entitling them to any compensation whatsoever is undisputable.“[651]

Dennoch sind nach Ansicht des Schiedsgerichts regelnde Maßnahmen der Verwaltung – auch wenn sie zum Wohle der ganzen Gesellschaft getroffen werden, wie zum Beispiel Maßnahmen des Umweltschutzes nicht per se aus dem Tatbestand der (indirekten) Enteignung ausgeschlossen. Dies gelte insbesondere dann, wenn derartige Maßnahmen den Wert der Investition oder die wirtschaftliche Nutzbarkeit vollständig aufhöben.[652] Um zwischen einer nicht-entschädigungspflichtigen Maßnahme der Verwaltung und einer entschädigungsbedürftigen indirekten Enteignung zu unterscheiden, zieht das Schiedsgericht die Verhältnismäßigkeit der

---

647 *Tecnicas Medioambientales Tecmed S.A. v. The United Mexican States,* ICSID Case No. ARB(AF)/00/2, Award v. 29.05.2003, Rn. 99.

648 *Tecnicas Medioambientales Tecmed S.A. v. The United Mexican States,* ICSID Case No. ARB(AF)/00/2, Award v. 29.05.2003, Rn. 127 ff.

649 *Tecnicas Medioambientales Tecmed S.A. v. The United Mexican States,* ICSID Case No. ARB(AF)/00/2, Award v. 29.05.2003, Rn. 115 ff.

650 *Tecnicas Medioambientales Tecmed S.A. v. The United Mexican States,* ICSID Case No. ARB(AF)/00/2, Award v. 29.05.2003, Rn. 117 ff.

651 *Tecnicas Medioambientales Tecmed S.A. v. The United Mexican States,* ICSID Case No. ARB(AF)/00/2, Award v. 29.05.2003, Rn. 118 f.

652 *Tecnicas Medioambientales Tecmed S.A. v. The United Mexican States,* ICSID Case No. ARB(AF)/00/2, Award v. 29.05.2003, Rn. 121.

Maßnahme als Abgrenzungskriterium heran.[653] Auf diese Weise will das Schiedsgericht einerseits dem staatlichen Interesse, Maßnahmen im öffentlichen Interesse treffen zu können (ohne Entschädigungen zahlen zu müssen), andererseits dem Schutz der Investition des ausländischen Investors Rechnung tragen. Bis zu einem gewissen Maße muss der Investor folglich Beschränkungen seines Eigentums hinnehmen, ohne Anspruch auf Entschädigung zu haben. Insofern ist Grenze seines Eigentumsrechts dessen Polizeipflichtigkeit.[654] Steht die Beeinträchtigung des Eigentums jedoch nicht in einem gerechten Verhältnis zu dem mit der Maßnahme verfolgten Ziel und ist damit die Maßnahme unverhältnismäßig, ist der Tatbestand der indirekten Enteignung erfüllt.

Das Schiedsgericht stellte fest, dass der eigentliche Hauptgrund der Behörde, die Verlängerung der Genehmigung abzulehnen, „sozial-politische" Erwägungen waren und nicht, wie angegeben, Verstöße von Cytrar gegen Auflagen in der Genehmigung.[655] Nach Ansicht des Schiedsgerichts lehnte die Behörde die Verlängerung ab, weil die Gemeinde politischen Druck ausübte und die betroffene Bevölkerung gegen die Anlage war. Da die Gemeinde aus Gründen gegen die Anlage war, die außerhalb der Einflusssphäre von Cytrar und *Tecmed* lagen – die Anlage befand sich zu dicht an dem nächsten Wohngebiet, was schon feststand, bevor *Tecmed* die Anlage übernahm –, prüfte das Schiedsgericht im Anschluss, ob der politische Druck der Gemeinde allein ein legitimes Ziel darstellte, um die Nichtverlängerung der Genehmigung zu rechtfertigen.[656] Das wäre nach Ansicht des Schiedsgerichts dann der Fall, wenn sich aufgrund des Drucks der Gemeinde und der Bevölkerung eine „emergency situation, social crisis or public unrest" ergäbe. Da dies nicht der Fall war – bei einer Demonstration kamen von einer Million betroffenen Anwohnern erst 200, bei einer späteren 400 Demonstranten zusammen, so dass von massiven Unruhen keine Rede sein konnte[657] – und das eigentliche Problem allein die Lage der Anlage war, auf die Cytrar oder *Tecmed* keinen Einfluss hatten, kam das Schiedsgericht zu dem Schluss, dass kein legitimer Zweck mit der Versagung der Genehmigung verfolgt wurde. Außerdem konnte nicht bewiesen werden, dass die Anlage eine tatsächliche oder potentielle Bedrohung für die Umwelt oder die Gesundheit der Bevölkerung darstellte. Nach Ansicht

653 *Tecnicas Medioambientales Tecmed S.A. v. The United Mexican States,* ICSID Case No. ARB(AF)/00/2, Award v. 29.05.2003, Rn. 122.

654 *Schill,* RIW 2005, S. 330, 333.

655 *Tecnicas Medioambientales Tecmed S.A. v. The United Mexican States,* ICSID Case No. ARB(AF)/00/2, Award v. 29.05.2003, Rn. 128 ff.

656 *Tecnicas Medioambientales Tecmed S.A. v. The United Mexican States,* ICSID Case No. ARB(AF)/00/2, Award v. 29.05.2003, Rn. 133.

657 *Tecnicas Medioambientales Tecmed S.A. v. The United Mexican States,* ICSID Case No. ARB(AF)/00/2, Award v. 29.05.2003, Rn. 144.

des Schiedsgerichts durften *Tecmed* und Cytrar zudem auf eine lange Laufzeit ihrer Investition vertrauen, so dass mangels legitimen Zwecks die Versagung der Verlängerung der Genehmigung unverhältnismäßig in die Investition eingriff und deshalb eine indirekte Enteignung darstellte.[658]

In dem Urteil von *Tecmed* bezog ein Schiedsgericht erstmals in einer Investitionsstreitigkeit die Verhältnismäßigkeit der staatlichen Maßnahme in die Tatbestandsvoraussetzungen der indirekten Enteignung ein. Nach Ansicht des Schiedsgerichts soll das Kriterium der Verhältnismäßigkeit als Tatbestandsvoraussetzung sowohl für Maßnahmen der Legislative als auch für solche der Exekutive gelten.[659]

In dem Fall *LG&E v. Argentina* verlangte das Schiedsgericht ebenfalls ausdrücklich die Unverhältnismäßigkeit der Maßnahme als Tatbestandsvoraussetzung neben der ausreichenden Beeinträchtigung des Eigentums. Diesem Fall liegt ein nahezu identischer Sachverhalt wie in den bereits geschilderten Fällen von *CMS* und *Enron* zugrunde.[660]

Hier ging das Schiedsgericht bei der Unterscheidung zwischen einer Maßnahme, die zwar das Eigentum beschränkte, aber noch keine Enteignung darstellte, und einer indirekten Enteignung, die einer Entschädigung bedarf, zunächst auf das Kriterium der „ausreichenden Beeinträchtigung des Eigentums" ein.[661] Bevor es jedoch für den vorliegenden Fall prüfte, ob dieses Kriterium erfüllt war, stellte es sich die Frage, ob nicht außer diesem Kriterium ein weiteres mit in die Betrachtung einbezogen werden sollte. Nach seiner Ansicht ist zwar die Tatbestandsvoraussetzung der „ausreichenden Beeinträchtigung des Eigentums" entscheidend dafür, dass das eine indirekte Enteignung vorliegt. Allerdings sollte nach der Rechtsprechung dieses Schiedsgerichts immer auch das Interesse des Staates berücksichtigt werden, im Rahmen seiner Hoheitsgewalt Maßnahmen zu ergreifen.[662] Diese allgemeinen regelnden staatlichen Maßnahmen stellten nur dann eine entschädigungsbedürftige indirekte Enteignung dar, wenn sie unverhältnismäßig seien:

> „There is no doubt that the facts relating to the severity of the changes on the legal status and the practical impact endured by the investors in this case, as well as the

658 *Tecnicas Medioambientales Tecmed S.A. v. The United Mexican States,* ICSID Case No. ARB(AF)/00/2, Award v. 29.05.2003, Rn. 137-151.

659 *Tecnicas Medioambientales Tecmed S.A. v.The United Mexican States,* ICSID Case No. ARB(AF)/00/2, Award v. 29.5.2003, Rn. 122.

660 Vgl. Darstellung der Fälle *CMS* und *Enron* unter C.II.2.e.cc.(1); *LG&E Energy Corp., LG&E Capital Corp., LG&E International Inc. v. Argentine Republic,* ICSID Case No. ARB/02/1, Decision on Liability v. 3.10.2006, Rn.33 ff.

661 *LG&E Energy Corp., LG&E Capital Corp., LG&E International Inc. v. Argentine Republic,* ICSID Case No. ARB/02/1, Decision on Liability v. 3.10.2006, Rn. 189 ff.

662 *LG&E Energy Corp., LG&E Capital Corp., LG&E International Inc. v. Argentine Republic,* ICSID Case No. ARB/02/1, Decision on Liability v. 3.10.2006, Rn. 189.

possibility of enjoying the right of ownership and use of the investment are decisive in establishing whether an indirect expropriation is said to have occurred. The question remains as to whether one should only take into account the effects produced by the measure or if one should consider also the context within which a measure was adopted and the host State's purpose. It is this Tribunal's opinion that there must be a balance in the analysis both of the causes and the effects of a measure in order that one may qualify a measure as being of an expropriatory nature. It is important not to confound the State's right to adopt policies with its power to take an expropriatory measure. This determination is important because it is one of the main elements to distinguish, from the perspective of an international tribunal between a regulatory measure, which is an ordinary expression of the exercise of the state's police power that entails a decrease in assets or rights, and a *de facto* expropriation that deprives those assets and rights of any real substance.

With respect to the power of the State to adopt its policies, it can generally be said that the State has the right to adopt measures having a social or general welfare purpose. In such a case, the measure must be accepted without any imposition of liability, except in cases where the State's action is obviously disproportionate to the need being addressed."[663]

Das Schiedsgericht erkennt hier also an, dass der im Investitionsschutzabkommen festgelegte Schutz der Investition vor einer entschädigungslosen Enteignung nicht das Recht des Staates einschränkt, im öffentlichen Interesse Inhalts- und Schrankenbestimmungen festzulegen, wenn die Bestimmung nicht unverhältnismäßig ist.[664] Im Anschluss an diese Feststellung kam das Schiedsgericht zu dem Schluss, dass schon gar nicht in ausreichendem Maße in das Eigentum eingegriffen worden sei bzw. dieses gar nicht ausreichend beeinträchtigt worden sei, so dass es nicht mehr auf die Verhältnismäßigkeit der Maßnahme einging.[665]

Auch nach Ansicht des Schiedsgerichts in *LG&E v. Argentine Republic* ist folglich bei der Prüfung des Tatbestandes der indirekten Enteignung die Verhältnismäßigkeit der Maßnahme einzubeziehen. Das Schiedsgericht stimmt dem Urteil von *Tecmed* darin zu, dass die Verhältnismäßigkeit der Maßnahme ein wesentliches Element der Abgrenzung sei zwischen einer Regulierung oder sonstigen verwaltungsrechtlichen Maßnahme, welche den Wert der Investition zwar minderten, aber keiner Entschädigung bedürften, und einer indirekten Enteignung, die der Investition wesentliche Substanz entziehe. Der Staat müsse Maßnahmen ergreifen können zum allgemeinen Wohl seiner Bevölkerung, ohne dafür zu haften; nur wenn die Maßnahme mit Blick auf das mit ihr verfolgte Ziel oder Bedürfnis

663 *LG&E Energy Corp., LG&E Capital Corp., LG&E International Inc. v. Argentine Republic,* ICSID Case No. ARB/02/1, Decision on Liability v. 3.10.2006, Rn. 194 f.

664 S.a. *Schill,* SchiedsVZ 2007, S. 178, 181.

665 *LG&E Energy Corp., LG&E Capital Corp., LG&E International Inc. v. Argentine Republic,* ICSID Case No. ARB/02/1, Decision on Liability v. 3.10.2006, Rn. 198 ff.

unverhältnismäßig sei, liege eine indirekte Enteignung vor.[666] Folglich muss nach Ansicht des Schiedsgerichts immer die Verhältnismäßigkeit der Maßnahme in die Betrachtung einbezogen werden und darf nicht nur geprüft werden, ob die Investition in ausreichendem Maße beeinträchtigt wurde.

Das Schiedsgericht in *Azurix Corp. v. Argentina* schließt sich ebenfalls dem von *Tecmed* für die Abgrenzung einer regulatorischen Maßnahme von einer indirekten Enteignung aufgestellten Kriterium der Verhältnismäßigkeit der Maßnahme an.[667] Nach Ansicht des Schiedsgerichts kann nicht allein der öffentliche Zweck der regulatorischen Maßnahme den Tatbestand der indirekten Enteignung ausschließen, da nach der Vorschrift des Investitionsschutzvertrages auch die Enteignung, um rechtmäßig zu sein, einem öffentlichen Zweck dienen muss. Insofern sei allein das Kriterium des öffentlichen Zwecks für die Abgrenzung der regulatorischen Maßnahme von der indirekten Enteignung nicht hilfreich und bedürfe des weiteren Kriteriums der Verhältnismäßigkeit der Maßnahme.[668]

In *Saluka Investments BV v. The Czech Republic* ging das Schiedsgericht zwar nicht ausdrücklich auf das Kriterium der Verhältnismäßigkeit ein. Aus den Ausführungen ergibt sich jedoch, dass die Maßnahme, wäre sie unverhältnismäßig gewesen, den Tatbestand der indirekten Enteignung erfüllt hätte. In diesem Fall ging es um die Frage, ob die Entscheidung der zuständigen Behörde, die Bank, in die Saluka investiert hatte und an der das Unternehmen Anteile hielt, wegen Zahlungsunfähigkeit unter Zwangsverwaltung zu stellen, eine indirekte Enteignung darstellte.[669] Zunächst stellte das Schiedsgericht fest, dass bei der Auslegung des Tatbestandes der Enteignung auch Völkergewohnheitsrecht heranzuziehen sei, wonach Beeinträchtigungen des Eigentums, die im Rahmen der „police powers" des Staates vorgenommen würden, grundsätzlich keine Enteignung darstellten.[670] Nach Ansicht des Schiedsgerichts lag zwar aufgrund der Durchführung der Zwangsverwaltung ein Eingriff in die Investition von Saluka vor.[671] Dieser war nach seiner Auffassung jedoch gerechtfertigt. Der tschechische Staat habe im Rah-

---

666 *LG&E Energy Corp., LG&E Capital Corp., LG&E International Inc. v. Argentine Republic,* ICSID Case No. ARB/02/1, Decision on Liability v. 3. Oktober 2006, Rn. 195.

667 *Azurix Corp. v. The Argentine Republic,* ICSID Case No. ARB/01/12, Award v. 14. Juli 2006, Rn. 310 ff.

668 *Azurix Corp. v. The Argentine Republic,* ICSID Case No. ARB/01/12, Award v. 14. Juli 2006, Rn. 311 f.

669 *Saluka Investments BV v. The Czech Republic,* UNCITRAL Partial Award v. 17. März 2006.

670 *Saluka Investments BV v. The Czech Republic,* UNCITRAL Partial Award v. 17. März 2006, Rn. 254 f.

671 *Saluka Investments BV v. The Czech Republic,* UNCITRAL Partial Award v. 17. März 2006, Rn 267.

men der Entscheidung, ob die Zwangsverwaltung beschlossen werde, einen Beurteilungsspielraum („margin of discretion"), der in diesem Fall nicht überschritten worden sei.[672] Die zuständige Behörde habe bei der Entscheidung Tatsachen berücksichtigt, die nach Ansicht des Schiedsgerichts vernünftigerweise herangezogen werden mussten, und habe diese ebenfalls in vernünftiger Art und Weise unter die tschechischen Gesetze subsumiert.[673] Damit hatte die tschechische Behörde im Rahmen seines Beurteilungsspielraums entschieden, so dass der Tatbestand der indirekten Enteignung nicht erfüllt war. Obwohl das Schiedsgericht den Begriff „Verhältnismäßigkeit" hier nicht erwähnt, wird doch deutlich, dass die Verhältnismäßigkeit der Maßnahme Voraussetzung dafür ist, dass diese keine indirekte Enteignung darstellt. Das Schiedsgericht führt aus, dass der Eingriff in das Eigentum gerechtfertigt und die Entscheidung der zuständigen Behörde vernünftig sei und diese ihren Entscheidungsspielraum nicht überschritten habe.[674] Das heißt implizit, dass die Entscheidung nicht unverhältnismäßig war, da der Eingriff andernfalls nicht gerechtfertigt gewesen wäre und die Behörde ihren Entscheidungsspielraum überschritten hätte.

Der ebenfalls einschlägige Fall *Fireman's Fund v. Mexico* spielt vor dem Hintergrund der Wirtschaftskrise in Mexiko Mitte der 1990er Jahre.[675] Nachdem der mexikanische Peso 1995 in der ersten Jahreshälfte in seinem Wert um 96% sank, ergriff der mexikanische Staat unterschiedliche Maßnahmen, um gegen die Finanzkrise zu kämpfen. Darunter wurden auch Maßnahmen getroffen, um die Lebensfähigkeit der Banken zu sichern. *Fireman's Fund Insurance Company*, ein in Kalifornien angesiedeltes Versicherungsunternehmen, ist Tochter der „Allianz of America" und Schwesterunternehmen von „Allianz México". Mitte der 1990er Jahre wollte Allianz México sein Versicherungsgeschäft in Mexiko ausbauen, was in Zusammenarbeit mit mexikanischen Banken geschehen sollte, in deren Filialen die Versicherungen verkauft werden sollten. In diesem Zusammenhang investierte *Fireman's Fund* in eine mexikanische Bank, die bereits finanzielle Probleme hatte und letztendlich aufgelöst werden musste. Die Investition wurde konkret in „Dollar Debentures", d.h. Schuldscheinen oder Pfandbriefen in Dollarwährung, vorgenommen, die *Fireman's Fund* im Gegenzug dafür erhielt, dass es mehrere Millio-

---

672 *Saluka Investments BV v. The Czech Republic,* UNCITRAL Partial Award v. 17. März 2006, Rn. 272.

673 *Saluka Investments BV v. The Czech Republic,* UNCITRAL Partial Award v. 17. März 2006, Rn. 272.

674 *Saluka Investments BV v. The Czech Republic,* UNCITRAL Partial Award v. 17. März 2006, Rn 271 ff.

675 *Fireman's Fund Insurance Company v. The United Mexican States,* ICSID Case No. ARB(AF)/02/01, Award v. 17. Juli 2006, Rn. 48 ff.

nen US-Dollar an die Bank zahlte.[676] *Fireman's Fund* machte hierfür und für die daraus folgende Entwertung/Wertlosigkeit der „Dollar Debentures“ unterschiedliche Maßnahmen Mexikos verantwortlich. Nach Ansicht des Schiedsgerichts liegt jedoch kein ausreichender staatlicher Eingriff in die Investition vor und hat sich lediglich das Risiko der Investition verwirklicht.[677] Bevor es konkret prüft, ob der Tatbestand der indirekten Enteignung erfüllt ist, nennt das Schiedsgericht deren Tatbestandsvoraussetzungen und geht auf die Unterscheidung zwischen einer indirekten Enteignung und einer regulatorischen Maßnahme ein:

> „To distinguish between a compensable expropriation and a noncompensable regulation by a host State, the following factors (usually in combination) may be taken into account: whether the measure is within the recognized police powers of the host State; the (public) purpose and effect of the measure; whether the measure is discriminatory; the proportionality between the means employed and the aim sought to be realized; and the bona fide nature of the measure.“[678]

Damit bezieht das Schiedsgericht hier ausdrücklich das Kriterium der Verhältnismäßigkeit in den Tatbestand der indirekten Enteignung ein. Folglich ist auch dieses Urteil der „police powers doctrine“ zuzuordnen.

Zusammenfassend lässt sich bezüglich der „police powers doctrine“ feststellen, dass in einigen, wenn auch (noch) nicht vielen Fällen die Schiedsgerichte ausdrücklich die Verhältnismäßigkeit der Maßnahme in den Tatbestand der indirekten Enteignung einbeziehen. Hierzu gehören die Schiedsurteile in *Tecmed v. Mexico, LG&E v. Argentina, Azurix Corp. v. Argentina* und *Fireman's Fund v. Mexico*.

In einem weiteren Fall, *Saluka Investments BV v. The Czech Republic*, geht das Schiedsgericht zwar nicht ausdrücklich auf das Kriterium der Verhältnismäßigkeit im Rahmen des Tatbestandes der indirekten Enteignung ein. Jedoch sprechen die Ausführungen dafür, dass die Verhältnismäßigkeit der staatlichen Maßnahme ein Aspekt gewesen wäre, den es bei Prüfung des Tatbestandes der indirekten Enteignung angesprochen hätte. Auf diesen musste das Schiedsgericht nicht mehr eingehen, da schon die Beeinträchtigung der Investition nicht ausreichend intensiv war.

---

676 *Fireman's Fund Insurance Company v. The United Mexican States,* ICSID Case No. ARB(AF)/02/01, Award v. 17. Juli 2006, Rn. 55, 179.

677 *Fireman's Fund Insurance Company v. The United Mexican States,* ICSID Case No. ARB(AF)/02/01, Award v. 17. Juli 2006, Rn. 218.

678 *Fireman's Fund Insurance Company v. The United Mexican States,* ICSID Case No. ARB(AF)/02/01, Award v. 17. Juli 2006, Rn. 176.

dd. Stellungnahme

Vor diesem Hintergrund stellt sich die Frage, welche Gründe dafür sprechen, bei der Abgrenzung zwischen indirekter Enteignung und Regulierung oder besonderer Verwaltungsmaßnahme das Kriterium der Verhältnismäßigkeit mit heranzuziehen und nicht lediglich zu prüfen, ob der Eingriff in die Investition ausreichend schwer ist.

Im Rahmen von Investitionsstreitigkeiten und bei der Frage, wann der Tatbestand der indirekten Enteignung erfüllt ist, stehen sich das Interesse des Investors, der keine zu starken Beschränkungen für seine Investition hinnehmen will, ohne hierfür entschädigt zu werden, einerseits, und das Interesse des Gaststaates, seine Regelungskompetenz bei der Erfüllung seiner staatlichen Aufgaben wie beispielsweise die Gewährleistung der öffentlichen Sicherheit nicht zu sehr eingeschränkt zu sehen, andererseits gegenüber.[679]

Insofern geht es bei der Bestimmung der Definition bzw. der Tatbestandsvoraussetzungen der indirekten Enteignung zu einem erheblichen Teil darum, das Interesse der ausländischen Investoren, vor willkürlichen Maßnahmen des Gaststaates geschützt zu sein, mit dem Interesse des Gaststaates, Maßnahmen im öffentlichen Interesse zu ergreifen, in einen angemessenen Ausgleich zu bringen.[680] Ist die Definition der Enteignung sehr weit und erfasst alle staatlichen Maßnahmen, die Eigentum beschränken, wird den Interessen der ausländischen Investoren Rechnung getragen, für möglichst viele Eigentumsbeschränkungen eine Entschädigung zu erhalten. Ist dagegen die Definition eng und erfasst z.B. nur Fälle der klassischen direkten Enteignung, wird dem Interesse des Staates, Maßnahmen zum öffentlichen Wohl ergreifen zu können, ohne Entschädigung zahlen zu müssen, mehr Gewicht beigemessen.

Einerseits wird argumentiert, dass der Staat und damit letztendlich die Steuerzahler nicht als Garant für den Erhalt des Wertes der von legitimen staatlichen Regelungen betroffenen Investition auftreten sollten. Die Auswirkungen derartiger staatlicher Maßnahmen auf den Wert der ausländischen Investition seien lediglich die Verwirklichung eines politischen und wirtschaftlichen Risikos, das der Investor zu tragen habe.[681]

Andererseits wird vertreten, dass es nicht an dem Investor sei, in jedem Fall die finanzielle Hauptlast zu tragen für staatliche Maßnahmen, die dem öffentlichen

679 *Parisi,* 19 Emory Int'l L. Rev. (2005), S. 383, 394 f.; *LG&E Energy Corp., LG&E Capital Corp. and LG&E International Inc. v. Argentine Republic,* ICSID Case No. ARB/02/1, Decision on Liability v. 3. Oktober 2006, Rn. 189.

680 *Brunetti,* 5 Int'l L. F. D. Int'l (2003), S. 150; *Fortier/Drymer,* 19 ICSID Review 2004, S. 293, 298.

681 *Brunetti,* 5 Int'l L. F. D. Int'l (2003), S. 150.

Wohl dienen sollen.[682] Kämen die Auswirkungen solcher Maßnahmen denen einer Enteignung gleich, müsse der Staat dem Investor eine Entschädigung zahlen.[683]

Aus diesen beiden Positionen ergeben sich die jeweiligen Definitionen bzw. Tatbestandsvoraussetzungen der indirekten Enteignung: Die Position, die den Interessen des Investors mehr Gewicht einräumt, stellt bei der Prüfung des Tatbestandes der indirekten Enteignung allein auf das Ausmaß der Beeinträchtigung des Eigentums ab.[684] Der Zweck der staatlichen Maßnahme bleibt unberücksichtigt. Sie wird daher, wie bereits erwähnt, „sole-effect doctrine“ genannt.[685] Die andere Position, die vor allem das Interesse des Staates berücksichtigt, Regulierungen und Maßnahmen im öffentlichen Interesse zu treffen, bezieht neben der Auswirkung der Maßnahme deren Zweck und damit eine Verhältnismäßigkeitsprüfung in die Prüfung des Tatbestandes der indirekten Enteignung ein.[686]

Für die „sole effect doctrine“ könnte angeführt werden, dass eine Enteignung im Völkerrecht nur zulässig oder rechtmäßig ist, wenn sie zum öffentlichen Wohl vorgenommen wurde.[687] Wenn jedoch die Erfüllung des öffentlichen Zwecks Rechtmäßigkeitsvoraussetzung ist, kann der Zweck der Maßnahme nicht gleichzeitig als Tatbestandsvoraussetzung herangezogen werden.[688] Deswegen darf der Zweck (und damit die Verhältnismäßigkeit) im Rahmen der Tatbestandsprüfung keine Rolle spielen.[689]

Der „sole effect doctrine“ kann hingegen vorgeworfen werden, dass sie letztendlich zu einer Praxis der ausländischen Unternehmen führte, die Einbußen, die gesetzgeberische Entscheidungen für ihre Investition bedeuten, auf den Gaststaat abzuwälzen. Dies kann die Möglichkeit des Gaststaates einschränken, wenn nicht gar verhindern, neue Gesetze zum Umweltschutz oder zum Gesundheitsschutz zu erlassen.[690] Dieses Ergebnis verstieße jedoch gegen den im Völkerrecht grundlegenden Grundsatz der staatlichen Souveränität.[691]

Es lässt sich außerdem insbesondere hinsichtlich staatlicher Umweltschutzmaßnahmen argumentieren, dass sich bereits aus der Natur des Umweltschutzes ergibt, dass Umweltschutzbestimmungen und -maßnahmen eines besonderen

---

682 *Fortier/Drymer,* 19 ICSID Review 2004, S. 293, 298.

683 *Brunetti,* 5 Int’l L. F. D. Int’l (2003), S. 150 f.; *Fortier/Drymer,* 19 ICSID Review 2004, S. 293, 298.

684 *Lawrence,* 41 Ga. L.Rev. 2006, S. 261, 264.

685 *Dolzer/Bloch,* 5 Int’l L.F.D. Int’l (2003), S. 155, 158.

686 *Brunetti,* 5 Int’l L. F. D. Int’l (2003), S. 150, 151; *Lawrence,* 41 Ga. L.Rev. 2006, S. 261, 264 f.

687 *Fortier/Drymer,* 19 ICSID Review 2004, S. 293, 309.

688 *Fortier/Drymer,* 19 ICSID Review 2004, S. 293, 309.

689 *Fortier/Drymer,* 19 ICSID Review 2004, S. 293, 309.

690 *Parisi,* 19 Emory Int’l L. Rev. (2005), S. 383, 408.

691 *Parisi,* 19 Emory Int’l L. Rev. (2005), S. 383, 408.

Schutzes vor Entschädigungsforderungen bedürften.[692] Umweltschutzmaßnahmen sind ein wichtiger Weg, um demjenigen die Kosten für den Umweltschutz aufzuerlegen, der die Umwelt verschmutzt. Dieser Grundsatz wird auch „polluter pays principle" genannt. Würde allerdings der Staat verpflichtet, für Umweltschutzmaßnahmen dem betroffenen Investor eine Entschädigung zu zahlen, würde dieses Prinzip umgekehrt und die Kosten der Umweltverschmutzung auf die Allgemeinheit abgewälzt. Ein weiter Tatbestand der indirekten Enteignung würde folglich das „polluter pays"-Prinzip aushöhlen.[693] Aus diesem Grund ließe sich fordern, dass der Tatbestand der indirekten Enteignung so eng sein müsse, dass die Gaststaaten Umweltgesetze und -maßnahmen ergreifen könnten, ohne hierfür Entschädigung zahlen zu müssen.[694] Auch das im Völkerrecht anerkannte Verursacherprinzip, also das Prinzip, dass derjenige, der den Schaden anrichtet, z.B. die Umwelt verschmutzt, hierfür die Kosten tragen muss, spricht gegen einen zu weiten Tatbestand der indirekten Enteignung. Würde allein auf die Eingriffsintensität abgestellt und nicht Zweck und Verhältnismäßigkeit der Maßnahme in die Betrachtung einbezogen, müsste der Staat oft für regulierende Maßnahmen die Kosten tragen, die dem Umweltschutz dienen sollen und die Investition beeinträchtigen.[695] Den internationalen Schiedsgerichten wird oft schwer fallen zu entscheiden, ob der Staat einen wissenschaftlich hinreichenden Nachweis dafür erbracht hat, dass die von der regulatorischen Maßnahme betroffene Betätigung tatsächlich umweltschädlich ist und somit die Maßnahme eine „police powers measure" und keine indirekte Enteignung ist.[696] Deswegen wird vertreten, dass der Staat nach dem Vorsorgeprinzip („precautionary principle") keinen entsprechenden Nachweis für die Umweltschädlichkeit der von ihm untersagten Betätigung o.ä. führen müsse, sondern die Möglichkeit der Umweltschädlichkeit ausreiche.[697]

Insgesamt sprechen die angeführten Argumente für einen engeren Tatbestand der indirekten Enteignung, der auch den Zweck und die Verhältnismäßigkeit der Maßnahme berücksichtigt.

Der Einbeziehung der Verhältnismäßigkeit für die Abgrenzung zwischen „regulation" und indirekter Enteignung könnte jedoch wiederum entgegengehalten werden, dass in den Investitionsschutzabkommen – zumindest im NAFTA – keine ausdrücklichen Bestimmungen bezüglich der Verhältnismäßigkeit als Abgrenzungskriterium enthalten sind.[698] Außerdem ist, abgesehen vom Europäischen

692 *Wagner,* 29 Golden Gate U.L.Rev. (1999), S. 465, 527 ff.
693 *Banks,* 5 NAFTA: L.&Bus. Rev. Am. 1999, S. 499, 500.
694 *Wagner,* 29 Golden Gate U.L.Rev. (1999), S. 465, 527 ff.
695 *Wagner,* 29 Golden Gate U.L.Rev. (1999), S. 465 f. u. 470 f.
696 *Gantz,* 33 Geo.Wash. Int'l L.Rev.2001, S. 651, 742.
697 *Wagner,* 29 Golden Gate U.L.Rev. (1999), S. 465, 531 ff.
698 *Banks,* 5 NAFTA: L.&Bus. Rev. Am. 1999, S. 499, 506 f.

Gerichtshof für Menschenrechte, nicht von allen Schiedsgerichten das Kriterium der Verhältnismäßigkeit zur Abgrenzung anerkannt.[699] Diese Ansicht erscheint hier jedoch fragwürdig. Ihr lässt sich entgegenhalten, dass einerseits internationale Schiedsgerichte in Investitionsstreitigkeiten das Kriterium der Verhältnismäßigkeit zur Abgrenzung einer regulatorischen Maßnahme von einer direkten Enteignung angewendet haben. Außerdem ist die Einbeziehung des allgemeinen Völkerrechts – wie dargelegt – in den Investitionsschutzabkommen vorgesehen, so dass ein Rückgriff auf die Rechtsprechung des Europäischen Gerichtshofes für Menschenrechte nicht außerhalb des Rahmens dieser Abkommen liegt.

Da die „police powers doctrine" nicht nur das Ausmaß der Beeinträchtigung der Investition, sondern auch den Zweck und Kontext der Maßnahme berücksichtigt und beides zueinander ins Verhältnis setzt, trägt sie sowohl dem Interesse des Investors als auch dem des Gaststaates Rechnung und bringt diese in einen gerechten Ausgleich. Im Gegensatz zur „sole effect doctrine" wird nicht eine Interessenlage einseitig berücksichtigt und bevorzugt. Auch das Interesse des Gaststaates, Maßnahmen zum öffentlichen Wohl wie dem Umweltschutz, dem Verbraucherschutz oder der öffentlichen Gesundheit zu ergreifen, ist legitim. Insofern ist überzeugender, den Zweck und die Verhältnismäßigkeit der Maßnahme in die Tatbestandsprüfung der indirekten Enteignung einzubeziehen. Hierdurch wird nicht nur legitimen staatlichen Interessen Rechnung getragen, sondern zudem berücksichtigt, dass Eigentum zu keinem Zeitpunkt ohne Ausnahme und ohne Rücksicht auf entgegenstehende Interessen geschützt war.[700] Zudem ist problematisch, allein die Auswirkung der Maßnahme auf die Investition als Kriterium heranzuziehen, mit dem die Rechtmäßigkeit der Maßnahme bestimmt wird.[701] In diesem Zusammenhang wird der „sole effect doctrine", die allein auf die Auswirkung der Maßnahme sieht, vorgeworfen, die Trennlinie zwischen vollkommen unterschiedlichen Ursachen der Eigentumsbeeinträchtigung zu verwischen:[702] einerseits kann sich einfach ein politisches Risiko verwirklichen, das der Investor einkalkuliert haben und deshalb selbst tragen muss; andererseits kann der Eigentumsbeeinträchtigung rechtswidriges Handeln des Staates zugrunde liegen.[703] Nur im letzteren Falle müsste der Staat haften und hätte der Investor Anspruch auf Entschädigung. Durch die Berücksichtigung nationaler Interessen und Rechtsgüter, die der unbeschränkten Eigentumsnutzung entgegenstehen, wird der staatlichen Souveränität Rechnung getragen. Staatliche Souveränität bedeutet in diesem Zusammenhang, dass der Staat ungehindert, also ohne eventuelle Entschädigungspflicht, Maßnahmen

699 *Banks,* 5 NAFTA: L.&Bus. Rev. Am. 1999, S. 499, 507.
700 *Schill,* RIW 2005, S. 330, 334.
701 *Heiskanen,* 5 Int'l L.F.D. Int'l (2003), S. 176, 177.
702 *Heiskanen,* 5 Int'l L.F.D. Int'l (2003), S. 176, 177.
703 *Heiskanen,* 5 Int'l L.F.D. Int'l (2003), S. 176, 177.

zum öffentlichen Wohl ergreifen kann. Schließlich ist anzumerken, dass ein nahezu unbegrenzter Schutz ausländischen Eigentums weder im Interesse der entwickelten Industrieländer noch der Entwicklungsländer ist, da beide Arten von Ländern Gaststaaten einer ausländischen Investition sein können. Zwar sind immer noch die entwickelten Länder überwiegend diejenigen, die Kapital exportieren, dennoch gibt es zunehmend ausländische Investoren in diesen Ländern, so dass auch diese Länder nicht an einem zu weitgehenden Investitionsschutz interessiert sind, der ihre Handlungsfreiheit zu stark einschränkt.[704]

Zusammenfassend lässt sich sagen, dass viel dafür spricht, bei der Prüfung des Tatbestandes der indirekten Enteignung nicht nur das Ausmaß der Eigentumsbeeinträchtigung zu berücksichtigen, sondern den Zweck und die Verhältnismäßigkeit der Maßnahme in die Prüfung einzubeziehen. Nur auf diese Weise kann sowohl dem Interesse des Investors als auch dem des Gaststaates Rechnung getragen und beide zu einem gerechten Ausgleich gebracht werden. Folgte man diesem Ansatz, würde zunächst untersucht, ob die Maßnahme überhaupt in ausreichendem Maße in das Eigentum eingreift. In einem zweiten Schritt wird geprüft, ob der mit der Maßnahme verfolgte Zweck legitim ist. Dritter Prüfungspunkt ist, ob die Maßnahme verhältnismäßig ist und der mit der Maßnahme verfolgte Zweck in einem angemessenen Verhältnis zum Eingriff steht.

Auch wenn der soeben dargestellte Ansatz mehr überzeugt, ist darauf hinzuweisen, dass bis jetzt die Schiedsgerichte überwiegend eher von der „sole effect doctrine" ausgingen, also allein prüften, ob die Maßnahme die Investition in ausreichendem Maße beeinträchtigte, ohne auf den Zweck und die Verhältnismäßigkeit der Maßnahme einzugehen.[705]

ee. Weitere mögliche Tatbestandsvoraussetzungen

Im weiteren Verlauf soll auf weitere mögliche Tatbestandsvoraussetzungen der indirekten Enteignung eingegangen werden, die vereinzelt in Schiedsurteilen oder der Literatur auftauchen. Hierbei handelt es sich einerseits um die Frage, ob – parallel zum Tatbestand der direkten Enteignung – eine Aneignung des Eigentumswertes durch den Staat oder einen Dritten Tatbestandsvoraussetzung der indirekten Enteignung ist. Andererseits stellt sich in den Schiedsurteilen manchmal die Frage, ob der Staat im Rahmen der indirekten Enteignung mit Enteignungsabsicht gehandelt haben muss, ebenso wie bei der direkten Enteignung. Schließlich wird auf die Diskriminierung durch die Maßnahme als ein weiteres mögliches Kriteri-

---

704 *Schill,* RIW 2005, S. 330, 334.

705 Z.B. *Metalclad Corp. v. United Mexican States,* ICSID Case No. ARB(AF)/97/1, Award v. 30. August 2000, Rn. 197; s.a. *Dolzer/Bloch,* 5 Int'l L.F.D. Int'l (2003), S. 155, 163.

um zur Abgrenzung der indirekten Enteignung von einer regulatorischen Maßnahme eingegangen.

Da diese Kriterien nur von wenigen Schiedsgerichten oder Stimmen in der Literatur als Tatbestandsvoraussetzungen vorgeschlagen werden, sollen sie hier gesondert betrachtet werden.

(1) Aneignung der Investition oder ihrer Werte durch den Staat

Nach Ansicht von *Newcombe* ist weder die „sole effect" doctrine noch die „police powers" doctrine geeignet, zwischen einer regulatorischen Maßnahme und einer indirekten Enteignung zu entscheiden.[706] Er argumentiert, dass das bessere Kriterium die Aneignung der Investition oder ihres Wertes durch den Staat sei.[707] Nach seiner Meinung liegt ohnehin in nahezu allen Fällen, in denen das Schiedsgericht eine indirekte Enteignung bejaht hat, eine Aneignung durch den Staat vor.[708] Die übrigen Fälle könnten mit Hilfe des Kriteriums des willkürlichen Entzugs des Eigentums gelöst werden.[709]

Es stellt sich hier zunächst die Frage, ob und wie sich die Schiedsgerichte bezüglich des Kriteriums der Aneignung geäußert haben. Im Anschluss soll auf das Für und Wider dieses Kriteriums eingegangen werden.

Bezüglich der Bestimmungen in den bilateralen Investitionsschutzabkommen und im NAFTA kann nach oben (C.) verwiesen werden. Aus diesen geht nicht hervor, dass die Aneignung des Eigentums durch den Staat Tatbestandsvoraussetzung der indirekten Enteignung ist.

Die vom Schiedsgericht in *LG&E v. Argentina* genannten Kriterien enthalten nicht das von *Newcombe* vorgeschlagene Kriterium: Nach der Definition des Schiedsgerichts handelt es sich bei der direkten Enteignung um eine Aneignung von Vermögenswerten durch den Staat, während bei der indirekten Enteignung auf die Auswirkungen der staatlichen Maßnahme auf das Eigentum geschaut wird: dieses muss durch die Maßnahme wirksam entwertet worden sein („effectively neutralized").[710]

In *Enron v. Argentina* unterscheidet das Schiedsgericht die direkte Enteignung von der indirekten Enteignung auf die gleiche Weise: danach findet bei der direkten Enteignung ein Transfer des gesamten Eigentums oder wesentlicher Teile

---

706 *Newcombe,* 20 ICSID Review 2005, S. 1, 5 f.,19.
707 *Newcombe,* 20 ICSID Review 2005, S. 1, 5 f.
708 *Newcombe,* 20 ICSID Review 2005, S. 1, 5 f., 20 f.
709 *Newcombe,* 20 ICSID Review 2005, S. 1, 54.
710 *LG&E Energy Corp., LG&E Capital Corp., LG&E International Inc. v. The Argentine Republic,* ICSID Case No. ARB/02/1, Decision on Liability v. 3. Oktober 2006, Rn. 187 f.

auf einen anderen Begünstigten statt, während es bei der indirekten Enteignung auf die Auswirkungen der Maßnahme und das Ausmaß der Beeinträchtigung ankommt.[711] Auch dieses Urteil spricht also gegen das Kriterium der Aneignung im Rahmen der indirekten Enteignung.

Ebenso entschied das Schiedsgericht in dem Fall *Sempra Energy v. Argentine Republic.*[712] Das Gleiche gilt für das Schiedsurteil in *Telenor v. Hungary*. In diesem Fall geht das Schiedsgericht ebenfalls davon aus, dass die direkte Enteignung ein Nehmen, also eine Aneignung beinhaltet, während Charakteristikum für die indirekte Enteignung ein (ausreichend großer) Verlust ist.[713]

In dem Fall *Fireman's Fund v. Mexico* führt das Schiedsgericht aus, dass bei einer Enteignung normalerweise ein Transfer des Eigentums auf eine andere Person, oft das handelnde staatliche Organ, stattfindet.[714] Gleichzeitig stellt es aber fest, dass dies keine zwingende Voraussetzung ist. Das Schiedsgericht unterscheidet hier nicht zwischen direkten und indirekten Enteignungen, so dass die genannten Voraussetzungen für beide Formen der Enteignung gelten werden. Da allerdings der Transfer des Eigentums auf eine andere Person nach der Ansicht des Schiedsgerichts hier keine notwendige Tatbestandsvoraussetzung darstellt,[715] kann dieses Urteil weder der einen noch der anderen Position eindeutig zugeordnet werden.

Die Ausführungen des Schiedsgerichts in *Methanex* sind auch nicht ganz eindeutig:

> „In this case, there is no expropriation decree or a creeping expropriation. Nor was there a „taking" in the sense of any property of Methanex being seized and transferred, in a single or a series of actions, to California or its designees. Insofar as Methanex can make a claim under Article 1110(1), it is not a claim for nationalization or expropriation, simpliciter, but for „measures tantamount to expropriation"."[716]

Versteht man „taking" als direkte Enteignung, setzt das Schiedsgericht, ebenso wie das in *LG&E*, allein für die direkte Enteignung eine Aneignung durch den

---

711 *Enron Corporation Ponderosa Assets, L.P v. Argentine Republic,* ICSID Case No. ARB/01/3, Award v. 22. Mai 2007, Rn. 243 f.

712 *Sempra Energy International v. Argentine Republic,* ICSID Case No. ARB/02/16, Award v. 28. September 2007, Rn. 280.

713 *Telenor Communications A.S. v. The Republic of Hungary,* ICSID Case No. ARB/04/15, Award v. 13. September 2006, Rn. 63.

714 *Fireman's Fund Insurance Company v. United Mexican States,* ICSID Case No. ARB/02/01, Award v. 17. Juli 2006, Rn. 276.

715 *Fireman's Fund Insurance Company v. United Mexican States,* ICSID Case No. ARB/02/01, Award v. 17. Juli 2006, Rn. 276.

716 *Methanex Corp. v. United States of America,* UNCITRAL Award v. 3. August 2005, Part IV D. Rn. 6.

Staat voraus. Diese Auslegung ist jedoch nicht zwingend, da der Begriff „taking" unterschiedlich verwendet wird.

In dem Fall *Siemens v. Argentina* geht das Schiedsgericht bei der Prüfung des Tatbestandes der indirekten Enteignung nicht auf das Kriterium der Aneignung durch den Staat ein.[717]

In dem Fall *S.D. Myers* geht das Schiedsgericht davon aus, dass grundsätzlich sowohl direkte als auch indirekte Enteignungen („*de jure* or *de facto* expropriations") einen Eigentumstransfer voraussetzen:

> „In general, the term „expropriation" carries with it the connotation of a „taking" by a governmental-type authority of a person's „property" with a view to transferring ownership of that property to another person, usually the authority that exercised its de jure or de facto power to do the „taking"."[718]

Da dies jedoch nur „grundsätzlich" der Fall ist, setzt das Schiedsgericht den Eigentumstransfer wohl nicht in jedem Fall als zwingendes Kriterium voraus.

Auch das Schiedsgericht in dem Fall *Lauder v. Czech Republic* setzt sowohl für direkte als auch für indirekte Enteignungen eine Aneignung durch den Staat voraus:[719]

> „In addition, even assuming that the actions taken by the Media Council in the period from 1996 trough 1999 had the effect of depriving the Claimant of his property rights, such actions would not amount to an appropriation - or the equivalent - by the State, since it did not benefit the Czech Republic or any person or entity related thereto[.]"[720]

In dem Fall *Olguín v. Paraguay* beziehen sich die Ausführungen auf die indirekte Enteignung:[721]

> „For an expropriation to occur, there must be actions that can be considered reasonably appropriate for producing the effect of depriving the affected party of the

717 *Siemens AG v. The Argentine Republic,* ICSID Case No. ARB/02/8, Award v. 6. Februar 2007.

718 *S.D. Myers, Inc. v. The Government of Canada,* UNCITRAL Partial Award v. 13. November 2000, Rn. 280.

719 Die Ausführungen beziehen sich hier auf beide Arten von Enteignung: *Ronald S. Lauder v. The Czech Republic,* UNCITRAL Final Award v. 3. September 2001, Rn. 201.

720 *Ronald S. Lauder v. The Czech Republic,* UNCITRAL Final Award v. 3. September 2001, Rn. 203.

721 *Eudoro Armando Olguín v. Republic of Paraguay,* ICSID Case No. ARB/98/5, Award v. 26. Juli 2001, Rn. 84.

property it owns, in such a way that whoever performs those actions will acquire, directly or indirectly, control, or at least the fruits of the expropriated property.“[722]

Die drei zuletzt genannten Schiedsurteile können die Ansicht *Newcombes* unterstützen, auch wenn sie wohl nicht alle von der Aneignung als zwingendes Kriterium ausgehen.

Newcombe legt die Schiedsurteile, die sich mit der indirekten Enteignung befassen, derart aus, dass fast alle Fälle, in denen ein ausreichend großer Eingriff in das Eigentum bejaht wurde, auch eine entsprechende Aneignung durch den Staat vorliegt.[723] Aus diesem Grund existiert nach seiner Meinung in der investitionsschutzrechtlichen Schiedsgerichtsbarkeit ein überwältigender Beleg für die Annahme, dass eine indirekte Enteignung die Aneignung von Eigentumskomponenten des Staates voraussetzt.[724] Diese Auslegung erscheint fraglich, da sich viele Schiedsgerichte in den Urteilen nicht zum Kriterium der Aneignung äußern oder dies der direkten Enteignung zuordnen (s.o.).

Fraglich erscheint zudem der Mehrwert dieses Kriteriums gegenüber dem Kriterium der Auswirkungen und der Verhältnismäßigkeit der Maßnahme. Wenn sowieso in allen Fällen, in denen die Schiedsgerichte unter Heranziehung des Kriteriums der Auswirkungen und/oder der Verhältnismäßigkeit zu dem einen oder anderen Ergebnis gekommen sind und dieses Ergebnis lediglich durch das Kriterium der Aneignung bestätigt wird, stellt sich die Frage, ob es überhaupt dieses Kriteriums zur Abgrenzung einer regulatorischen Maßnahem von einer indirekten Enteignung bedarf. Nach Ansicht *Newcombes* ist die „sole effects doctrine“ „a blunt instrument that cuts too widely. It overemphasizes deprivation and disregards appropriation.“[725] Hier wird nicht erklärt, warum es gerade auf das Kriterium der Aneignung ankommen soll. Etwas später führt der Autor aus, dass die „sole effects doctrine“ nicht in der Lage sei, im Rahmen einer regulatorischen Maßnahme zu bestimmen, wann diese zu weit gehe und eine indirekte Enteignung darstelle.[726] Wie dargelegt kann hierfür aber gerade die „police powers doctrine“ mit dem Kriterium der Verhältnismäßigkeit dienen. Insofern führt dieser Ansatz nicht weiter.

Die Tatbestandsvoraussetzung der Aneignung der Investition durch den Staat lässt sich nur in wenigen Schiedsurteilen finden und wird dort vom Schiedsgericht nicht als zwingendes Kriterium angesehen. Da zudem wie erläutert der Mehrwert

---

722 *Eudoro Armando Olguín v. Republic of Paraguay,* ICSID Case No. ARB/98/5, Award v. 26. Juli 2001, Rn. 84.

723 *Newcombe,* 20 ICSID Review 2005, S. 1, 21.

724 *Newcombe,* 20 ICSID Review 2005, S. 1, 21.

725 *Newcombe,* 20 ICSID Review 2005, S. 1, 5.

726 *Newcombe,* 20 ICSID Review 2005, S. 1, 5.

dieses Kriteriums gegenüber dem der Verhältnismäßigkeit fraglich ist, spricht viel dagegen, das Kriterium der Aneignung als weitere Tatbestandsvoraussetzung der indirekten Enteignung zu den bereits Genannten hinzuzuziehen.

(2) Enteignungsabsicht des Staates?

Zum Teil wird in den Schiedsurteilen (kurz) auf die Frage eingegangen, ob der Tatbestand der indirekten Enteignung eine Enteignungsabsicht des Staates voraussetzt.

Wie dargestellt ist die Rechtsprechung des *Iran-U.S. Claims Tribunal* bezüglich einer erforderlichen Enteignungsabsicht des Staates uneinheitlich. In *ITT Industries* und *TAMS-AFFA* entschied das *Iran-US Claims Tribunal*, dass es weniger auf die Enteignungsabsicht des Staates ankomme als auf die Auswirkungen der staatlichen Maßnahmen auf den Eigentümer: „The intent of the government is less important than the effects of the measures on the owner...“[727] In *Sea-Land Service, Inc. v. Iran* dagegen ging das Schiedsgericht davon aus, dass die Enteignungsabsicht des Staates Tatbestandsvoraussetzung der indirekten Enteignung sei.[728]

Sowohl in der Literatur als auch in der aktuelleren Rechtsprechung der internationalen Schiedsgerichte wird das Erfordernis der Enteignungsabsicht überwiegend abgelehnt.[729] Zum Beispiel führt das Schiedsgericht in *Fireman's Fund v. Mexico* zu diesem Aspekt aus: „The effects of the host State's measures are dispositive [=entscheidend], not the underlying intent, for determining whether there is expropriation.“[730]

Schon praktische Schwierigkeiten, die Intention der Staatsorgane bzw. der dahinter stehenden Personen zu ermitteln und zu beweisen, sprechen gegen eine solche Voraussetzung.[731] Hinzu käme, dass eine Verpflichtung des Staates, seine der Maßnahme zugrunde liegenden Erwägungen und die mit dieser verfolgten Zwecke offen zu legen, gegen den Grundsatz der Souveränität des Staates verstieße.[732] Schließlich käme es für den Eigentümer nicht auf eine eventuell zugrunde liegende Enteignungsabsicht an, da die Absicht im Fall einer objektiv vorliegenden Enteignung nichts an diesem Ergebnis veränderte.[733]

---

727 *ITT Industries v. The Islamic republic of Iran,* 2 IUSCTR 348, 352 (1983); *Tippets, Abbett, McCarthy, Stratton v. TAMS-AFFA,* 6 IUSCTR 219, 225 f. (1984).

728 *Sea-Land Service, Inc. v. The Islamic Republic of Iran,* 6 IUSCTR, S. 149,166.

729 *Gudofsky*, 21 Nw. J. Int'l L.&Bus. (2000), S. 243, 265 f.

730 *Fireman's Fund Insurance Company v. United Mexican States,* ICSID Case No. ARB/02/01, Award v. 17. Juli 2006, Rn. 276.

731 So z.B. schon *Fischer Williams,* 9 BYIL (1928), S. 1, 26; *Gudofsky*, 21 Nw. J. Int'l L.&Bus. (2000), S. 243, 266.

732 *Gudofsky*, 21 Nw. J. Int'l L.&Bus. (2000), S. 243, 266.

733 *Gudofsky*, 21 Nw. J. Int'l L.&Bus. (2000), S. 243, 266.

Allerdings wird auch vertreten, dass der Zweck der Maßnahme und damit die Enteignungsabsicht nicht nur Tatbestandsvoraussetzung einer Enteignung sein sollte, sondern auch das bestmögliche Abgrenzungskriterium zwischen einer Inhaltsbestimmung und einer Enteignung sei.[734] Diese Ansicht entspricht jedoch nicht der Rechtsprechung der Schiedsgerichte, die bisher zur Abgrenzung einer „regulatory measure" von einer indirekten Enteignung die Enteignungsabsicht noch nicht herangezogen haben.

In dem Schiedsurteil in *Siemens v. Argentina* entschied das Schiedsgericht, dass die Enteignungsabsicht des Staates nicht zum Tatbestand der (indirekten) Enteignung gehört. Das Schiedsgericht verweist dabei auf Art. 4 Abs. 2 des BIT Deutschland – Argentinien, nach dessen Wortlaut es für die indirekte Enteignung nur auf die Auswirkungen der Maßnahme, nicht jedoch auf die Enteignungsabsicht des Staates ankomme.[735] Außerdem müsse unterschieden werden zwischen dem Zweck der Enteignung, der öffentlichen Interessen dienen muss, damit die Enteignung rechtmäßig ist, und der Enteignungsabsicht, die, wenn es auf sie ankäme, eine Tatbestandsvoraussetzung der Enteignung wäre.

Auch in „*Vivendi II*" führte das Schiedsgericht aus, dass die Enteignungsabsicht, wenn überhaupt, eine sekundäre Rolle bei der Bestimmung des Tatbestandes der indirekten Enteignung spiele.[736] Zwar könne eine offensichtliche Enteignungsabsicht für das Vorliegen einer indirekten Enteignung sprechen, die Enteignungsabsicht sei jedoch keine Tatbestandsvoraussetzung.[737]

Die Enteignungsabsicht des Staates ist mithin keine Tatbestandsvoraussetzung der indirekten Enteignung. Auf sie kommt es nicht an. Das ist insofern positiv zu bewerten, als die „Absicht", die der Staat mit einer Maßnahme verfolgt, sehr schwer nachweisbar sein wird und ansonsten die Bejahung der Enteignung und einer Entschädigungspflicht von der nicht nachprüfbaren Aussage des Staates und damit letztendlich von seinem Willen abhinge.

(3) Diskriminierung als Abgrenzungskriterium zwischen einer regulatorischen Maßnahme und einer Enteignung

Bei einigen Schiedsurteilen ergibt sich aus den Ausführungen – zumindest in der Schlussfolgerung –, dass das Kriterium der Diskriminierung der Abgrenzung zwi-

---

734 *Byrne,* CYIL 2000, S. 89 ff.

735 *Siemens A.G. v. The Argentine Republic,* ICSID Case No. ARB/02/8, Award v. 6. Februar 2007, Rn. 270.

736 *Compañía de Aguas del Aconquija S.A.& Vivendi Universal S.A. v. Argentina,* ICSID Case No. ARB/97/3, Award v. 20. August 2007, Rn. 7.5.20 (S.229).

737 *Compañía de Aguas del Aconquija S.A.& Vivendi Universal S.A. v. Argentina,* ICSID Case No. ARB/97/3, Award v. 20. August 2007, Rn. 7.5.20 (S.229).

schen einer regulatorischen Maßnahme und einer indirekten Enteignung dienen kann.

In *Eureko v. Poland* zieht das Schiedsgericht, nachdem es feststellte, dass ein Eingriff in das Eigentum des Klägers vorlag, das Kriterium der Diskriminierung zur Bestätigung heran, dass der Eingriff eine Enteignung darstellt.[738]

In *Feldman v. United Mexican States* führte das Schiedsgericht aus, dass allgemeine *bona fide* regulatorische Maßnahmen keine Enteignung darstellen, wenn sie nicht diskriminierend sind.[739] Daraus zieht *Blades* den Schluss, dass die eventuelle Diskriminierung durch die Maßnahme die regulatorische (nicht-diskriminierende) Maßnahme von der indirekten Enteignung abgrenzt.[740]

Auch nach Ansicht des Schiedsgerichts in *Methanex v. USA* stellt die Diskriminierung einen wesentlichen Aspekt der Abgrenzung zwischen einer nicht entschädigungsbedürftigen Regulierung und einer entschädigungspflichtigen indirekten Enteignung dar: „In the Tribunal's view, Methanex is correct that an intentionally discriminatory regulation against a foreign investor fulfils a key requirement for establishing expropriation."[741]

Das Kriterium der Diskriminierung wird also in Abweichung von der „sole effect doctrine" zur Abgrenzung herangezogen. Insofern stellt es neben der Verhältnismäßigkeit ein zusätzliches Kriterium dar, kann dieses aber nicht ersetzen, da beide Punkte andere Aspekte betreffen. Im Rahmen der Verhältnismäßigkeitsprüfung geht es darum, die beeinträchtigenden Auswirkungen der Maßnahme auf den Investor mit den mit der Maßnahme verfolgten Zielen in ein gerechtes Verhältnis zu setzen. Dagegen geht es bei der dem Kriterium der Diskriminierung darum zu prüfen, ob der Investor durch die Maßname in nicht gerechtfertigter Weise im Vergleich zu anderen ausländischen oder einheimischen Investoren ungleich behandelt wurde.

ff. Die Enteignung von Forderungen – ein Sonderfall?

Wie unter B. dargestellt können ebenso wie Sacheigentum Forderungen, wenn sie die genannten Merkmale erfüllen, eine Investition darstellen.[742] Die Frage, ob

738 *Eureko B.V. v. Republic of Poland,* Partial Award v. 19. August 2005, Rn. 242.
739 *Marvin Feldman v. Mexico,* ICSID Case No. ARB(AF)/99/1, Award v. 16. Dezember 2002, Rn. 105 f.
740 *Blades,* 8 Or. Rev. Int'l L. (2006), S. 31, 73.
741 *Methanex Corporation v. United States of America,* Final UNCITRAL Award v. 3. August 2005, 44 ILM (2005), S. 1345, 1456, Rn. 7.
742 Vgl. B.II.1.

eine Investition in Form einer Forderung enteignet wurde, taucht in der Rechtsprechung der internationalen Schiedsgerichte immer wieder auf.[743]

Ein Fall, der ebenfalls die Enteignung einer Forderung betrifft, wirft einige Fragen hinsichtlich des Tatbestandes der Enteignung einer Forderung auf:

Im Fall *EnCana* ging es um die Frage, ob bei einer Eigentumsposition in Form eines gesetzlichen Anspruchs die bloße Leugnung und Nichterfüllung dieses Anspruches ausreicht, um eine Enteignung darzustellen, oder ob weitere Voraussetzungen vorliegen müssen. Das Schiedsgericht urteilte, dass die bloße Leugnung und Nichterfüllung des Anspruchs durch die Verwaltung nicht genüge, sondern weitere Voraussetzungen erfüllt sein müssten, damit eine Enteignung bejaht werden kann.[744] Dieser Fall betraf konkret die Frage, ob die Nichtzahlung angeblich bestehender Ansprüche auf Rückzahlung der Mehrwertsteuer die Investition *EnCanas* enteignete.

Die zuständige Behörde hatte sich in Abweichung von ihrer vorherigen Praxis ab einem bestimmten Zeitpunkt auf den Standpunkt gestellt, dass die Rückzahlung der Mehrwertsteuer nicht für Erdöl gelten sollte und die Rückzahlung abgelehnt. Das Schiedsgericht verglich die Position der Verwaltung mit der Nichterfüllung eines Vertrages durch einen Privaten und lehnte daher den Tatbestand der indirekten Enteignung ab:

> „Like private parties, governments do not repudiate obligations merely by contesting their existence. An executive agency does not expropriate the value represented by a statutory obligation to make a payment or refund by mere refusal to pay, provided at least that (a) the refusal is not merely wilful, (b) the courts are open to the aggrieved private party, (c) the courts' decisions are not themselves overridden or repudiated by the State."[745]

Diese Rechtsprechung wurde von einem der drei Schiedsrichter in der Partial Dissenting Opinion scharf kritisiert: *Naón* wirft dem Urteil vor, zwischen völkerrechtlichen Ansprüchen, die auf rechtliche Ansprüche nach dem Recht des Gaststaates gestützt werden, und solchen im Zusammenhang mit Sacheigentum zu unterscheiden.[746] Nach dem *EnCana*-Urteil seien die Ansprüche aufgrund einer angeblichen

---

743 *Waste Management, Inc. v. United Mexican States,* Award v. 30. April 2004, ICSID Case No. ARB (AF)/00/3, 43 ILM (2004), 967; *SGS Société Générale de Surveillance, S.A. v. Republic of the Philippines,* Decision on Jurisdiction v. 29. Januar 2004, ICSID Case No. ARB/02/6, Rn. 161; *Robert Azinian u.a. v. United Mexican States,* Award v. 1. November 1999, ICSID Case No. ARB(AF)/97/2; *Siemens AG v. The Argentine Republic,* Award v. 6. Februar 2007, ICSID Case No. ARB 02/8, Rn. 271.

744 *EnCana v. Republic of Ecuador,* Award v. 3. Februar 2006, 45 ILM (2006), S. 901-961.

745 *EnCana v. Republic of Ecuador,* Award v. 3. Februar 2006, 45 ILM (2006), Rn. 194.

746 *Naón,* Partial Dissenting Opinion in the Matter of an UNCITRAL Arbitration between EnCana Corporation and Republic of Ecuador, Case No. UN 3481, 45 I.L.M. (2006), Rn. 5.

Enteignung von Forderungen nur zulässig, wenn der Staat unter Missachtung der Urteile seiner eigenen Gerichte die Forderung nicht anerkenne oder ein dem Staat zurechenbarer „denial of justice“ vorgekommen sei. Daraus ergebe sich, dass der Tatbestand einer Enteignung bei Forderungen – im Gegensatz zu solchen von Sacheigentum – voraussetze, dass der innerstaatliche Rechtsweg erschöpft sei und außerdem der Staat die Urteile seiner Gerichte missachtee und diesen zuwider handele.[747] *Naòn* bestreitet jedoch, dass im Völkerrecht eine solche (zwingende) Zulässigkeitsvoraussetzung für Klagen aufgrund einer Forderungsenteignung existiert:

> „To require such „substantive“ exhaustion of local remedies […], suggests the existence of a public international hard-and-fast rule, binding on international tribunals, according to which such rights are localized in the host State, exclusively governed by its own laws and, for that reason, that disputes involving such rights must be previously adjudicated by the courts of the host State under its own laws, before related claims under international law are ripe for decision on the merits at the international level.“[748]

Außerdem erlaube weder das Völkerrecht noch der Investitionsschutzvertrag und dessen Definition von „Investition“ bei der Frage, ob die fragliche staatliche Maßnahme eine Enteignung sei, eine Unterscheidung zwischen unterschiedlichen Eigentumsformen, je nachdem, ob es um Sacheigentum oder um Forderungen gehe.

> „Under international law [...] it would seem that what defines protected ownership is not the type of asset being taken, but the fact that the asset in question is susceptible of economic value for the actual or purported holder of rights on such asset.“[749]

Dieser Fall wirft einige Fragen vor allem hinsichtlich der Beurteilung der Enteignung von Forderungen auf. Können nach der Rechtsprechung der internationalen Schiedsgerichte an die Enteignung von Forderungen und an die von Sacheigentum unterschiedliche Anforderungen gestellt werden (1) und kann die Erschöpfung des

---

747 *Naón,* Partial Dissenting Opinion in the Matter of an UNCITRAL Arbitration between EnCana Corporation and Republic of Ecuador, Case No. UN 3481, 45 I.L.M. (2006), Rn. 5 f.

748 *Naón,* Partial Dissenting Opinion in the Matter of an UNCITRAL Arbitration between EnCana Corporation and Republic of Ecuador, Case No. UN 3481, 45 I.L.M. (2006), Rn. 9.

749 *Naón,* Partial Dissenting Opinion in the Matter of an UNCITRAL Arbitration between EnCana Corporation and Republic of Ecuador, Case No. UN 3481, 45 I.L.M. (2006), Rn. 14.

innerstaatlichen Rechtswegs eine materielle Tatbestandsvoraussetzung der Enteignung darstellen (2)? Dies soll im Folgenden erörtert werden.

(1) Anforderungen an die Enteignung von Forderungen

Die Frage nach der Enteignung von Forderungen taucht in mehreren Schiedsurteilen auf.

In *Waste Management, Inc. v. United Mexican States*[750] ging es um die Frage, ob und wenn ja, unter welchen Voraussetzungen eine Vertragsverletzung durch den Gaststaat eine Enteignung der Ansprüche aus dem Vertrag darstellen kann (dazu unten). Um diese Frage zu beantworten, unterteilte das Schiedsgericht Enteignungen von vertraglichen Ansprüchen in unterschiedliche Fallgruppen. Die vom Schiedsgericht gebildeten Fallgruppen bezogen sich auf Fälle, in denen aufgrund unterschiedlicher staatlicher Handlungen der Vertrag nicht erfüllt wurde, z.B. weil das Unternehmen als Ganzes enteignet oder diesem die Lizenz entzogen wurde. Die Fälle wurden folglich nach der Art der staatlichen Maßnahme unterteilt und nicht nach der Art des Eigentumsrechts. Hierbei ging es dem Gericht also nicht darum, für die unterschiedlichen Arten von Eigentum unterschiedliche Tatbestandsvoraussetzungen für eine Enteignung aufzustellen. Vielmehr sollte beleuchtet werden, dass eine bloße Vertragsverletzung keine Enteignung darstellt:

> „... if certain cases of contractual non-performance may amount to expropriation, it must be possible to say, in principle, which ones, otherwise the distinction between contractual and treaty claims disappears. [...] The Tribunal concludes that it is one thing to expropriate a right under a contract and another to fail to comply with the contract“.[751]

Nach Ansicht des Schiedsgerichts kann eine Vertragsverletzung durch den Staat nur dann eine Enteignung darstellen, wenn dem Investor der innerstaatliche Rechtsweg des Gaststaates nicht offen steht. Mit dieser Aussage stellt das Schiedsgericht jedoch keine neuen Tatbestandsvoraussetzungen für die Enteignung einer Forderung auf: Die bloße Ablehnung eines Staates, einen gegen ihn bestehenden Zahlungsanspruch zu begleichen, vernichtet diesen Anspruch noch nicht. Das wäre erst der Fall, wenn der Staat durch Gesetz oder andere hoheitliche Maßnahmen den Anspruch wirksam aufhöbe. Steht dem Investor im Fall des Vertragsbruchs durch den Staat jedoch der innerstaatliche Rechtsweg des Gaststaates nicht offen

750 *Waste Management, Inc. v. United Mexican States,* Award v. 30. April 2004, ICSID Case No. ARB (AF)/00/3, 43 ILM (2004), 967.

751 *Waste Management, Inc. v. United Mexican States,* Award v. 30. April 2004, ICSID Case No. ARB (AF)/00/3, 43 ILM (2004), Rn. 171-175.

und besteht damit keine Möglichkeit, seinen Anspruch durchzusetzen, liegt eine faktische indirekte Enteignung durch die Vertragsverletzung nahe. Es ging dem Schiedsgericht hier folglich darum, deutlich zu machen, dass der Tatbestand der Enteignung grundsätzlich eine hoheitliche staatliche Maßnahme voraussetzt und solche nicht-hoheitlichen Handlungen des Staates, die Handlungen im Rahmen des Privatrechts (*acta iure gestionis*) darstellen, nicht dem Tatbestand der Enteignung genügen. Betätigt sich der Staat privatrechtlich auf gleicher Ebene wie ein Privater, müssen weitere Voraussetzungen erfüllt sein, bevor diese Handlung eine (dann indirekte) Enteignung darstellen kann. Das Schiedsgericht stellt in dem Fall *Waste Management* folglich keine anderen Tatbestandsvoraussetzungen für die Enteignung einer Forderung als für die von Sacheigentum auf, sondern geht von den gleichen Tatbestandsvoraussetzungen aus.

Sehr ähnlich ist der Fall *SGS v. Philippines*. Auch hier ging es um die Frage, ob die Nichterfüllung vertraglicher Zahlungsansprüche durch die Philippinen den Gläubiger und Investor – *SGS* – enteignete. Nach Ansicht des Schiedsgerichts lag hier ebenfalls kein Fall von Enteignung der vertraglichen Zahlungsansprüche von *SGS* gegen die Philippinen vor, da es auch hier an einer hoheitlichen Maßnahme fehlte.[752] Genau wie im *Waste Management*-Fall kommt nach Ansicht des Schiedsgerichts im Falle einer bloßen Ablehnung durch den Staat, gegen ihn bestehende vertragliche Ansprüche zu erfüllen, eine Enteignung nur in Betracht, wenn dem Investor der Rechtsweg nicht offen steht.[753] Folglich stellt das Schiedsgericht auch in diesem Fall keine anderen Tatbestandsvoraussetzungen für die Enteignung von Forderungen im Vergleich zum Sacheigentum auf.

Auch im Schiedsverfahren *Robert Azinian u.a. v. United Mexican States* ging es um die Frage, ob vertragliche Ansprüche enteignet wurden.[754] Letztendlich ließ das Schiedsgericht diese Frage unbeantwortet, da der Vertrag, aus dem die Ansprüche hätten hergeleitet werden können, von den nationalen Gerichten für unwirksam erklärt wurde und somit die Ansprüche gar nicht erst bestanden.[755] In den gesamten Ausführungen findet sich jedoch kein Hinweis darauf, dass das Schiedsgericht von anderen Tatbestandsvoraussetzungen für eine Enteignung von Forderungen ausging als für die von Sacheigentum.

---

752 *SGS Société Générale de Surveillance, S.A. v. Republic of the Philippines,* Decision on Jurisdiction v. 29. Januar 2004, ICSID Case No. ARB/02/6, Rn. 161.

753 *SGS Société Générale de Surveillance, S.A. v. Republic of the Philippines,* Decision on Jurisdiction v. 29. Januar 2004, ICSID Case No. ARB/02/6, Rn. 161.

754 *Robert Azinian u.a. v. United Mexican States,* Award v. 1. November 1999, ICSID Case No. ARB(AF)/97/2.

755 *Robert Azinian u.a. v. United Mexican States,* Award v. 1. November 1999, ICSID Case No. ARB(AF)/97/2, Rn. 95-124.

Der Fall *Mondev International Ltd. v. United States of America*[756] betraf ebenfalls Eigentumspositionen in Form von Forderungen, allerdings ging es hier nicht um eine Enteignung, sondern um „fair and equitable treatment" nach Artikel 1105 NAFTA. Nachdem das Schiedsgericht festgestellt hat, dass sowohl Artikel 1105 als auch Artikel 1110 NAFTA für Forderungen gelten, ermittelt es den Inhalt von Artikel 1105 bzw. des Grundsatzes von „fair and equitable treatment" im Völkerrecht.[757] Hierbei unterscheidet es nicht nach der Art des Eigentumsrechts (Sacheigentum/Forderung). Zum Beispiel wirft das Schiedsgericht, bevor es im Detail auf den Inhalt von „fair and equitable treatment" eingeht, die Frage auf: „What is the content of customary international law providing for fair and equitable treatment and full protection and security in investment treaties?"[758], ohne zwischen Sacheigentum und Forderungen zu unterscheiden.

In dem Urteil *Siemens AG v. The Argentine Republic* wird besonders deutlich, dass das Schiedsgericht auch für die Enteignung von Forderungen von den allgemeinen Tatbestandsvoraussetzungen ausgeht:

> „The Tribunal has identified a series of measures that Argentina took which cannot be considered as measures based on Contract but on the exercise of its public authority. Of all these measures, Decree 669/01 by itself and independently can be considered to be an expropriatory act. It was not based on the Contract but on the 2000 Emergency Law, it was a permanent measure and its effect was to terminate the Contract."[759]

Danach sind notwendige, aber auch hinreichende Voraussetzungen für das Vorliegen einer Enteignung der Forderung, dass der Staat eine hoheitliche Maßnahme („measures based [...] on the exercise of its public authority") ergriffen hat, die in ausreichendem Maße und dauerhaft („permanent measure and its effect was to terminate the Contract") in die geschützte Eigentumsposition eingreift. Diese Tatbestandsvoraussetzungen gelten sowohl für die Enteignung von Sacheigentum als auch für die Enteignung von Forderungen.

Keines der dargestellten Schiedsurteile unterscheidet mithin zwischen den unterschiedlichen Eigentumsformen, sondern behandelt Sacheigentum und Forde-

---

756 *Mondev International Ltd. v. United States of America*, Award v. 11. Oktober 2002, ICSID Case No. ARB(AF)/99/2.

757 *Mondev International Ltd. v. United States of America*, Award v. 11. Oktober 2002, ICSID Case No. ARB(AF)/99/2, Rn. 98 ff.

758 *Mondev International Ltd. v. United States of America*, Award v. 11. Oktober 2002, ICSID Case No. ARB(AF)99/2, Rn. 113.

759 *Siemens AG v. The Argentine Republic,* Award v. 6. Februar 2007, ICSID Case No. ARB 02/8, Rn. 271.

rungen gleich. Insofern entspricht das Urteil im Fall *EnCana* nicht der Rechtsprechung der übrigen internationalen Schiedsgerichte.

Allerdings erscheint bereits in der Vorfrage zweifelhaft, ob es sich bei Ansprüchen auf Rückzahlung der Mehrwertsteuer und grundsätzlich bei gesetzlichen Ansprüche überhaupt um eine Investition handeln kann. In dem Parallelfall zu *EnCana – Occidental Exploration and Production Company* – hatte das Schiedsgericht entschieden, dass dieser gesetzliche Rückzahlungsanspruch keine Investition sei.[760] Wie bereits erläutert ist dieses Urteil überzeugend, so dass das Urteil im Fall *EnCana* in mehrfacher Hinsicht zu hinterfragen ist.

(2) Erschöpfung des innerstaatlichen Rechtswegs als materielle Tatbestandsvoraussetzung

Wie eingangs unter C. dargestellt, sind wesentliche Merkmale einer Enteignung einerseits, dass der Vermögenswert einer Investition entzogen oder beschränkt wird, und andererseits, dass diese Entziehung oder Beschränkung durch eine hoheitliche staatliche Maßnahme geschieht. Diese grundlegenden und allgemeinen Voraussetzungen gelten für alle Formen der Enteignung und für jede Form von entzogener oder beeinträchtigter Vermögensposition. Die bilateralen Investitionsschutzverträge unterscheiden in ihrer Definition der Investition/ Kapitalanlage nicht zwischen den unterschiedlichen Formen des Eigentums abhängig davon, ob es um Sacheigentum oder Forderungen geht.[761] Auch im allgemeinen Völkerrecht kommt es nicht auf die Art des Eigentums bzw. die Eigentumsform, sondern auf den dem Eigentumsrecht zugrundeliegenden Wert an.[762]

Dass der Tatbestand der Enteignung eine hoheitliche staatliche Maßnahme voraussetzt, kann jedoch in bestimmten Fällen erklären, warum vom Schiedsgericht als materielle Voraussetzung verlangt wurde, dass der innerstaatliche Rechtsweg erschöpft wird: eine bloße Vertragsverletzung oder eine andere nicht-hoheitliche Handlung („*iure gestionis*“) ist eben nicht ausreichend, um eine Enteignung darstellen zu können, ebenso wenig wie eine Vertragsverletzung zwischen zwei Vertragspartnern eine Enteignung darstellt. In diesem Fall müssen weitere Voraussetzungen oder Umstände hinzukommen, die in der Gesamtschau den Schluss zulassen, dass der Investor enteignet ist. Das wäre beispielsweise der Fall, wenn dem Investor der innerstaatliche Rechtsweg nicht offen stünde, so dass er keine Möglichkeit hätte, seine Ansprüche gegen den Staat durchzusetzen. In diesem Fall ist ihm bereits faktisch durch die nicht-hoheitliche Maßnahme des Staates sein

760 Vgl. B.II.2.f.

761 S.o. C.II.2.

762 *Naón, Partial Dissenting Opinion in the Matter of an UNCITRAL Arbitration between EnCana Corporation vs. Republic of Ecuador,* 45 ILM (2006), Rn. 14.

Eigentumsrecht entzogen worden, so dass bereits diese Maßnahme eine Enteignung darstellen kann. Aus diesem Grunde wurde in *Waste Management* oder *SGS v. Philippines* in der materiellen Tatbestandsprüfung der jeweilige Kläger auf den innerstaatlichen Rechtsweg verwiesen. In beiden Fällen ging es um die Nichterfüllung eines Vertrages durch den Staat (s.o.).

Allerdings wird in den Ausführungen der Schiedsgerichte nicht ganz klar, ob in einem solchen Fall die Vertragsverletzung durch den Staat selbst zu einer Enteignung werden kann oder sich der Enteignungstatbestand quasi aus der Vertragsverletzung und dem „denial of justice" zusammensetzt. In *Waste Management* führte das Schiedsgericht zunächst aus: „The mere non-performance of a contractual obligation is not to be equated with a taking of property, nor (unless accompanied by other elements) is it tantamount to expropriation".[763] Hier stellte das Schiedsgericht fest, dass eine Vertragsverletzung nur gemeinsam mit anderen Elementen eine indirekte Enteignung darstellen kann. Das heißt, dass das nicht-hoheitliche Handeln als solches allein nicht zu einer indirekten Enteignung würde, sondern nur mit anderem staatlichen Handeln oder Unterlassen zusammen eine indirekte Enteignung bilden könnte. Etwas später klingen die Ausführungen des Schiedsgerichts hingegen so, dass der Vertragsbruch selbst zu einer indirekten Enteignung werden könnte:

> „... All the same, the normal response by an investor faced with a breach of contract by its governmental counter-party (the breach not taking the form of an exercise of governmental prerogative, such as a legislative decree) is to sue in the appropriate court to remedy the breach. It is only where such access is legally or practically foreclosed that the breach could amount to an definitive denial of the right (i.e., the effective taking of the chose in action) and the protection of Article 1110 be called into play".[764]

Auch wenn diese Zeilen etwas missverständlich sind, hat das Schiedsgericht wohl eher sagen wollen, dass nicht die Vertragsverletzung allein zu einer indirekten Enteignung erwächst, wenn dem Investor der innerstaatliche Rechtsweg nicht offen steht. Dass eine Vertragsverletzung eine indirekte Enteignung sein kann, hatte es in seinen Ausführungen davor ausdrücklich abgelehnt.[765] Vielmehr wird es auch an dieser Stelle gemeint haben, dass das staatliche Handeln oder Unterlassen, welches dazu führte, dass dem Investor der Rechtsweg verschlossen ist – und welches

763 *Waste Management, Inc. v. United Mexican States,* Award v. 30. April 2004, ICSID Case No. ARB (AF)/00/3, 43 ILM (2004), Rn. 174.

764 *Waste Management, Inc. v. United Mexican States,* Award v. 30. April 2004, ICSID Case No. ARB (AF)/00/3, 43 ILM (2004), Rn. 174.

765 *Waste Management, Inc. v. United Mexican States,* Award v. 30. April 2004, ICSID Case No. ARB (AF)/00/3, 43 ILM (2004), Rn. 171 ff.

wohl meist als hoheitlich anzusehen sein wird –, mit der Vertragsverletzung durch den Staat gemeinsam den Tatbestand der indirekten Enteignung bildet.

Weil weder in *Waste Management* noch in *SGS v. Philippines* Hinweise dafür bestanden, dass dem Investor der innerstaatliche Rechtsweg nicht offen stand und er mithin die Möglichkeit hatte, seine vertraglichen Ansprüche vor den nationalen Gerichten durchzusetzen, lag in beiden Fällen keine Enteignung aufgrund der Vertragsverletzung durch den Staat vor. Insofern ist die Verweisung auf den innerstaatlichen Rechtsweg in derartigen Fällen richtig. Dass die Erschöpfung des innerstaatlichen Rechtswegs keine Voraussetzung der Zulässigkeit für ein Schiedsverfahren ist, steht dem nicht entgegen. Die Erschöpfung des innerstaatlichen Rechtswegs als Zulässigkeitsvoraussetzung und als materielle Voraussetzung betreffen unterschiedliche Fragen und erfüllen unterschiedliche Funktionen – eben einerseits die Zulässigkeit des Schiedsverfahrens an sich und andererseits die Frage, ob der Tatbestand der Enteignung erfüllt ist. Insofern kann die Erschöpfung des innerstaatlichen Rechtswegs als materielle Voraussetzung geprüft werden, ohne dass bei der Zulässigkeitsprüfung auf dieses Frage eingegangen werden müsste.

(3) Zwischenergebnis

Bezüglich der Behandlung von Forderungen im Vergleich zu Sacheigentum lässt sich feststellen, dass beide Arten von Eigentum gleich behandelt werden und für den Tatbestand der Enteignung nach der Rechtsprechung der Schiedsgerichte keine unterschiedlichen Voraussetzungen aufgestellt werden. Insofern entspricht das Urteil in *EnCana* nicht der Rechtsprechung der übrigen Schiedsgerichte.

Die Erschöpfung des innerstaatlichen Rechtswegs kann in einigen Fällen eine materielle Voraussetzung der Enteignung sein. Das ist immer dann der Fall, wenn der Staat die Investition durch eine nicht-hoheitliche Maßnahme beeinträchtigt hat. Da nur hoheitliche Maßnahmen eine Enteignung darstellen können, müsste der Investor erst vor nationalen Gerichten klagen.

3. *Kritik an der Rechtsprechung der internationalen Schiedsgerichte zu indirekten Enteignungen*

Die neueren Entwicklungen im internationalen Investitionsrecht werden zum Teil kritisch gesehen.

Einerseits kann die Möglichkeit der Investoren, bei jeder von ihnen empfundenen oder behaupteten Beeinträchtigung ihrer Investition durch den Gaststaat ein internationales Schiedsverfahren anzustrengen, kritisch gesehen werden. *Ganguly* spricht in diesem Zusammenhang von einem „Angriff auf das Recht des Staates, seine Bürger zu schützen“, da keine Kontrolle hinsichtlich der Einleitung eines Schiedsverfahrens bestehe, zumal ganz überwiegend nicht der innerstaatliche Rechtsweg erschöpft sein müsse.[766] Investoren könnten immer, wenn sie sich von staatlichen Maßnahmen gestört fühlten, ein langwieriges Verfahren in Gang setzen, in dem sie Gesetze und andere Maßnahmen, die dem öffentlichen Wohl dienen sollten, angriffen.[767] Auch *Parisi* sieht einen aktuellen Trend dahingehend, dass Investoren in internationalen Schiedsverfahren bei jedwedem Wertverlust ihrer Investition infolge von staatlichen Maßnahmen einen Entschädigungsanspruch wegen Enteignung geltend machen.[768] Die Aussicht, sich langwierigen und teuren Schiedsverfahren und eventuell hohen Haftungsansprüchen ausgesetzt zu sehen, halte den Gaststaat davon ab, im öffentlichen Interesse notwendige Gesetze zu erlassen und Maßnahmen zu ergreifen.[769] Im Ergebnis würde in Investitionsschutzabkommen zu sehr dem Schutz der ausländischen Investition und zu wenig dem öffentlichen Interesse, dem Gesundheits- und dem Umweltschutz Rechnung getragen. Das hätte zur Folge, so wird argumentiert, dass es durch das internationale Investitionsschutzrecht zu einer Verschiebung der staatlichen Macht und Autorität weg von den Staaten hin zu anderen Entscheidungsträgern, den Investoren und internationalen Schiedsgerichten komme.[770]

Es könnte deshalb darüber nachgedacht werden, regulatorische Maßnahmen, also solche Maßnahmen, die dem öffentlichen Wohl dienen sollen, von vornherein vom Tatbestand der indirekten Enteignung auszuschließen.[771]

Fowles bringt die Kritik, die in allen politischen Lagern geübt wird, in Bezug auf das NAFTA auf den Punkt:

> „The vague contours of NAFTA's expropriation regime are steeped in „political controversy" because of the „recalcitrant ambiguity of the expropriation standard," its unprecedented (and „onerous") breadth, and its implications for state sovereignty. In the United States, both the political right and left are discontented with NAFTA's theory of expropriation; the political right wary of its intrusion on sovereignty, and the political left concerned that it favors investor rights over public welfare and chills appropriate environmental regulation that happens to interfere with investment. In short, critics have charged NAFTA with „turning shields . . . into strategic swords"; that is, the expropriation regime laid out in Article 1110 of

---

766 *Ganguly,* 38 Colum. J. Transnat'l L. (1999), S. 113 ff.
767 *Ganguly,* 38 Colum. J. Transnat'l L. (1999), S. 113 ff.
768 *Parisi,* 19 Emory Int'l L.Rev. 2005, S. 383, 412.
769 *Ganguly,* 38 Colum. J. Transnat'l L. (1999), S. 113, 119; *Banks,* 5 NAFTA: L.&Bus. Rev.Am. 1999, S. 499; *Beauvais,* 10 N.Y.U. Envtl. L.J. 2002, S. 245, 256; *Been/ Beauvais,* 78 N.Y.U.L.Rev. 2003, S. 30, 39; *Parisi,* 19 Emory Int'l L.Rev. 2005, S. 383, 412.
770 *Cheng,* 20 Am. U. Int'l L. Rev. (2005), S. 465, 466 ff.
771 *Ganguly,* 38 Colum. J. Transnat'l L. (1999), S. 138 ff.

NAFTA has turned ,,,provisions designed to ensure security and predictability for the investors''' into tools that have "created uncertainty and unpredictability for environmental (and other) regulators".“[772]

Da die Bestimmungen bezüglich der Enteignung in den bilateralen Investitionsschutzabkommen derjenigen im NAFTA überwiegend sehr ähnlich sind, lässt sich die Kritik auch auf die bilateralen Investitionsschutzabkommen übertragen: Auch an den bilateralen Investitionsschutzabkommen kann kritisiert werden, dass diese ernsthaft die Möglichkeit des Gaststaates beschränken, regelnde Maßnahmen in Bezug auf Auslandsinvestitionen zu treffen.[773]

Ein weiterer Kritkpunkt, der in die gleiche Richtung wie die zuerst genannte Kritik geht ist, dass aufgrund der offenen und weiten Bestimmungen im NAFTA und den bilateralen Investitionsschutzabkommen die Schiedsgerichte oft den Tatbestand der indirekten Enteignung zu weit auslegen und damit über das nationale Recht hinausgehen.[774] Dies könnte zu einer Diskriminierung der einheimischen Unternehmen im Vergleich zu ausländischen Investoren und in der Folge zu Wettbewerbsvorteilen der ausländischen gegenüber den inländischen Investoren führen.[775]

Den Schiedsgerichten wird konkret eine expansive Auslegung des Tatbestandes der indirekten Enteignung – in Abgrenzung zu regulatorischen Maßnahmen – zugunsten der ausländischen Investoren vorgeworfen.[776] Im Zusammenhang mit dieser Kritik wurden die internationalen Investitionsschutzabkommen sogar als neue Form der Kolonialherrschaft bezeichnet.[777]

Demgegenüber wird derartige Kritik, insbesondere, was die Verhinderung staatlicher Maßnahmen zugunsten des Umweltschutzes oder der öffentlichen Gesundheit durch das internationale Investitionsschutzrecht betrifft, für übertrieben und sogar irreführend gehalten.[778] Zwar haben Investoren das Recht, ein Schiedsverfahren einzuleiten. Diese sind allerdings nur dann erfolgreich, wenn tatsächlich eine Verletzung der Investition vorliegt. Das bloße Anstrengen eines Schiedsverfahrens ist eben nicht gleichzusetzen mit einer Entschädigungspflicht des Gaststaates, die nur besteht, wenn der Tatbestand der (indirekten) Enteignung erfüllt ist

772 *Fowles,* 36 Cumb.L.Rev. 2005-2006, S. 83 f.; ähnlich auch *Afilalo,* 17 Geo. Int'l Envt'l L.Rev. 2004, S. 51, 52.

773 *Vandevelde,* 41 Harv.Int'l L.J. 2000, S. 469, 499; *Parisi,* 19 Emory Int'l L.Rev. 2005, S. 383, 401.

774 *Wroth,* 7 Vt.J.Envtl L. 2005-2006, S. 62 ff. (B.).

775 *Wroth,* 7 Vt.J.Envtl L. 2005-2006, S. 62 ff. (B.); *Been/Beauvais,* 78 N.Y.U.L.Rev.2003, S. 30, 39.

776 *Parisi,* 19 Emory Int'l L.Rev. 2005, S. 383, 402; *Been/Beauvais,* 78 N.Y.U.L.Rev. 2003, S. 30, 34; *Beauvais,* 10 N.Y.U. Envtl. L.J. 2002, S. 245, 256.

777 *Mann,* ASIL 2003, S. 247.

778 *Gudofsky,* 21 Nw. J. Int'l L.&Bus. (2000), S. 243, 244.

und der Investor dies darlegen kann.[779] Der Nachweis einer indirekten Enteignung ist hingegen alles andere als leicht.

Zudem können der internationale Investitionsschutz und die Investitionsschutzabkommen an sich positiv bewertet werden. Trotz der Ängste, der Investitionsschutz z.B. im NAFTA könne zulasten wichtiger Umweltschutzmaßnahmen gehen, lassen sich für den Investitionsschutz im NAFTA viele positive Aspekte anführen.[780] Es besteht immer die Gefahr, dass ausländische Investoren im Gaststaat benachteiligt oder diskriminiert werden. Deswegen ist es gut, dass unabhängige Schiedsgerichte die Unterscheidung zwischen legitimen regulatorischen Maßnahmen und entschädigungsbedürftigen indirekten Enteignungen vornehmen können.[781]

Außerdem lässt sich der Ansicht, regulatorische Maßnahmen, also regelnde Maßnahmen im öffentlichen Interesse, seien von vornherein aus dem Tatbestand der indirekten Enteignung auszuschließen, ein weiteres Argument entgegengehalten: Es entspricht nicht dem geltenden Völkerrecht, die Erfüllung des Tatbestandes der Enteignung allein von dem mit der Maßnahme verfolgten Zweck abhängig zu machen und Maßnahmen, die zum öffentlichen Wohl ergriffen werden, von vornherein vom Tatbestand der indirekten Enteignung auszuschließen, unabhängig von ihren Auswirkungen auf das Eigentum.[782] Gäbe man Staaten das Recht, jede dem öffentlichen Wohl mehr oder weniger dienende Maßnahme zu ergreifen, ohne dass sie eine Entschädigungspflicht fürchten müssten, geht damit auch ein Stück weit die Kontrolle über das staatliche Handeln verloren, da der Staat sich keine Gedanken über die Kosten seiner Maßnahmen machen müsste.[783] Dies ist aber weder aus wirtschaftlicher Sicht noch unter Gerechtigkeitserwägungen wünschenswert. Letztendlich würde es das Eigentumsrecht aushöhlen und eine Eigentumsdefinition überflüssig machen, da der Staat immer zumindest im weitesten Sinn in Verfolgung öffentlicher Ziele handelt.

Zudem ist nur schwer nachvollziehbar, dass allein der öffentliche Zweck der Maßnahme der Abgrenzung zwischen regulatorischer Maßnahme und indirekter Enteignung dienen soll.[784] Auch die direkte Enteignung muss, um rechtmäßig zu sein, einem öffentlichen Zweck dienen. Dann stellt sich aber die Frage, wie gleichzeitig der öffentliche Zweck alleiniges Kriterium sein kann, um regulatorische Maßnahmen vom Tatbestand der indirekten Enteignung auszuschließen:[785]

---

779 *Gudofsky,* 21 Nw. J. Int'l L.&Bus. (2000), S. 243, 244.
780 *Gantz,* 33 Geo.Wash Int'l L.R. 655 f.
781 *Gantz,* 33 Geo.Wash Int'l L.R. 655 f.
782 *Gudofsky,* 21 Nw. J. Int'l L.&Bus. (2000), S. 243, 266 f.; *Nouvel,* Revue Générale de Droit International Public 2002, S. 79, 93 ff.
783 *Gudofsky,* 21 Nw. J. Int'l L.&Bus. (2000), S. 243, 267.
784 *Higgins,* RdC 1982 III, S. 259, 330 f.
785 *Banks,* 5 NAFTA: L.&Bus. Rev. Am. 1999, S. 499, 513.

„Is this distinction intellectually viable? Is not the State in both cases (that is, either by a taking for a public purpose, or by regulating) purporting to act in the common good? And in each case has the owner of the property not suffered loss?“[786]

Das Kriterium des Zwecks der Maßnahme, dem öffentlichen Wohl zu dienen, kann nicht gleichzeitig Tatbestands- und Rechtmäßigkeitsvoraussetzung sein. In diesem Fall stellte sich, wenn die Maßnahme zum öffentlichen Wohl getroffen wird, nie die Frage der Rechtmäßigkeit, da immer schon der Tatbestand ausgeschlossen wäre.

In *Tecmed* vertrat das Schiedsgericht, dass regulatorische Maßnahmen, die im Rahmen der „police powers“ des Staates, also zu Zwecken der öffentlichen Sicherheit, des Umweltschutzes oder Ähnlichem ergriffen wurden, nicht per se vom Tatbestand der indirekten Enteignung ausgeschlossen seien.[787] Auch nach Ansicht des Schiedsgerichts in *Pope&Talbot* können regulatorische Maßnahmen, die im Rahmen der „police powers“ des Staates erlassen wurden, eine indirekte Enteignung darstellen:

„While the exercise of police powers must be analyzed with special care, the Tribunal believes that Canada's formulation goes too far. Regulations can indeed be exercised in a way that would constitute creeping expropriation [...]. Indeed, much creeping expropriation could be conducted by regulation, and a blanket exception for regulatory measures would create a gaping loophole in international protections against expropriation.“[788]

Der Meinung, dass die internationalen Schiedsgerichte dazu tendieren, den Tatbestand der indirekten Enteignung zu weit auszudehnen, tritt *Stanley* entschieden entgegen. Seiner Meinung nach sind die Anforderungen an die Tatbestandsvoraussetzung zur Abgrenzung zwischen indirekter Enteignung und „regulatory measure“ zu hoch.[789] Dass dies so sei und deswegen dem Eigentumsinteresse der Investoren zu wenig Rechnung getragen werde, zeige sich darin, dass in den meisten Schiedsverfahren der Tatbestand der indirekten Enteignung abgelehnt würde.[790] Der weite Ermessensspielraum, der den Staaten im Rahmen ihrer „police powers“ zugebilligt würde, führe dazu, dass dem staatlichen Regelungsinteresse mehr Gewicht gegeben würde und das Eigentumsrecht des Investors unterliege.

---

786 *Higgins,* RdC 1982 III, S. 259, 331.

787 *Tecnicas Medioambientales Tecmed S.A. v. United Mexican States,* ICSID Case No. ARB(AF)/00/2, Award v. 29. Mai 2003, Rn. 121.

788 *Pope&Talbot Inc. v. The Government of Canada,* Interim Award v. 26. Juni 2000, Rn. 99.

789 *Stanley,* 15 Emory Int'l L. Rev. 2001, S. 349 f.,372.

790 *Stanley,* 15 Emory Int'l L. Rev. 2001, S. 349, 372.

Dieser Analyse schließt sich *Sampliner* an: „Notwithstanding these warnings, nearly ten years after NAFTA entered into force, the anticipated flood of litigation and adverse expropriation awards against sovereign governments has yet to materialize...“[791]

Auch *Stone* kann die Bedenken nicht teilen. Nach ihrer Auffassung werden Schiedsgerichte den Tatbestand der Enteignung nicht immer weiter ausweiten, mit der von Umweltschützern befürchteten Folge, dass die Gaststaaten davon abgehalten werden, notwendige Maßnahmen zum Umweltschutz zu ergreifen.[792] Die Schiedsgerichte müssten Artikel 1110 NAFTA (bzw. die entsprechenden Artikel in den bilateralen Investitionsschutzabkommen) in Übereinstimmung mit dem geltenden Völkerrecht auslegen, in welchem ein eher enger Tatbestand der Enteignung anerkannt sei.[793]

Angesichts dieser sehr unterschiedlichen Analysen der Urteile der internationalen Schiedsgerichte stellt sich die Frage, ob die Rechtsprechung den Tatbestand der indirekten Enteignung tatsächlich derart ausdehnt zugunsten der ausländischen Investoren wie von einigen Autoren behauptet oder befürchtet.

Von den im Kapitel „Indirekte Enteignungen“ insgesamt analysierten (oder zumindest in den Fußnoten zitierten) 34 Schiedsurteilen zu indirekten Enteignungen wurde lediglich in acht Fällen eine indirekte Enteignung bejaht,[794] in den 26 anderen Fällen jedoch abgelehnt.[795] Die Schiedsgerichte nahmen also noch nicht einmal

---

791 *Sampliner*, 18 ICSID Review 2003, S. 1, 2.

792 *Stone,* 15 Geo. Int'l Envtl. L. Rev. 2003, S. 763 ff.

793 *Stone,* 15 Geo. Int'l Envtl. L. Rev. 2003, S. 763, 765.

794 *Tecnicas Medioambientales Tecmed S.A. v. The United Mexican States,* ICSID Case No. ARB (AF)/00/2, Award v. 29. Mai 2003, Rn. 151; *Siemens v. Argentina,* ICSID Case No. ARB/02/8, Award v. 6. Februar 2007, Rn. 271 f.; *CME Czech Republic B.V. v. The Czech Republic,* UNCITRAL Partial Award v. 13. September 2001, Rn. 609; *Eureko B.V. v. The Republic of Poland,* Partial Award v. 19. August 2005, Rn. 243; *Compañía de Aguas del Aconquija S.A.& Vivendi Universal S.A. v. Argentina,* ICSID Case No. ARB/97/3, Award v. 20. August 2007, Rn. 7.5.34, S. 237; *Metalclad Corporation v. The United Mexican States,* ICSID Case No. ARB(AF)/97/1, Award v. 30.08.2001, in: 40 ILM 2001, S. 36 ff.; Rn. 107 ff.; *Wena Hotels Limited v. Arab Republic of Egypt,* ICSID Case No. ARB/98/4, Award v. 8.12.2000, in 41 ILM (2002), S. 896, Rn. 99; *Biloune and Marine Drive Complex Ltd. v. Ghana Investments Centre and the Government of Ghana,* UNCITRAL Award on Jurisdiction and Liability v. 27. Oktober 1989, in: 95 I.L.R. (1994), S. 183, 210.

795 *Enron Corporation Ponderosa Assets, L.P. v. The Argentine Republic,* ICSID Case No. ARB/01/3, Award v. 22. Mai 2007, Rn. 246; *LG&E Energy Corp., LG&E Capital Corp. and LG&E International Inc. v. Argentine Republic,* ICSID Case No. ARB/02/1, Decision on Liability v. 3. Oktober 2006, Rn. 200; *Parkerings-Compagniet AS v. Republic of Lithuania,* ICSID Case No. ARB/05/8, Award v. 11.09.2007, Rn. 456; *Generation Ukraine, Inc. v. Ukraine,* ICSID Case No. ARB/00/9, Award v. 16. September 2003, Rn. 20.33 (S. 91); *Ronald S. Lauder v. Czech Republic,* UNCITRAL Final

in einem Viertel der Fälle eine indirekte Enteignung an. Noch eindeutiger wird dies für die im Rahmen des NAFTA ergangenen Schiedsurteile. Von den 34 betrachteten Urteilen ergingen zehn im Rahmen des NAFTA,[796] von denen nur in einem

---

Award v. 3.Sept. 2001, Rn. 201 ff.; *Marvin Feldman v. Mexico,* ICSID Case No. ARB(AF)/99/1, Award v. 16. Dezember 2002, Rn. 111, 153; *Waste Management, Inc. v. United Mexican States,* ICSID Case No. ARB(AF)/00/3, Award v. 30. April 2004, 43 ILM (2004), S. 967 ff., Rn. 162; *Azurix Corp. v. The Argentine Republic*, ICSID Case No. ARB/01/12, Final Award v. 14. Juli 2006, Rn. 322; *Robert Azinian, Kenneth Davitian and Ellen Baca v. Mexico,* ICSID Case No. ARB(AF)/97/2, Award v. 1. November 1999, Rn. 124; *Noble Ventures v. Romania,* ICSID Case No. ARB/01/11, Award v. 12. Oktober 2005, Rn. 216; *MTD Equity Sdn. Bhd. And MTD Chile S.A. v. Republic of Chile,* ICSID Case No. ARB/01/7, Award v. 25. Mai 2004, Rn. 241; *Eudoro Armando Olguín v. Paraguay,* ICSID Case No. ARB(AF)/98/5, Award v. 26. Juli 2001, Rn. 83 f.; *Pope&Talbot* v. *The Government of Canada*, Interim Award vom 26. Juni 2000, Rn. 100; *Saluka Investments BV v. The Czech Republic*,UNCITRAL Partial Award v. 17. März 2006, Rn. 275; *Methanex Corporation v. United States of America,* UNCITRAL Final Award v. 3. August 2005, 44 ILM 2005, S. 1343, 1457, Rn. 18; *Telenor Mobile Communications A.S. v. The Republic of Hungary,* ICSID Case No. ARB/04/15, Award v. 13. September 2006, Rn. 79 f.; *ADC Affiliate Limited and ADC& ADMC Management Limited v. The Republic of Hungary,* ICSID Case No. ARB/03/16, Award v. 2.10.2006, Rn. 424 ff.; *S.D.Myers, Inc. v. Canada,* UNCITRAL Partial Award v. 13.11.2000, Rn. 288; *CMS Gas Transmission Company v. The Republic of Argentina,* ICSID Case No. ARB/01/8, Award v. 12.05.2005, Rn. 263 f.; *Fireman's Fund Insurance Company v. Mexico,* ICSID Case No. ARB(AF)/02/1 (NAFTA), Final Award v. 17. 07.2007, Rn. 203; *M.C.I. Power Group L.C. v. Republic of Ecuador,* ICSID Case No. ARB/03/6, Award v. 31. 07 2007, Rn. 304; *Sempra Energy International v. Argentine Republic,* ICSID Case No. ARB/02/16, Award v. 28. September 2007, Rn. 285 f.; *PSEG Global Inc. and Konya Ilgin Elektrik Üretim ve Ticaret Limited Srketi v. Republik of Turkey,* ICSID Case No. ARB/02/5, Award v. 19. Januar 2007, Rn. 279 f.; *GAMI Investments, Inc.* v. *The Government of the United Mexican States*, Final Award v. 15. November 2004, UNCITRAL Arbitration, 44 ILM (2005), S. 545 ff.; Rn. 133; *EnCana Corp. v. Republic of Ecuador,* UNCITRAL Award v. 3. Februar 2006, Rn. 172 ff.; *International Thunderbird Gaming Corporation v. The United Mexican States,* UNCITRAL Award v. 26. Januar 2006, Rn. 208.

796 *Marvin Feldman v. Mexico,* ICSID Case No. ARB(AF)/99/1, Award v. 16. Dezember 2002, Rn. 111, 153; *Waste Management, Inc. v. United Mexican States,* ICSID Case No. ARB(AF)/00/3, Award v. 30. April 2004, 43 ILM (2004), S. 967 ff., Rn. 162; *Robert Azinian, Kenneth Davitian and Ellen Baca v. Mexico,* ICSID Case No. ARB(AF)/97/2, Award v. 1. November 1999, Rn. 124; *Pope&Talbot* v. *The Government of Canada*, Interim Award vom 26. Juni 2000, Rn. 100; *Methanex Corporation v. United States of America,* UNCITRAL Final Award v. 3. August 2005, 44 ILM 2005, S. 1343, 1457, Rn. 18; *S.D.Myers, Inc. v. Canada,* UNCITRAL Partial Award v. 13.11.2000, Rn. 288; *Fireman's Fund Insurance Company v. Mexico,* ICSID Case No. ARB(AF)/02/1 (NAFTA), Final Award v. 17. 07.2007, Rn. 203; *GAMI Investments, Inc.* v. *The Government of the United Mexican States*, Final Award v. 15. November 2004, UNCITRAL Arbitration, 44 ILM (2005), S. 545 ff.; Rn. 133; *International*

Fall der Tatbestand der indirekten Enteignung bejaht wurde.[797] Diese Ergebnisse sprechen eher dagegen, dass die Schiedsgerichte insgesamt den Tatbestand der indirekten Enteignung sehr weit ausdehnen und tendenziell immer die Interessen des Investors bevorzugen. Das heißt allerdings nicht, dass dies im Einzelfall nicht doch vorkommen kann.

Zu den Fällen, in denen das Schiedsgericht eine indirekte Enteignung angenommen hat, zählt zum Beispiel *Tecmed*, ein Urteil, in dem das Schiedsgericht die Verhältnismäßigkeit der Maßnahme untersucht und damit auch die Interessen des Gaststaates berücksichtigt hat. Hier kann dem Schiedsgericht folglich keine expansive, zu weit gehende Auslegung des Enteignungstatbestandes vorgeworfen werden.

Insgesamt können die Ergebnisse also die zum Teil sehr scharfe Kritik und die Angstszenarien nicht bestätigen. Die Ergebnisse sprechen eher dafür, dass die Schiedsgerichte tendenziell zurückhaltend in Bezug auf die Annahme einer indirekten Enteignung sind und den Staaten einen recht großen Ermessensspielraum in Hinblick auf regulatorische Maßnahmen zubilligen. Insofern kann auch nicht die Rede davon sein, dass in zu großem Maße in die Souveränität der Gaststaaten eingegriffen wird. Allein die Tatsache, dass Investoren Schiedsverfahren gegen den Gaststaat anstrengen können, spricht ebenso wenig für einen zu starken Eingriff in die Souveränität, da die Staaten dieser Möglichkeit (in Ausübung ihrer Souveränität) selbst zugestimmt haben. Auch wenn vielleicht die Tendenz besteht, dass Investoren bei jeder Beeinträchtigung ihrer Investition durch den Gaststaat ein Schiedsverfahren anstrengen und Entschädigung wegen indirekter Enteignung verlangen, heißt dies noch nicht, dass die Staaten für jede Maßnahme zum Umwelt- oder Gesundheitsschutz oder Ähnlichem hohe Entschädigungssummen bezahlen müssen. Dies wird in den Ergebnissen der Schiedsurteile deutlich. Insofern erscheint die Befürchtung, dass sich Gaststaaten allein aufgrund der Möglichkeit, vor internationalen Schiedsgerichten verklagt zu werden, abhalten lassen, wichtige und erforderliche Maßnahmen beispielsweise im Umweltschutz zu erlassen, übertrieben.

Vor diesem Hintergrund kann also der negativen Bewertung des internationalen Investitionsschutzes und der internationalen Schiedsgerichtsbarkeit in diesem Bereich nicht zugestimmt werden.

Thunderbird Gaming Corporation v. The United Mexican States, UNCITRAL Award v. 26. Januar 2006, Rn. 208; *Metalclad Corporation v. The United Mexican States*, ICSID Case No. ARB(AF)/97/1, Award v. 30.08.2001, in: 40 ILM 2001, S. 36 ff.; Rn. 107 ff.

797 *Metalclad Corporation v. The United Mexican States*, ICSID Case No. ARB(AF)/97/1, Award v. 30.08.2001, in: 40 ILM 2001, S. 36 ff.; Rn. 107 ff.

D. Schlussbemerkungen

In einer zusammenfassenden Schlussbemerkung lässt sich festhalten, dass die Tatbestandsvoraussetzungen der Enteignung nach der Rechtsprechung der internationalen Schiedsgerichte trotz kleinerer Unterschiede insgesamt großenteils übereinstimmen und daher in eine überschaubare und einigermaßen vorhersehbare Struktur gebracht werden können.

Nur wenige Fälle in der internationalen Schiedsgerichtsbarkeit betreffen die direkte Enteignung, jedoch äußern sich einige Schiedsgerichte im Rahmen der Tatbestandsprüfung der indirekten Enteignung zu den Tatbestandsvoraussetzungen der direkten Enteignung, um die indirekte Enteignung von dieser abzugrenzen. Danach sind die Tatbestandsvoraussetzungen der direkten Enteignung erstens der Eigentumsentzug durch eine hoheitliche Maßnahme, zweitens die Aneignung des Eigentumstitels oder des Vermögenswertes durch den Staat oder einen Dritten und schließlich drittens die Enteignungsabsicht des Staates.

Hinsichtlich der Frage, ob die Rechtsprechung der internationalen Schiedsgerichte in Bezug auf die Tatbestandsvoraussetzungen der indirekten Enteignung relativ einheitlich ist oder – wie ihr teilweise vorgeworfen wird – es sich um unvorhersehbare Einzelfallentscheidungen handelt, lässt sich keine für alle Aspekte eindeutige Aussage treffen.

Für die hier dargestellten Schiedsurteile lässt sich jedoch festhalten, dass alle Schiedsgerichte davon ausgehen, dass die erste wesentliche Tatbestandsvoraussetzung für die indirekte Enteignung der ausreichend schwere Eingriff in das Eigentum ist. Auch die meisten Formulierungen, wie ein ausreichend schwerer Eingriff aussieht oder sich auswirkt, sind ähnlich oder stimmen sogar überein. Allerdings wird der Tatbestand nicht immer einheitlich bewertet bzw. werden die Kriterien zur Bewertung des ausreichend schweren Eingriffs unterschiedlich ausgelegt. In der Folge kann es auch bei identischem Sachverhalt und gleichen Tatbestandsvoraussetzungen zu konträren Ergebnissen kommen, wie das Beispiel von *CME v. Czech Republic* bzw. *Lauder v. Czech Republic* zeigt, wobei beide Schiedsgerichte allerdings auch von unterschiedlichen Eigentumsdefinitionen ausgingen.

Bezüglich der erforderlichen Dauer der Eigentumsbeeinträchtigung entschieden ebenfalls alle Schiedsgerichte einheitlich, dass diese dauerhaft sein müsse, also nicht nur vorübergehend sein dürfe. Allerdings gingen auch bei diesem Kriterium die Schiedsgerichte von unterschiedlichen Zeitspannen aus. Während im Fall *S.D.Myers* das Schiedsgericht eine Beeinträchtigung von 18 Monaten als nur vorübergehend bewertete und eine Enteignung ablehnte, entschied das Schiedsgericht in *Wena Hotels*, dass ein Eigentumsentzug von im Schnitt fast einem Jahr ausreichend sei, um den Tatbestand der indirekten Enteignung zu begründen. Wie bereits oben erläutert, kann sich diese unterschiedliche Bewertung jedoch durch die unterschiedliche Qualität des Eingriffs begründen lassen.

Die größten Unterschiede in der Rechtsprechung der internationalen Schiedsgerichte ergeben sich schließlich bei der Frage, ob allein die ausreichend schwere Beeinträchtigung des Eigentums den Tatbestand der indirekten Enteignung begründet oder ob es zudem des Kriteriums der Verhältnismäßigkeit bedarf.

Auch wenn die „police powers doctrine", die das Verhältnismäßigkeitskriterium in die Prüfung mit einbezieht, vorzugswürdig ist, kann an ihr Kritik geübt werden: Die Schiedsgerichte übernehmen zwar in Anlehnung an den EGMR das Kriterium der Verhältnismäßigkeit, hingegen nicht dessen dogmatische Einordnung. Aus Gründen der Rechtssicherheit wäre eine einheitliche Dogmatik jedoch wünschenswert.

Dennoch kann hier die Kritik etwas relativiert werden: Selbst, wenn die Schiedsgerichte nicht dogmatisch zwischen Eingriff in das Eigentumsrecht und Rechtfertigung des Eingriffs trennen, lässt sich aus der Reihenfolge ihrer Ausführungen doch eine zweistufige Prüfung erkennen, die im Ergebnis der Unterteilung Eingriff/Rechtfertigung des Eingriffs nahe kommt: zunächst wird geprüft, ob ein ausreichend schwerer Eingriff vorliegt; in einem zweiten Schritt wird als negative Voraussetzung die Verhältnismäßigkeit untersucht.

Diese mit der „police powers doctrine" vorgenommene zweistufige Prüfung erlaubt eine Abwägung der Interessen und führt dadurch zu einem gerechteren Ergebnis, während die „sole effects doctrine" quasi auf der ersten Stufe stehen bleibt und jeden ausreichend schweren Eingriff per se als rechtswidrig und entschädigungspflichtig ansieht.

Vor diesem Hintergrund lässt sich schlussfolgern, dass die Rechtsprechung der Schiedsgerichte – abgesehen von dem Kriterium der Verhältnismäßigkeit – meist von den gleichen Tatbestandsvoraussetzungen ausgehen, diese jedoch teilweise unterschiedlich bewerten und auf den Einzelfall unterschiedlich anwenden. Insofern sind die Kriterien überwiegend einheitlich; die Ergebnisse sind dennoch nicht immer vorhersehbar.

Dieses Ergebnis fasst das Schiedsgericht in *Generation Ukraine* treffend zusammen, so dass die Ausführungen nicht nur einleitend der Hinführung auf die Problematik, sondern auch der Schlussbetrachtung dienen können:

> Predictability is one of the most important objectives of any legal system. It would be useful if it were absolutely clear in advance whether particular events fall within the definition of an „indirect" expropriation. It would enhance the sentiment of respect for legitimate expectations if it were perfectly obvious why, in the context of a

> particular decision, an arbitral tribunal found that a governmental action or inaction crossed the line that defines acts amounting to an indirect expropriation. But there is no checklist, no mechanical test to achieve that purpose. The decisive considerations vary from case to case, depending not only on the specific facts of a grievance but also on the way the evidence is presented, and the legal bases pleaded. The outcome is a judgment, *i.e.* the product of discernment, and not the printout of a computer programme.[798]

Insofern lässt sich denjenigen, die die Uneinheitlichkeit und Unvorhersehbarkeit der Rechtsprechung der internationalen Schiedsgerichte kritisieren, entgegenhalten, dass ganz überwiegend die Kriterien und Tatbestandsvoraussetzungen, von denen die Schiedsgerichte bezüglich des Tatbestandes der indirekten Enteignung ausgehen, einheitlich sind. Dennoch müssen sie – ebenso wie die nationalen Gerichte – jeden Fall vor dem Hintergrund des konkreten Sachverhalts würdigen. Dies führt automatisch zu unterschiedlichen und nicht immer vorhersehbaren Ergebnissen, was aber auch für viele nationale Gerichte gilt.

Aus den in der Rechtsprechung der internationalen Schiedsgerichte bestimmten Tatbestandsvoraussetzungen der indirekten Enteignung ergibt sich folgende Prüfungsstruktur:

1) Zunächst muss geprüft werden, ob die hoheitliche staatliche Maßnahme einen hinreichend intensiven Eingriff in das Eigentum darstellt. Das ist dann der Fall, wenn erstens das Eigentum in ausreichendem Maße beeinträchtigt wurde, zweitens die Beeinträchtigung nicht nur vorübergehend, sondern dauerhaft ist und drittens – wobei diese Voraussetzung nicht in jedem Fall relevant wird – das schützenswerte Vertrauen des Investors verletzt wurde.

2) Wird die ausreichende Eingriffsintensität bejaht, sollte in einem weiteren Schritt – selbst wenn dies noch nicht von allen Schiedsgerichten getan wird – die Verhältnismäßigkeit der Maßnahme geprüft werden. Die Maßnahme ist dann verhältnismäßig – und stellt keine indirekte Enteignung dar – wenn sie in Verfolgung eines legitimen Zwecks getroffen wurde und erforderlich und im Übrigen angemessen ist.

Mit Hilfe dieser Prüfungsstruktur der Tatbestandsvoraussetzungen der indirekten Enteignung sollten einigermaßen vorhersehbare Ergebnisse erzielt werden, was der Rechtssicherheit in diesem Bereich dient.

798 *Generation Ukraine, Inc. v. Ukraine*, ICSID Case No. ARB/00/9, Award v. 16. September 2003, Rn. 20.29 (S. 90).

Literaturverzeichnis

Afilalo, Ari: Towards a Common Law of International Investment: How NAFTA Chapter 11 Panels Should Solve Their Legitimacy Crisis, Georgetown International Environmental Law Review, Volume 17 (17 Geo.Int'l Envt'l L.Rev.), 2004, S. 51-96.

Ailola, David A./ Kalula, Evance R.: The constraints of government policy and plans on foreign investment: an example from Zambia, The Comparative and International La Journal of South Africa, Volume 34 (34 Comp.&Int'l L.J.S.Af.), 2001, S. 132-160.

Aldrich, George H.: The Jurisprudence of the Iran-United States Claims Tribunal, Oxford 1996.

Aldrich, George H.: What Constitutes a Compensable Taking of Property? The Decisions of the Iran- United States Claims Tribunal, American Journal of International Law, Volume 88 (88 AJIL) 1994, S. 585-610.

Al Faruque, Abdullah: Creating Customary International Law Through Bilateral Investment Treaties: A Critical Appraisal, Indian Journal of International Law, Volume 44 (44 Indian J.I.L.), 2004, S. 292-318.

D'Amato, Anthony: Good Faith, in Bernhardt, Rudolf, Encyclopedia of Public International Law, Volume 2, S. 599-601.

Amerasinghe, C.F.: Arbitration and the Rule of Local Remedies, in: Beyerlin/ Bothe/Hofmann/Petersen (Hrsg.), Recht zwischen Umbruch und Bewahrung, Festschrift für Rudolf Bernhardt, Berlin u.a. 1995, S. 665-669.

Andrzejczuk, Robert: Theoretical Assumptions Concerning the Protection of Foreign Investments in the Light of Bilateral International Agreements, Polish Yearbook of International Law, Volume 27 (27 Pol. Y. Int'l L.), 2004-2005, S. 159-168.

Appleton, Barry: Regulatory Takings: The International Law Perspective, New York University Environmental Law Journal, Volume 11 (11 N.Y.U. Envtl. L.J.), 2002, S. 35-48.

Banz, Michael: Völkerrechtlicher Eigentumsschutz durch Investitionsschutzabkommen, Berlin 1988.

Banks, Kevin: NAFTA's Article 1110 – Can Regulation Be Expropriation?, NAFTA: Law&Business Review of the Americas, Volume 5 (5 NAFTA: L.&Bus. Rev. Am.), 1999, S. 499- 521.

Baughen, Simon: Expropriation and Environmental Regulation: The Lessons of NAFTA Chapter Eleven, Journal of Environmental Law, Volume 18 (18 J. Envtl. L.), 2006, S. 207-228.

Beauvais, Joel C.: Regulatory Expropriations under NAFTA: Emerging Principles & Lingering Doubts, New York University Environmental Law Journal, Volume 10 (10 N.Y.U. Envt'l L.J.), 2002, S. 245-296.

Been, Vicki/ Beauvais, Joel C.: The Global Fifth Amendment? NAFTA's Investment Protections and the Misguided Quest for an International "Regulatory Takings" Doctrine, New York University Law Review, Volume 78 (78 N.Y.U.L. Rev.), 2003, S. 30-143.

Bergmann, Heidi: Die völkerrechtliche Entschädigung im Falle der Enteignung vertragsrechtlicher Positionen – Insbesondere zum Problem der "Lost Future Profits", Baden-Baden 1997.

Biggs, Gonzalo: The Latin American Treatment of International Arbitration and Foreign Investments and the Chile-U.S. Free Trade Agreement, ICSID Review – Foreign Investment Law Journal, Volume 19 (19 ICSID Review), 2004, S. 61-86.

Bishop, R. Doak/ Crawford, James/ Reisman, W. Michael: Foreign Investment Disputes – Cases, Materials and Commentary –, Den Haag u.a. 2005.

Bjorklund, Andrea K.: Reconciling State Sovereignty and Investor Protection in Denial of Justice Claims, Virginia Journal of International Law, Volume 45 (45 Va.J.Int'l L.), 2005, S. 809-895.

Blackaby, Nigel/ Paulsson, Jan/ Reed, Lucy: Guide to ICSID Arbitration, Den Haag u.a., 2004.

Blades, Bryan W.: The Exhausting Question of Local Remedies: Expropriation Under NAFTA Chapter 11, Oregon Review of International Law, Volume 8 (8 Or. Rev. Int'l L.), 2006, S. 31- 131.

Brower, Charles N.: The Iran-United States Claims Tribunal, Recueil des Cours, Volume 224 (224 RdC), 1990, S. 123-386.

Brower, Charles N./ Brueschke, Jason D.: The Iran-United States Claims Tribunal, Den Haag u.a. 1998.

Brower, Charles: NAFTA's Investment Chapter: Dynamic Laboratory, Failed Experiments, and Lessons for the FTAA, The American Society of International Law (ASIL) 2003, S. 251-257.

Brownlie, Ian: Principles of Public International Law, Oxford u.a., 6. Auflage 2003.

Brunetti, Maurizio: The Iran-United States Claims Tribunal, NAFTA Chapter 11, and the Doctrine of Indirect Expropriation, Chicago Journal of International Law, Volume 2 (2 Chi. J. Int'l L.), 2001, S. 203-212.

Brunetti, Maurizio: Indirect Expropriation in International Law, International Law FORUM du Droit International 2003, Volume 5 (5 Int'l L.F.D.Int'l), 2003, S. 150-154.

Byrne, Katharina A.: Regulatory Expropriation and State Intent, Canadian Yearbook of International Law (CYIL), 2000, S. 89-120.

Cheng, Tai-Heng: Power, Authority and International Investment Law, American University International Law Review, Volume 20 (20 Am.U.Int'l L.Rev.), 2005, S. 465-520.

Christie, G.C.: What Constitutes a Taking of Property under International Law?, British Yearbook of International Law, Volume 38 (38 BYIL), 1962, S. 307-338.

Collier, John/ Lowe, Vaughan: The Settlement of Disputes in International Law – Institutions and Procedures, Oxford, 1999.

Correa, Carlos M.: Investment Protection in Bilateral Free Trade Agreements: Implications for the Granting of Compulsory Licenses, Michigan Journal of International Law, Volume 26 (26 Mich.J.Int'l L.), 2004, S. 331-353.

Dahm, Georg/ Delbrück, Jost/ Wolfrum, Rüdiger: Völkerrecht, Band I/3, Berlin, 2. Auflage 2002.

Dalrymple, Christopher K.: Politics and Foreign Direct Investment: The Multilateral Investment Guarantee Agency and the Calvo Clause, Cornell International Law Journal, Volume 29 (29 Cornell Int'l L.J.), 1996, S. 161-189.

Delbrück, Jost: Proportionality, in Bernhardt, Rudolf, Encyclopedia of Public International Law, Volume III, S. 1140-1144.

Dodge, William S.: Investor-State Dispute Settlement Between Developed Countries: Reflections on The Australia-United States Free Trade Agreement, Vanderbilt Journal of Transnational Law, Volume 39 (39 Vand.J.Transnat'l L.), 2006, S. 1-37.

Dolzer, Rudolf: Eigentum, Enteignung und Entschädigung im geltenden Völkerrecht, Berlin u.a. 1985.

Dolzer, Rudolf/ Stevens, Margrete: Bilateral Investment Treaties, Den Haag u.a. 1995.

Dolzer, Rudolf: Indirect Expropriations: New Developments?, New York University Environmental Law Journal, Volume 11 (11 N.Y.U. Envtl. L.J.), 2002, S. 64-93.

Dolzer, Rudolf/ Bloch, Felix: Indirect Expropriation: Conceptual Realignments?, International Law FORUM du Droit International, Volume 5 (5 Int'l L.F.D.Int'l), 2003, S. 155-165.

Dolzer, Rudolf: Grenzen nationaler Steuerhoheit im völkerrechtlichen Investitionsschutz, in: *Grupp/Hufeld* (Hrsg.), Recht – Kultur – Finanzen, Festschrift für Reinhard Mußgnug zum 70. Geburtstag (zitiert: FS Mußgnug), 2005, S. 289-294.

Dolzer, Rudolf/ Schreuer, Christoph: Principles of International Investment Law, Oxford u.a. 2008.
Douglas, Zachary: The Hybrid Foundations of Investment Treaty Arbitration, British Yearbook of International Law, Volume 74 (74 BYIL), 2003, S. 151-289.
Ederington, L. Benjamin: Property as a Natural Institution: The Separation of Property from Sovereignty in International Law, American University International Law Review, Volume 13 (13 Am. U. Int'l L. Rev.), 1997, S. 263-331.
Fischer Williams, John: International Law and the Property of Aliens, British Yearbook of International Law, Volume 9 (9 BYIL), 1928, S. 1-30.
Fortier, L. Yves/ Drymer, Stephen L.: Indirect Expropriation in the Law of International Investment: I Know It When I See It, or Caveat Investor, ICSID Review – Foreign Investment Law Journal, Volume 19 (19 ICSID Review), 2004, S. 293-327.
Fowles, John B.: Sword into Plowshares: Softening the Edge of NAFTA's Chapter 11 Regulatory Expropriations Provisions, Cumberland Law Review, Volume 36 (36 Cumb.L.Rev.), 2005-2006, S. 83-102.
Freer, Robert E.: Expropriation: United States Claimants' Rights and the Future of Cuba, Yearbook of International Law, Volume 4 (4 YIL), 1995, S. 169-183.
Füracker, Matthias: Relevance and Structure of Bilateral Investment Treaties – The German Approach, Zeitschrift für Schiedsverfahren (SchiedsVZ) 2006, S. 236-245.
Gaillard, Emmanuel: L'Arbitrage Sur le Fondement des Traités de Protection des Investissements, Revue de l'Arbitrage 2003, S. 853-878.
Ganguly, Samrat: The Investor-State Dispute Mechanism (ISDM) and the Sovereign's Power to protect Public Health, Columbia Journal of Transnational Law, Volume 38 (38 Colum. J. Transnat'l L.), 1999, S. 113-168.
Gantz, David A.: Potential Conflicts between Investor Rights and Environmental Regulation under NAFTA's Chapter 11, George Washington International Law Review, Volume 33 (33 Geo.Wash.Int'l L.Rev.), 2001, S. 651-752.
Garner, Bryan A. (Ed.): Black's Law Dictionary, St. Paul, 7. Auflage 1999.
Gill, Judith/ Gearing, Matthew/ Birt, Gemma: Contractual Claims and Bilateral Investment Treaties – A Comparative Review of the SGS Cases, Journal of International Arbitration, Volume 21 (21 J.Int'l Arb.), 2004, S. 397-412.
Görs, Benjamin: Internationales Investitionsrecht, Münster 2003.
Gudofsky, Jason L.: Shedding light on Article 1110 of the North American Free Trade Agreement (NAFTA) concerning expropriations: an environmental case study, Northwestern Journal of International Law and Business, Volume 21 (21 Nw. J. Int'l L.&Bus.), 2000, S. 243-315.

Gurudevan, Naveen: An Evaluation of Current Legitimacy-Based Objections to NAFTA's Chapter 11 Investment Dispute Resolution Process, San Diego International Law Journal, Volume 6 (6 San Diego Int'l L.J.), 2005, S. 399-433.
Häde, Ulrich: Der völkerrechtliche Schutz von Direktinvestitionen im Ausland, Archiv des Völkerrechts 1997, S. 181-212.
Happ, Richard: Aktuelle Rechtsprechung der ICSID-Schiedsgerichte, SchiedsVZ 2005, S. 21-30.
Heiskanen, Veijo: The Contribution of the Iran-United States Claims Tribunal to the Development of the Doctrine of Indirect Expropriation, International Law FORUM du Droit International, Volume 5 (5 Int'l L.F.D. Int'l), 2003, S. 176-187.
Herdegen, Matthias: Internationales Wirtschaftsrecht, München, 5. Auflage 2005.
Herz, John H.: Expropriation of Foreign Property, American Journal of International Law, Volume 35 (35 AJIL), 1941, S. 243-262.
Hewko, John: Foreign Direct Investment in Transitional Economies: Does the Rule of Law Matter?, East European Constitutional Review (EEConst.Rev.) 2002/2003, S. 71-79.
Higgins, Rosalyn: The Taking of Property by the State: Recent Developments in International Law, Recueil des Cours, Volume 176 (176 RdC), 1982 (III), S. 263-389.
Hobe, Stephan/ Kimminich, Otto: Einführung in das Völkerrecht, Tübingen, 8. Auflage 2004.
Hóber, Kay: Investment Arbitration in Eastern Europe: Recent Cases on Expropriation, American Review of International Arbitration, Volume 14 (14 Am. Rev. Int'l Arb.), 2003, S. 377-446.
Horchani, Ferhat: Le droit international des investissements à l'heure de la mondialisation, Journal du Droit International 2004, S. 367-417.
Ipsen, Knut: Völkerrecht, München, 5. Auflage 2004.
Kämmerer, Jörn Axel: Der Schutz des Eigentums im Völkerrecht, Bitburger Gespräche, Jahrbuch 2004/I, München 2004, S. 143-167.
Karl, Joachim: On the Way to Multilateral Investment Rules – Some Recent Policy Issues, ICSID Review – Foreign Investment Law Journal, Volume 17 (17 ICSID Review), 2002, S. 293-319.
Karl, Joachim: Aktuelle Probleme des Investitions- und Enteignungsschutzes am Besipiel des Internationalen Konzessionsvertrages, in: Baur/Hobe (Hrsg.), Rechtsprobleme von Auslandsinvestitionen, Baden-Baden 2003, S. 37-61.
König, Doris: Der Schutz des Eigentums im europäischen Recht, Bitburger Gespräche, Jahrbuch 2004/I, München 2004, S. 119-142.
Krugmann, Michael: Der Grundsatz der Verhältnismäßigkeit im Völkerrecht, Berlin 2004.

Lauterpacht, Elihu: International Law and Private Foreign Investment, Indiana Journal of Global Legal Studies, Volume 4 (4 Ind.J. Global Legal Stud.), 1997, S. 259-276.

Lawrence, Jessica C.: Chicken Little Revisited: NAFTA Regulatory Expropriations After Methanex, Georgia Law Review, Volume 41 (41 Ga.L.Rev.), 2006, S. 261-309.

Leben, Charles: La Théorie du Contrat d'État et l'Évolution du Droit International des Investissements, Recueil des Cours, Volume 302 (302 RdC) 2003, S. 197-386.

Leben, Charles: La Responsabilité Internationale de l'État sur le Fondement des Traités de Promotion et de Protection des Investissements, Annuaire Françcais de Droit International 2004, S. 683-714.

Lee, Jacob S.: No "Double-Dipping" Allowed: An Analysis of Waste Management, Inc. v. United Mexican States and the Article 1121 Waiver Requirement for Arbitration under Chapter 11 of NAFTA, Fordham Law Review, Volume 69 (69 Fordham L.Rev.), 2001, S. 2655-2691.

Lévesque, Céline: Les fondements de la distinction entre l'expropriation et la réglementation en droit international, Revue générale de droit, Tome 33 (33 R.G.D.), 2003, S. 39-92.

Lörchers, Torsten: ICSID – Schiedsgerichtsbarkeit, Zeitschrift für Schiedsverfahren (SchiedsVZ) 2005, S. 11-21.

Lowe, Vaughan: Regulation or Expropriation?, Current Legal Problems, Volume 55 (55 Current Legal Problems), 2002, S. 447-466.

Lowenfeld, Andreas F.: Investment Agreements and International Law, Columbia Journal of Transnational Law, Volume 42 (42 Colum.J.Transnat'l L.), 2003, S. 123-130.

Lowenfeld, Andreas F.: International Economic Law, Oxford, 2nd Edition 2008.

Maiwald, Beate: Das Iran-United States Claims Tribunal, Köln 1987.

Mann, Howard: NAFTA's Investment Chapter: Dynamic Laboratory, Failed Experiments, and Lessons for the FTAA – International Investment Agreements: Building the New Colonialism?, American Society of International Law (ASIL) 2003, S. 247-250.

Mosler, Hermann: General Principles of Law, in: Bernhardt, Rudolf, Encyclopedia of Public International Law, Volume 2, S. 511-527.

Mouri, Allahyar: The International Law of Expropriation as Reflected in the Work of the Iran-United States Claims Tribunal, Dordrecht u.a. 1994.

Norton, Patrick M.: A Law of the Future or a Law of the Past? Modern Tribunals and the International Law of Expropriation, American Journal of International Law, Volume 85 (85 AJIL) 1991, S. 474-505.

Newcombe, Andrew: The Boundaries of Regulatory Expropriation in International Law, ICSID Review – Foreign Investment Law Journal, Volume 20 (20 ICSID Review), 2005, S. 1-57.

Nouvel, Yves: Les Mesures Équivalent à une Expropriation dans la Pratique Récente des Tribunaux Arbitraux, Revue Générale de Droit International Public 2002, S. 79-102.

OECD, Directorate for Financial and Enterprise Affairs (Hrsg.): "Indirect Expropriation" and the "Right to Regulate" in International Investment Law, Working Papers on International Investment Number 2004/4.

Oschmann, Friedrich: Das Investitionsrecht des NAFTA-Abkommens – Mexikos Kehrtwende im Recht der Auslandsinvestitionen?, Zeitschrift für Vergleichende Rechtswissenschaft, 96. Band (96 ZvglRWiss), 1997, S. 242-258.

Parisi, Michael G.: Moving Toward Transparency? An Examination of Regulatory Takings in International Law, Emory International Law Review, Volume 19 (19 Emory Int'l L. Rev.), 2005, S. 383-426.

Paulsson, Jan/ Douglas, Zachary: Indirect Expropriation in Investment Treaty Arbitrations, in Horn (Hrsg.), Arbitrating Foreign Investment Disputes – Procedural and Substantive Legal Aspects, Den Haag u.a. 2004, S. 145-158.

Peters, Paul: Exhaustion of Local Remedies: Ignored in Most Bilateral Investment Treaties, Netherlands International Law Review (NILR) 1997, S. 233-243.

Ramsey, Michael D.: Acts of State and Foreign Sovereign Obligations, Harvard International Law Journal, Volume 39 (39 Harv.Int'l L.J.), 1998, S.1-100.

Reed, Lucy/ Paulsson, Jan/ Blackaby, Nigel: Guide to ICSID Arbitration, Den Haag u.a. 2004.

Reisman, W. Michael/ Sloane, Robert D.: Indirect Expropriation and its Valuation in the BIT Generation, British Yearbook of International Law, Volume 74 (74 BYIL), 2003, S. 115-150.

Reyher, Christoph von: Die bilateralen Konzepte der Bundesrepublik Deutschland und der Vereinigten Staaten von Amerika sowie deren Bedeutung für die Entwicklung des Schutzes von Auslandsinvestitionen, Frankfurt a.M. u.a. 2005.

Robbins, Joshua: The Emergence of Positive Obligations in Bilateral Investment Treaties, International and Comparative Law Review, Volume 13 (13 Int'l&Comp.L.Rev.), 2006, S. 403- 473.

Rubins, Noah: The Notion of „Investment" in International Arbitration, in: Norbert Horn (Hrsg.), Arbitrating Foreign Investment Disputes, Den Haag u.a. 2004.

Sacerdoti, Giorgio: Bilateral Investment Treaties and Multilateral Instruments on Investment Protection, Recueil des Cours, Volume 269 (269 RdC), 1997, S. 251-460.

Sacerdoti, Giorgio: Investment Arbitration Under ICSID and UNCITRAL Rules: Prerequisites, Applicable Law, Review of Awards, ICSID Review – Foreign Investment Law Journal, Volume 19 (19 ICSID Review), 2004, S. 1-48.

Salacuse, Jeswald W.: BIT by BIT: The Growth of Bilateral Investment Treaties and Their Impact on Foreign Investment in Developing Countries, 24 International Lawyer, Volume 24 (24 Int'l Law.), 1990, S. 655-675.

Sampliner, Gary H.: Arbitration of Expropriation Cases under U.S. Investment Treaties – A Threat to Democracy or the Dog That Didn't Bark?, ICSID Review – Foreign Investment Law Journal, Volume 18 (18 ICSID Review), 2003, S. 1-43.

Sandrino, Gloria L.: The NAFTA Investment Chapter and Foreign Direct Investment in Mexico: A Third World Perspective, Vanderbilt Journal of Transnational Law, Volume 27 (27 Vand.J.Transnat'l L.), 1994, S. 259-327.

Schill, Stephan: Völkerrechtlicher Investitions- und Eigentumsschutz in der ICSID-Entscheidung TECMED, RIW 2005, S. 330-336.

Schill, Stephan: Auf zu Kalypso? Staatsnotstand und Internationales Investitionsschutzrecht – Anmerkung zur ICSID-Entscheidung LG&E Energy Corp. v. Argentina, SchiedsVZ 2007, S. 178-186.

Schokkaert, Jan: La Pratique Conventionnelle Européenne en Matière de Protection Juridique des Investissements Privés, Effectués à l'Étranger, Revue de Droit International et de Droit Comparé 2003, S. 327-388.

Schreuer, Christoph H.: The ICSID Convention: A Commentary, Cambridge u. a. 2001.

Schwebel, Stephen M.: Arbitration and the Exhaustion of Local Remedies Revisited, in: Ebke/Norton (Hrsg.), Festschrift in Honor of Sir Joseph Gold, Heidelberg 1990, S. 373-378.

Shaw, Malcolm N.: International Law, Cambridge, 5. Auflage 2003.

Sornarajah, M.: The International Law on Foreign Investment, Cambridge 1994.

Sornarajah, M.: The International Law on Foreign Investment, Cambridge, 2. Auflage 2005.

Stanley, Jon A.: Keeping Big Brother out of our Backyard: Regulatory Takings as Defined in International Law and Compared to American Fifth Amendment Jurisprudence, Emory International Law Review, Volume 15 (15 Emory Int'l L. Rev.), 2001, S. 349- 389.

Stone, Madeline: NAFTA Article 1110: Environmental Friend or Foe?, Georgetown International Environmental Law Review, Volume 15 (15 Geo. Int'l Envtl. L. Rev.), 2003, S. 763- 789.

Subedi, Surya P.: The Challenge of Reconciling the Competing Principles within the Law of Foreign Investment with Special Reference to the Recent Trend in the Interpretation of the Term "Expropriation", International Lawyer, Volume 40 (40 Int'l Law.), 2006, S. 121-141.

Turk, Jeffrey: Compensation for "Measures Tantamount to Expropriation" under NAFTA: What it Means and Why it Matters, International Law&Management Review, Volume 1 (1 Int'l L.&Mgmt. Rev.), 2005, S. 41-78.

United Nations (Hrsg.): UNCTAD World Investment Report 1991 – The Triad on Foreign Direct Investment, New York 1991.

United Nations (Hrsg.): Taking of Property, UNCTAD Series on issues in international investment agreements, New York und Genf 2000.

United Nations (Hrsg.): International Investment Agreements: Key Issues, Volume I, New York u.a. 2004.

United Nations (Hrsg.): UNCTAD World Investment Report 2006 – FDI from Developing and Transitional Economies: Implications for Development – Overview, New York u.a. 2006.

Vandevelde, Kenneth J.: The economics of Bilateral Investment Treaties, Harvard International Law Journal, Volume 41 (41 Harv.Int'l L.J.), 2000, S. 469-502.

Van Harten, Gus/ Loughlin, Martin: Investment Treaty Arbitration as a Species of Global Administrative Law, European Journal of International Law, Volume 17 (17 EJIL), 2006, S. 121-150.

Vicuña, Francisco Orrego: Regulatory Authority and Legitimate Expectations: Balancing the Rights of the State and the Individual under International Law in a Global Society, International Law FORUM du Droit International, Volume 5 (5 Int'l L.F.D. Int'l), 2003, S. 188-197.

Vinuesa, Raúl Emilio : Jurisdictional Objections to ICSID Arbitration under Bilateral Investment Treaties, in : FS für Georg Ress 2005, S. 331-355.

Vinuesa, Raúl Emilio: Bilateral Investment Treaties and the Settlement of Investment Disputes under ICSID: The Latin American Experience, Law and Business Review of the Americas, Volume 8 (8 L.&Bus. Rev. Am.), 2002, S. 501-534.

Graf Vitzthum, Wolfgang (Hrsg.): Völkerrecht, Berlin, 4. Auflage 2007.

Waelde, Thomas/Kolo, Abba: Environmental Regulation, Investment Protection and "Regulatory Taking" in International Law, International and Comparative Law Quarterly, Volume 50 (50 Int'l Comp. L. Qu.), 2001, S. 811-848.

Wagner, J. Martin: International Investment, Expropriation and Environmental Protection, Golden Gate University Law Review, Volume 29 (29 Golden Gate U.L.Rev.), 1999, S. 465-538.

Wegen, Gerhard/ Raible, Martin: Unterschätzt die deutsche Wirtschaft die Wirksamkeit des völkerrechtlichen Investitionsschutzes?, Zeitschrift für Schiedsverfahren (SchiedsVZ) 2006, S. 225-236.

Weil, Prosper: The State, the Foreign Investor, and International Law: The No Longer Stormy Relationship of a Ménage À Trois, ICSID Review – Foreign Investment Law Journal, Volume 15 (15 ICSID Review), 2000, S. 401-416.

Weiner, Allen S.: Indirect Expropriation: The Need for a Taxonomy of „Legitimate" Regulatory Purposes, International Law FORUM du Droit International, Volume 5 (5 Int'l L.F.D. Int'l), 2003, S. 166-175.

Wells, Patrick H.: Developments in th Law of Expropriation – The Difficulty for Developing Countries, West Indian Law Journal, Volume 29 (29 West Indian Law Journal), 2004, S. 49-72.

Weston, Burns H.: „Constructive Takings" under International Law: A Modest Foray Into the Problem of „Creeping Expropriation", Virginia Journal of International Law, Volume 16 (16 Va.J.Int'l L.), 1975, S. 103-175.

Wroth, L. Kinvin: Lingle and Kelo: The Accidental Tourist in Canada and NAFTA-Land, Vermont Journal of Environmental Law, Volume 7 (7 Vt.J.Envtl L.), 2005-2006, S. 62-84.